普通高等教育"十四五"应用型本科系列教材

房地产经济学

FANGDICHAN JINGJIXUE

主　编　郑慧开　任国平
副主编　游子琴　张文勋

西安交通大学出版社
XI'AN JIAOTONG UNIVERSITY PRESS

图书在版编目(CIP)数据

房地产经济学/郑慧开,任国平主编;游子琴,张
文勋副主编. -- 西安：西安交通大学出版社,2025.5
普通高等教育"十四五"应用型本科系列教材
ISBN 978 - 7 - 5693 - 2960 - 5

Ⅰ. ①房… Ⅱ. ①郑… ②任… ③游… ④张…
Ⅲ. ①房地产经济学-高等学校-教材 Ⅳ. ①F293.30

中国版本图书馆 CIP 数据核字(2022)第 231812 号

书　　名	房地产经济学	
	FANGDICHAN JINGJIXUE	
主　　编	郑慧开　任国平	
责任编辑	李逢国	
责任校对	郭　剑	
封面设计	任加盟	

出版发行　西安交通大学出版社
　　　　　(西安市兴庆南路 1 号　邮政编码 710048)
网　　址　http://www.xjtupress.com
电　　话　(029)82668357　82667874(市场营销中心)
　　　　　(029)82668315(总编办)
传　　真　(029)82668280
印　　刷　陕西天意印务有限责任公司

开　　本　787 mm×1092 mm　1/16　印张　13.25　字数　332 千字
版次印次　2025 年 5 月第 1 版　　2025 年 5 月第 1 次印刷
书　　号　ISBN 978 - 7 - 5693 - 2960 - 5
定　　价　45.80 元

如发现印装质量问题,请与本社市场营销中心联系。
订购热线:(029)82665248　(029)82667874
投稿热线:(029)82664840
读者信箱:1905020073@qq.com

前　言

本教材是湖南城市学院 2022 年思想政治工作精品项目立项配套改革教材，即党建引领下地方院校"六心主题"实践育人模式（湘城院党发〔2022〕77 号）的教学思政研究内容之一，也是湖南省教改立项课题配套改革教材，即党建引领、需求导向、竞赛驱动、实训赋能——地方高校管理类应用型人才培养模式研究（湘教通〔2022〕248 号，立项编号：HNJG－2022－0982）的教改研究内容之一。编者充分考虑了学生、企业对房地产经济学理论和实践的需求，考虑了社会各界对本课程相关人才的需求，并以这些需求作为本课程教改的方向和目标。在教材的编写过程中，让学生充分参与进来，同时开展房地产经济学有关实际问题调查、内容确定、思政导向、资料收集、观点修改、案例讨论等活动，把对本课程的教改实践真正落实到学习对象上，此外，还展开了实证分析。参与上述工作的有湖南城市学院房地产开发与管理专业 18 级、19 级、20 级、21 级、22 级的学生；通过学生对本教材内容、教案、思政、教学课件、习题、试卷的需求分析和补充，使本教材更加"接地气"和贴近实践，符合"四个回归"人才培养要求，体现了以学生为本的教材编写和教学设计理念。此外，本教材融入社会主义核心价值观，提高育人站位和高度，坚守"为党育人、为国育才"的教书育人使命。为落实教改精神，本教材采用校企合作模式编写，深入企业实际，根据企业实际所需进行编写，融入目前房地产经济学较前沿的观点和理念，赋能企业发展和学生成长；参与合作的企业有湖南京诚房地产土地资产评估有限公司、益阳中南实业发展有限公司、湖南百智置业有限公司、益阳大管家物业等，以上企业领导还与上述学生就本书的内容展开了认真讨论，使本书充分体现了"以本为本"教学精神。

本教材系统、全面地介绍了房地产经济学基本理论知识，每章设有内容提要、能力要求、思政目标、知识归纳、思考题等环节。同时教材之外编者还另外配套编写了思考题答案、考试试题库、精美的教学课件（融入思政内容）和创新的教案设计等赠送资料。读者购书后可向出版社联系。

本教材共 12 章，由郑慧开老师（湖南城市学院管理学院）、任国平老师（湖南城市学院管理学院）担任主编。其中，郑慧开负责全书章节结构设计、目录编排、统稿以及思政内容和第 1、2、3、4、5 章的编写工作，任国平负责 6、7、8 章的编写工作，游子琴（海南师范大学经济与管理学院）负责第 9、10 章的编写工作，张文勋老师（湖南城市学院马克思主义学院）负责第 11、12 章的编写工作。

本教材在编写过程中得到西安交通大学出版社编辑李逢国、湖南城市学院相关专业老师的大力支持，参考了大量的相关专业教材及论文资料，借鉴了国内外有关专家的最新研究成果和理论，在此一一表示最诚挚的感谢！由于记述与追溯的不便，个别信息可能没载明出处，深表歉意；由于时间有限，书中难免存在遗漏，敬请广大读者批评指正。

郑慧开

2025 年 3 月

目　录

第1章　绪论 ………………………………………………………………………… （1）

　1.1　房地产经济学概述 ………………………………………………………… （1）

　　1.1.1　房地产经济学相关概念 ……………………………………………… （1）

　　1.1.2　房地产经济学研究范畴 ……………………………………………… （2）

　　1.1.3　房地产经济发展 ……………………………………………………… （4）

　1.2　房地产概述 ………………………………………………………………… （6）

　　1.2.1　土地概述 ……………………………………………………………… （6）

　　1.2.2　房地产的特性和分类 ………………………………………………… （9）

　　1.2.3　房地产业概述 ………………………………………………………… （10）

　1.3　房地产经济学教学和学习方法建议 ……………………………………… （13）

　　1.3.1　教学方法的建议 ……………………………………………………… （13）

　　1.3.2　学习方法的建议 ……………………………………………………… （14）

第2章　地租理论与区位理论 ……………………………………………………… （16）

　2.1　地租理论 …………………………………………………………………… （16）

　　2.1.1　地租理论概述 ………………………………………………………… （16）

　　2.1.2　城市地租 ……………………………………………………………… （19）

　2.2　区位理论 …………………………………………………………………… （20）

　　2.2.1　区位理论概述 ………………………………………………………… （21）

　　2.2.2　城市土地区位 ………………………………………………………… （23）

第3章　房地产供求关系 …………………………………………………………… （28）

　3.1　房地产需求 ………………………………………………………………… （28）

　　3.1.1　房地产需求概述 ……………………………………………………… （28）

　　3.1.2　房地产需求影响因素和培育途径 …………………………………… （31）

　　3.1.3　房地产需求函数、曲线、弹性 ……………………………………… （34）

　3.2　房地产供给 ………………………………………………………………… （36）

　　3.2.1　房地产供给概述 ……………………………………………………… （36）

　　3.2.2　房地产供给的影响因素 ……………………………………………… （38）

　　3.2.3　房地产供给函数、曲线、弹性 ……………………………………… （39）

　3.3　房地产市场供需均衡 ……………………………………………………… （40）

　　3.3.1　房地产市场供需均衡概述 …………………………………………… （41）

　　3.3.2　房地产市场供需均衡分析 …………………………………………… （41）

第4章　房地产市场 ……………………………………………………………… (46)

　4.1　房地产市场分析 …………………………………………………………… (46)

　　4.1.1　土地市场概述 ………………………………………………………… (47)

　　4.1.2　房地产市场概述 ……………………………………………………… (50)

　4.2　房地产市场运行 …………………………………………………………… (53)

　　4.2.1　房地产市场运行功能 ………………………………………………… (53)

　　4.2.2　房地产市场影响因素 ………………………………………………… (55)

　　4.2.3　房地产市场主要指标 ………………………………………………… (56)

　　4.2.4　房地产市场运行机制 ………………………………………………… (58)

　4.3　房地产市场运行模型分析 ………………………………………………… (60)

　　4.3.1　四象限模型分析 ……………………………………………………… (60)

　　4.3.2　过滤模型分析 ………………………………………………………… (66)

第5章　房地产价格 ……………………………………………………………… (69)

　5.1　房地产价格概述 …………………………………………………………… (69)

　　5.1.1　土地价格分析 ………………………………………………………… (69)

　　5.1.2　房地产价格分析 ……………………………………………………… (72)

　5.2　房地产价格构成分析 ……………………………………………………… (75)

　　5.2.1　土地价格构成 ………………………………………………………… (75)

　　5.2.2　房地产价格构成 ……………………………………………………… (76)

　5.3　房地产价格分类分析 ……………………………………………………… (78)

　　5.3.1　土地价格分类 ………………………………………………………… (78)

　　5.3.2　房地产价格分类 ……………………………………………………… (80)

　5.4　房地产价格关系分析 ……………………………………………………… (84)

　　5.4.1　房地产价格与市场关系 ……………………………………………… (84)

　　5.4.2　房地产价格与地价、房租关系 ……………………………………… (85)

　　5.4.3　房地产价格与利率、货币供应量、通货膨胀、汇率 ……………… (86)

　　5.4.4　房地产价格与股票、期货、市场预期 ……………………………… (88)

第6章　房地产金融 ……………………………………………………………… (91)

　6.1　房地产金融概述 …………………………………………………………… (91)

　　6.1.1　房地产金融基本理论 ………………………………………………… (91)

　　6.1.2　房地产金融的功能 …………………………………………………… (93)

　　6.1.3　房地产金融市场 ……………………………………………………… (94)

　6.2　房地产传统融资 …………………………………………………………… (95)

　　6.2.1　住房储蓄体系 ………………………………………………………… (95)

　　6.2.2　房地产抵押贷款 ……………………………………………………… (96)

　　6.2.3　住房公积金 …………………………………………………………… (97)

　6.3　资本市场房地产融资 ……………………………………………………… (98)

　　6.3.1　房地产股票与债券融资 ……………………………………………… (98)

　　6.3.2　房地产抵押贷款证券化 ……………………………………………… (100)

6.3.3　房地产投资信托 ···（102）

第 7 章　房地产周期与泡沫 ···（103）

7.1　房地产周期概述 ···（103）

7.1.1　房地产周期基本理论 ···（103）

7.1.2　房地产周期影响因素 ···（108）

7.1.3　房地产周期形成动因 ···（111）

7.1.4　房地产周期与经济周期的关系 ·······························（113）

7.2　房地产周期测度与影响 ···（113）

7.2.1　房地产周期测度 ···（113）

7.2.2　房地产周期影响 ···（115）

7.3　房地产泡沫 ···（115）

7.3.1　房地产泡沫概述 ···（116）

7.3.2　房地产泡沫与周期 ···（120）

7.3.3　防范房地产泡沫建议 ···（121）

第 8 章　房地产产权 ···（123）

8.1　土地产权概述 ···（123）

8.1.1　产权基本理论 ···（123）

8.1.2　土地产权理论 ···（127）

8.2　房地产产权概述 ···（130）

8.2.1　房地产产权基本理论 ···（130）

8.2.2　我国房地产产权与欧美等国家差异分析 ·······················（131）

第 9 章　房地产税收 ···（134）

9.1　税收概述 ···（134）

9.1.1　税收的含义 ···（134）

9.1.2　税收的职能、作用、特征 ·······································（135）

9.1.3　税收制度的内容与特征 ···（136）

9.1.4　税收的种类 ···（137）

9.2　房地产税收比较分析 ···（139）

9.2.1　房地产税的含义 ···（139）

9.2.2　国外房地产税收分析 ···（140）

9.2.3　我国房地产税收分析 ···（142）

9.2.4　中外房地产税收比较分析 ·······································（148）

第 10 章　住房制度分析 ···（150）

10.1　土地制度 ···（150）

10.1.1　土地制度概述 ···（150）

10.1.2　土地管理制度 ···（154）

10.2　住房制度 ···（154）

10.2.1　住房制度概述 ···（155）

10.2.2　住房制度改革的成就 ···（156）

　　10.3　房地产管制 …………………………………………………………（157）

　　　　10.3.1　公共物品与外部性 …………………………………………（157）

　　　　10.3.2　公共物品与房地产管制 ……………………………………（160）

　　　　10.3.3　外部性与房地产管制 ………………………………………（161）

　　10.4　住房保障 …………………………………………………………（163）

　　　　10.4.1　住房保障概述 ………………………………………………（163）

　　　　10.4.2　住房保障制度改革 …………………………………………（165）

第11章　房地产宏观调控 ……………………………………………………（168）

　　11.1　房地产宏观调控概述 ……………………………………………（168）

　　　　11.1.1　房地产宏观调控基本理论 …………………………………（168）

　　　　11.1.2　房地产宏观调控手段和必要性 ……………………………（172）

　　　　11.1.3　房地产宏观调控体系 ………………………………………（175）

　　11.2　房地产宏观调控政策分析 ………………………………………（175）

　　　　11.2.1　房地产调控政策概述 ………………………………………（176）

　　　　11.2.2　房地产宏观调控政策阶段性分析 …………………………（177）

　　　　11.2.3　房地产宏观调控政策汇总 …………………………………（179）

　　　　11.2.4　房地产宏观调控存在的问题与对策 ………………………（184）

第12章　房地产可持续发展 …………………………………………………（188）

　　12.1　可持续发展概述 …………………………………………………（188）

　　　　12.1.1　可持续发展的基本内容 ……………………………………（189）

　　　　12.1.2　可持续发展的定义 …………………………………………（189）

　　12.2　可持续发展理论基础 ……………………………………………（191）

　　　　12.2.1　可持续发展的基础理论 ……………………………………（191）

　　　　12.2.2　可持续发展的核心理论 ……………………………………（192）

　　12.3　可持续发展的原则、内涵、能力建设 ……………………………（193）

　　　　12.3.1　可持续发展的基本原则 ……………………………………（193）

　　　　12.3.2　可持续发展的内涵 …………………………………………（194）

　　　　12.3.3　可持续发展的能力建设 ……………………………………（194）

　　12.4　房地产业可持续发展 ……………………………………………（195）

　　　　12.4.1　房地产业可持续发展概述 …………………………………（195）

　　　　12.4.2　我国房地产可持续发展情况 ………………………………（196）

　　　　12.4.3　我国房地产业可持续发展对策 ……………………………（199）

　　　　12.4.4　房地产业可持续发展新路径——"互联网＋房地产" ……（200）

参考文献 ………………………………………………………………………（203）

第 1 章　绪论

📝 **内容提要**

本章内容主要涉及房地产经济学的基本概念、研究对象和学习方法,土地与房地产的基本概念和特征,以及房地产业的含义、性质及其在国民经济中的地位与作用。

📋 **能力要求**

通过本章学习,学生应了解土地及房地产的含义、分类与特性,理解房地产业的含义及其行业性质,掌握房地产业经济活动的内容,了解房地产业在国民经济中的地位与作用,理解房地产经济学的基本概念、研究对象、方法和内容等。

📚 **思政目标**

将理想信念、社会主义核心价值观、中华优秀传统文化等思政元素融入课程讲授中。使房地产经济学成为大学生实现个人理想和目标的载体,积极探索"三全育人"新机制、新模式,着力培养德、智、体、美、劳全面发展的社会主义建设者和接班人。

1.1　房地产经济学概述

房地产经济学作为一门新兴的经济学科,是一般经济学理论与房地产实践的结合,是随着房地产经济运行的客观需要而产生的,是揭示房地产经济运行规律、探讨房地产资源配置问题的学科。通过学习此门学科,学生可以掌握房地产经济学的研究对象及性质,把握房地产经济学的基本脉络。

房地产业是国民经济产业,具有基础性、主导性、支柱性的特征,在现代市场经济运行中起着不可替代的作用。多项研究均表明:房地产业在我国经济发展中占重要地位,对于加快我国工业化、城镇化和现代化,改善消费结构,提高人民生活质量,优化资源配置等具有十分重要的现实意义。

房地产业的发展,离不开房地产经济学理论的指导。随着房地产业的不断发展,它又为房地产经济学的研究提供了丰富的实践内容与路径方向。

1.1.1　房地产经济学相关概念

房地产经济学是一般经济学理论与房地产实践的结合,即从一般经济学理论和房地产实践中提取原理、方法,然后将它们有机结合,成为研究房地产经济活动或行为及其对房地产价值(价格)影响的理论依据。

1. 房地产经济学的定义

房地产经济学是研究房地产资源配置基本经济理论、房地产经济活动运行规律及其运行过程中发生的经济关系的一门学科,是经济学的分支之一,属于部门经济学范畴,是一门交叉综合性学科。

2. 房地产经济学的基本知识

房地产经济学是一门应用性质的学科,其应用性集中体现在两方面:一是研究方法的非原创性——经济学的研究方法、研究路径、研究结论构成了房地产经济学的方法论基础;二是研究内容的应用性——房地产经济学的研究内容、对象、领域、时空是被限定的,也是相对的,其重点在与房地产有关的经济学领域中开展。

房地产经济学的内容和体系可分为微观和宏观两个层次:微观层次的房地产经济学主要研究房地产消费、房地产企业和市场的运作机制。例如,一个家庭在什么时候选择用有限的收入来购买房地产商品、购买什么样的房地产商品、具体购买多少房地产商品等,才能获得购买的最大效用和价值;房地产企业选择有限的土地、资金等资源,用于建造什么样的房地产商品、建造多少等,才能获得商品的最大利润。宏观层次的房地产经济学主要研究房地产与国民经济、地方经济的互动影响,住房价格与土地财政的交互效应,房地产市场与城市经济的关系,政府干预对房地产市场的影响,房地产高质量发展问题等。例如,政府宏观调控房地产税收政策,政府部门选择土地、房产、资金等资源配置的最优方案等,这些方法可以实现社会福利最大化。

1.1.2 房地产经济学研究范畴

房地产经济学主要研究的是房地产经济运行规律和政府政策对房地产业的影响。

1. 房地产经济运行规律

对房地产经济运行规律的研究包括以下四个方面内容。

1)房地产市场

房地产市场是指房地产商品交换的领域和场所,包括房地产买卖、租赁、抵押、典当、入股等交易的活动场所及一切交易途径和形式。

2)房地产价格

房地产价格是指建筑物及占用土地的价格,即房价(土地价格+建筑物价格),是房地产经济运行和资源配置最重要的市场指标和调节机制。

3)房地产周期与房地产泡沫(经济波动)

房地产周期是指房地产经济水平起伏波动、循环的经济现象。房地产市场运行与其他宏观经济运行相同,时而高涨,时而平稳,时而收缩,呈现一定的周期性。房地产市场周期循环的外部因素包括国家经济、城市经济、政策调节、区域经济的周期波动等;内部因素则为消费者供需情况和心理素质、房地产预期走势、供给响应需求变化等。

房地产泡沫是房地产价格波动的一种形态,通常在经济长期持续增长的背景下发生。房地产投机是房地产泡沫产生的主要原因,它呈现出短期内房地产价格陡升或陡降的波动状况,振幅越大,对经济损害越大,且价格波动不具有连续性,没有稳定的周期和频率。

4）房地产金融

房地产金融是指在房地产开发、建设、经营、流通和消费过程中，通过货币流通和信用渠道进行筹资、融资及相关金融服务等一系列金融活动的总称。其基本任务是运用多种金融方式和金融工具筹集和融通资金，支持房地产开发、流通和消费，促进房地产生产与再生产过程中的资金良性循环，保障房地产开发的顺利进行。

2. 政府政策对房地产业的影响

政府政策对房地产业的影响十分重大，其影响主要包含以下三个方面。

1）房地产产权

房地产产权是将房地产作为一种重要的、特殊的财产而形成的物权，是房地产所有者依照国家法律对其所有的房地产享有直接管理支配并享受其利益以及排除他人干涉的权利，包括房地产所有权和房地产他物权。我国目前有法律依据的房地产产权包括国家土地所有权、集体土地所有权、国有土地使用权、集体土地使用权、国有房屋所有权、公民个人房屋所有权、房地产他项权利等。

2）房地产制度

房地产制度是围绕土地资源与房地产商品的开发、交易和分配而确立的关于人们相互作用方式的一系列规则。房地产制度有利于维护房地产市场秩序，减少房地产交易费用，稳定和保证人们在房地产经济活动中的预期，并保护房地产权利人的合法权益。房地产制度的主要内容包括建设用地管理制度、房地产开发经营管理制度、房地产交易管理制度、房地产金融制度、房地产权属登记制度、住房保障制度、物业管理制度、房地产税收制度等。政府政策对房地产制度的影响主要体现在土地、住房、利率、税收四方面。

（1）土地制度。房地产发展长效机制的建立需要深入改革土地制度，土地制度变迁及改革对房地产市场的影响极大。

随着房价和地价的上涨，部分个人或开发商会对手中持有的土地进行囤积和炒作，推高地价，因此，确立多样化的土地监管制度势在必行。如土地增值税的开征，会导致企业税负增加，开发商利润相对下降，一定程度上遏制了市场上土地的流转与炒作，降低了房地产市场泡沫的风险。

（2）住房制度。住房制度是关于住房建设、流通、使用等过程中发生的各种经济关系的制度性规定，涉及国计民生和社会发展。

住房制度改革是国家行政权力逐渐从住房建设、住房分配等领域退出的过程，市场和社会规则逐步取代国家行政管理，成为住房建设、住房分配的决定主体。政府不再直接干预住房建设、住房分配，而是由市场和社会进行住房资源的分配；政府通过法律法规等，为住房市场主体提供各种有利条件以及有力的住房保障，促进住房市场全面、有序、持续地发展。

（3）房地产利率制度。房地产利率能较好地调控房地产市场，为了充分发挥房地产利率的杠杆作用，依据中国人民银行的相关制度和规定，我国制定了房地产利率的相关制度。

金融机构（如银行等）准确掌握着国家有关利率的政策和现行利率的调整档次，依据相关文件及通知精神，根据房地产市场变化情况及时调整利率；按照政策规定，严格执行房地产相关利率标准；定期向社会发布利率调整情况并及时更新；定期检查房地产存、贷款利率执行情况，按要求每季检查一次，发现问题及时整改和纠正，充分发挥房地产利率的作用。

（4）房地产税收制度。房地产税收制度是指国家以法律形式规定的税种设置及征税办法的总和。它由各种不同的房地产赋税组合而成,构成房地产的税收体系,不仅需要完善国家和地区的房地产政策,还需要进一步优化土地、房地产税收政策目标。我国现行与房地产业有关的税种有房产税、城镇土地使用税、耕地占用税、土地增值税、增值税、契税、个人所得税、企业所得税等。

3)房地产宏观调控

国家运用经济、法律和行政等手段,从宏观上对房地产业进行指导、监督、调节和控制,促进房地产市场宏观和微观上的总供给与总需求、供给结构与需求结构的平衡和整体优化,全面实现房地产业与国民经济协调发展。政府对房地产市场的调控是解决居民住房问题不可缺少的措施,因为住房价格是房地产市场的核心,"怎样对房地产市场进行调控、调控的目标是什么、调控的结果如何?"是政府必须关注的基本民生问题。

1.1.3　房地产经济发展

据资料显示,在我国国民经济生产总值中,房地产经济的贡献率达到百分之十八以上。这表明房地产经济的发展水平会对我国国民经济发展产生巨大影响,因此,只有通过合理分析评估房地产经济的发展状况,并在新形势下探索房地产经济发展策略,才能为国民经济的稳定发展提供保障。房地产经济学唯有时刻关注房地产经济发展才能"接地气"地推动本学科的发展。

1.房地产经济发展的作用及问题

近年来,我国房地产经济在国民经济发展中扮演着至关重要的角色,在促进内需增长、保持国民经济快速健康发展方面起着重要作用。

1)房地产经济的发展作用

(1)房地产业的发展拉动其他行业和部门的发展。房地产业在快速发展的过程中,投资规模的增加对国民经济发展做出了较大的贡献,其中既包括由房地产业开发投资本身所做出的贡献,也包括带动相关行业和部门发展所做出的间接贡献。房地产经济的发展离不开其他行业和部门的配合,如其他行业和部门提供必要的技术支撑和物质资料等。房地产业与机械、设备、建材、五金、玻璃、陶瓷、木材、涂料和燃料动力等行业紧密相关,对相关部门的经济发展具有拉动作用。

(2)房地产消费带动生活消费。住房消费作为一种综合性的消费是房地产消费的一个重要组成部分,它涉及人们衣、食、住、行、学习、工作、健身、娱乐、发展等各个方面,从这个角度来说,房地产业的发展带动了居民的生活消费,而居民消费又是拉动经济增长的"三驾马车"之一,房地产消费的发展必然会带动国民经济的发展。此外,房地产业还能拉动家电、装修、物业、房屋买卖中介等行业的发展。

(3)房地产业的发展能够促进就业增长。房地产业的发展对就业的促进作用主要体现在两个方面:第一,根据国家统计局的数据,我国房地产业的就业人数逐年增加,就业人数的平均增速大于我国全部就业人数的平均增速。第二,房地产业促进了相关行业和部门的发展,对相关行业和部门的就业增长也产生了积极的影响。

2)我国房地产经济发展中存在的问题

伴随着房地产业的快速发展,房地产经济中出现了一些非理性行为,对房地产经济的健康发展产生了一些消极的影响,主要体现在以下几个方面。

(1)需求大于供给使得住房价格过高。经济的快速发展提高了人们的生活水平,人们对住房条件的要求也随之提高。随着城镇化进程的加快,城镇居民人口数量迅速增加,加之部分投资者也向房地产业进军,使得居民对房地产的需求加剧;同时我国房地产地块供应的规模、数量、选址等都是由各地政府预先规划并实施的,而不是完全由市场决定的,属于垄断竞争型供地。这些因素都决定了房地产市场是以供给决定需求,供给无法对需求的增加进行快速的反应,导致市场上部分地区房价过高,供需不均衡。

(2)房地产市场不够成熟,土地价格存在偏离实际价值的高或低地价现象。土地本身并不是商品,它的价格本质是由地租的资本化决定的,但同时也受供求关系的影响。我国房地产市场的"买方市场"还没有真正形成,使得土地价格出现了盲目的高价或者低价。高价下,看似国家的收益很大,其实不然,因为地价高会引起房价高,而房价过高,超出了一般消费者的消费能力,又会抑制生产、消费及投资。而盲目的低价一般都是政策上的需求,反映的是房地产市场体制与市场经济的发展不相适应,房地产市场体制尚不能完全有效地解决供需矛盾,导致土地价格的非理性偏离。

(3)房地产业受政府政策干预的影响。市场经济条件下,政府出台的对房地产市场的干预政策会影响土地的价格,进而造成房价的波动。土地的所有权归属于国家,政府拥有土地开发的控制权,房地产的开发规模直接受政府控制程度的影响。此外,政府尤其是一些地方政府出台市场干预政策,必须要充分结合当地实际情况,不然可能造成房地产市场的不公平竞争,导致腐败滋生、分配不公或国有资源流失等现象。

(4)房地产开发融资渠道单一,银行监督管理机制不健全。房地产开发需要大量的资金支持,大部分房地产开发商主要依靠银行贷款来维持日常的运营,出售房屋后用收入来归还贷款,这样房地产开发商就有可能把风险转嫁给银行。国外金融危机爆发后的影响和善后问题,导致银行的金融监管问题提上了日程;我国现阶段相关的金融制度还不够完善,使银行对房地产开发商的监管存在较大困难,因此更需加强立法制度建设和监督管理工作。

2. 解决问题的办法

鉴于我国房地产经济目前面临的问题,我们应该认清房地产经济的发展方向并制定合理可行的房地产政策。

1)政府必须对房地产市场进行宏观调控

房地产市场存在各种缺陷,当市场机制不能实现资源的有效配置时,一方面,政府可以通过干预来矫正和改善市场机制存在的缺陷,使经济资源得到更有效的配置;另一方面,政府可以通过干预以实现经济资源分配的公平性。政府可以通过适当的调控来弥补市场缺陷,使房地产市场供需总量保持基本平衡,房地产价格得以平稳运行,有效缓解房地产市场结构矛盾,保障中低收入阶层的基本住房需求,使房地产市场成为一个运行稳定、富有效率并能兼顾公平的较成熟市场。

2)加速完善房地产市场

(1)政府应该重视房地产经济中税收的作用,理顺各种税收政策的关系,根据房地产市场的具体情况来制定不同的税收政策,切实发挥税收政策的宏观调控作用。

(2)政府可以利用政府管制和市场决定双重机制来影响土地的价格,在房地产市场过度繁荣时,通过适当减少土地供应来减缓经济过热现象;反之,在房地产市场低迷时,通过适当增加土地供应量来刺激房地产经济的增长。

(3)政府应该通过制定具体的房地产业的发展战略和规划来完善房地产业政策,并进一步完善房地产市场。

3）创新体制和制度，促进房地产市场的公平竞争

政府应该从制度创新和体制创新入手，一方面，消除造成房地产市场不公平竞争的条件，使房地产的市场机制不被扭曲，保护市场资源的完整性和合理性；另一方面，调整收入格局和分配机制，使分配真正做到公平公正，维护经济的健康发展和社会的长久稳定。

4）加快房地产业融资渠道的多元化发展，加大银行监督管理力度

房地产开发商除了向银行机构贷款申请外，还可以积极拓宽融资渠道，如发行房地产股票融资。这样房地产开发商既在短时间内获得稳定的资金，又降低了固定的还款日期和归还借款利息的风险；完善相关的金融监督管理制度，使银行能够实质性地对房地产融资进行金融监管等。总之，通过市场这只"看不见的手"和政府这只"看得见的手"之间的相互配合及共同调控，房地产经济必将迈向健康、可持续的发展轨道。

1.2　房地产概述

房地产又称不动产，是房产和地产的统称，即房屋和土地两种财产的总称，包括建筑在土地上的各种房屋、一切未经人类劳动投入开发的土地和经过开发利用的土地，以及与房屋、土地有关的各种权益。简要概括，房地产是指房产和地产的结合体及其衍生的相关权利关系的总和。这个定义包括如下三层含义。

（1）从实物形态来讲，房地产是房产和地产相结合的统一物。房产是指建筑在土地上的各种房屋，包括住宅、仓库、厂房以及服务、商业、教育、文化、卫生、体育等各行各业的用房。地产是指用于房屋建筑的土地及地上地下一定范围的立体空间，包括地面、地上、地下一定的空间和相关的设施等。一般自然意义上的土地的范围很广，只有当土地作为建筑地块及相关设施用地的时候，才构成房地产的组成部分；而房屋也总是建在一定的地基之上的，因此与土地密不可分。实物形态的房地产整体概念包含了房屋建筑物、建筑地块、经济财产权利等方面，它们并非独立存在的，而是由"房""地""产"三者有机结合形成的统一体。

（2）从价值形态来讲，房地产作为商品，是价值和使用价值的统一体。其中，价值是指人类一般劳动的凝结；使用价值是指用来满足人们生产、生活、消费、投资等各方面的需求。从总体上看，房地产价格的基础仍然是价值，基本上也是房地产价值的货币表现，但又有其特殊性，它的形成与其他一般商品的价格相比有着不同的特点。房与地是不可分割的统一体，房地产价格既包括房屋建筑物的价格，又包括土地的价格。房屋建筑物是人类劳动的结晶，具有特殊价值，这与一般商品价值的形成是相同的，但土地是一种特殊商品，不完全是劳动产品。

（3）从产权关系来讲，房地产作为社会财富，又是一种资产，反映的是经济权利关系。由于房地产具有空间位置的不可移动性的特点，在房地产商品交易中，它的空间位置并不移动，只存在房地产权利关系（包括所有权、支配权、占有权和使用权等）的转移和改变。

1.2.1　土地概述

1. 土地的概念

1）土地的系列定义

土地有如下几种释义：①土地与土壤同义，是指地球表面一层疏松的物质，它能生长植物和承载物体。②土地是指地球表面的陆地部分，是由泥土、砂石等堆砌而成的固定场所。③土

地是指地球表面的陆地和水面,它是由气候、地貌、土壤、水文、岩石、植被等构成的自然历史综合体,还包含人类活动的成果。④土地就是自然,土地的范围包括地球表面的水、陆、空气等自然物,以及光、风、电、热引力等自然力。⑤土地是立国的要素;土地、人民和主权共同构成立国三要素。这里的土地是指一国领土范围内的全部土地,包括陆地、水域、海域、一定的空域等。⑥土地是指设置管辖权和所有权的地球陆地表层(含海岛和内陆水域)。

房地产经济学研究的土地概念是由陆地表面各种自然环境因素,包括地形地貌、气候、土壤、地下水和植被等相互作用所形成的历史自然综合体,并包含人类的劳动成果。城市土地是指城市市区(一般指规划区)的土地。

2)土地资源

土地资源是由各因素组成的自然综合体,是指现在或者未来能给人们带来经济收益的土地,也指人类过去和现在生产劳动的产物。对人类生存和发展来说,土地资源是最基础的也是最重要的资源。

土地资源的主要特点如下:①具有一定的生产力,通过人类的劳动可直接或间接生产出人类需要的产品,还可为人类生产和生活提供多种服务。②具有可更新性和可培育性。人类可以利用土壤的变化发展规律,应用先进技术,促使土壤肥力不断提高,生产更丰富的产品,满足人类更多的生活需要。③面积有限,在人类历史中不会显著增加。④不可移动。土地资源的位置具有固定性。

3)土地资产

土地资产是指土地财产,即作为财产的土地。从这个意义上说,土地资产具有明确的经济属性关系(有其物主)和排他性,是资本的物的表现。土地资产的财产属性主要通过法律来确定。《中华人民共和国宪法》《中华人民共和国城市房地产管理法》《中华人民共和国土地管理法》《中华人民共和国物权法》中都明确规定了国家依法实行国有土地有偿使用制度,为土地使用权的流通奠定了法律依据,也是对土地使用权财产属性的法律认可和规定。

资源是自然属性,资产是经济和法律属性。土地具有资源和资产的双重内涵,前者是指土地作为自然资源,是人类生产和生活的根本源泉;后者是指土地作为财产,具有经济(价值)和法律(独占权)的意义。

2. 土地的特性

土地的特性主要包括自然特性和经济特性。

1)土地的自然特性

(1)土地具有生产力。土地虽是生产要素,但具有生产力特征,是房地产开发的基础。"万物土中生"生动地说明了土地生产力的特征。土地生产力又称土地潜力,是指作为劳动对象的土地与劳动和劳动工具通过不同的结合方式所形成的生产能力和生产效果,是鉴别土地质量的重要依据。制约土地生产力的因素很多,除土地本身的质量以外,主要还有合理利用、改良和保护土地。

(2)土地位置的固定性与区位的差异性。土地位置的固定性体现在每一块土地的绝对位置和各地块之间的相对位置上。当然,交通条件可在一定程度上改变土地位置的相对固定性,但交通条件改变后土地又会表现出新的相对固定性。每一块土地所处的环境及其物质构成也具有固定性,一般来讲,其在一定时空范围内基本上也是固定的。土地位置的固定性决定了土地的有用性和适用性会随着土地位置的不同而有较大的变化,因此要求人们必须因地制宜地利用土地;同时也决定了土地市场是一种不完全市场,不是实物交易,而是土地产权变更流动的市场。受地质因素影响,各种土地的自然要素组成与综合特征具有明显的地域性。土地区位的差异性,要求人们因地制宜地合理利用各类土地资源,确定土地利用的结构与方式,以取得土地利用的最佳综合效益。

(3)土地面积的相对有限性和稀缺性。地球表面约71%为海洋,土地占有的比例较小,人类可以改良土地,改变土地形态,提高土地质量,甚至在沿海地区通过填海等方式少量扩大陆地面积,但一般不能无限扩大土地面积。随着人口的不断增长,人地关系矛盾加重,土地稀缺性加强。土地的稀缺性提高了土地价格,土地稀缺性越强,土地价格越高。这是大城市地价高于中小城市地价、城市地价高于农村地价、区域中心地价高于郊区地价的重要原因。土地面积有限,迫使人们必须节约、集约、高效地利用土地资源。

(4)土地使用的耐久性。除土地之外,无论是生产资料,还是生活资料,都会在使用中丧失其使用价值,但土地却能始终被人类使用,永远不会丧失它的使用价值,即从人类有限的视界来讲,土地的寿命是无限的,是可以永续使用的,通常条件下土地是不可毁灭和消失的。只要处理得当,土地就会不断改良和增值。在合理使用和保护的条件下,农用土地的肥力可以不断提高,非农用土地可以反复利用,永无尽期。不过,如果人类对土地使用不当会就造成土地某种特定用途的丧失,如土地沙漠化即不能用于农业耕作;又如在土地上建成住宅区,使土地表层土壤受到破坏,较大概率不能转为农业用地。如果人类对自然环境过度利用,则土地利用条件就会恶化,在人类现有技术条件下,一旦土地无法恢复,将使土地无法被有效利用。土地的这一自然特性,为人类合理利用和保护土地提出了客观的要求。

2)土地的经济特性

土地的经济特性是指将土地视为生产资料和生活资料,其具有资源和资产二重性,即作为自然与经济综合体所包含的特性,具体如下。

(1)土地供给稀缺性。土地供给的稀缺性,不仅表现在土地供给总量与土地需求总量的矛盾上,还表现在由于土地位置固定性和区位差异性所导致的某些地区和某种用途的土地供给的特别稀缺的问题上。

(2)土地利用方式的相对分散性。由于土地位置的固定性和区位的差异性,对土地只能是因地制宜地利用,因而土地利用方式是相对分散的。这一特性在农用土地上表现得更为明显。土地利用方式相对分散这一特性,要求人们在利用土地时要进行区位选择,并注重联系地区之间的交通和通信,以提高土地利用的综合区位效益。

(3)土地利用方向变更的困难性。土地有多种用途,一旦土地投入某项用途,欲改变其利用方向,一般来说是比较困难的。一是由于土地自然条件的限制。二是由于在工农业生产上轻易变更土地利用方向往往会造成巨大经济损失。土地利用方向变更困难这一特性,要求人们在确定土地利用方向时,一定要进行详细勘察,制定出长期周密的规划,决不能朝令夕改,造成混乱。

(4)土地利用报酬递减的可能性。土地供给的稀缺性要求人们集约地利用土地。由于"土地报酬递减规律"的存在,在技术不变的条件下对单位面积土地的投入超过一定限度,就会产生报酬递减的后果。这就要求人们在对土地增加投入时,必须在一定技术、经济条件下寻找适度的投资,确定适当的投资结构,并不断加强土地利用的经济效果,防止出现土地报酬递减的现象。

1.2.2 房地产的特性和分类

中华人民共和国行业标准《房地产登记技术规程》中将房地产定义为定着于地表或地上的房屋及其所占用的土地。其实对房地产内涵的界定各国和地区都有所差异。在我国内地,多数学者认为房地产的内涵有狭义与广义之分。其中:狭义的房地产是指土地和土地上永久建筑物及其衍生的权益;广义的房地产除了上述内容外还包括水域、矿藏、森林等自然资源。本书将房地产定义为土地、附着于土地的建筑物和构筑物等配套设施,以及由其衍生出来的各项权利。

1. 房地产的特性

房地产特性主要包括自然特性和经济特性两个方面。

1)自然特性

(1)位置固定性及区位差异性。土地是自然生成物,位置不可移动,房屋是建筑在土地上的,因此房屋位置也具有固定性,这使得房地产也受地理位置的限制。各地区或者同一地区不同位置的房地产商品价值的不同体现了房地产区位的差异性。房地产的位置固定性和区位差异性是房地产市场具有不完全性的一个重要原因,房地产商品之间不能实现完全替代,因而房地产市场不能实现完全竞争。

(2)耐久性和有限性。房地产的耐久性是建立在土地的不可毁灭性的基础上的,房屋虽然不像土地那样具有不可毁灭性,但是已经建成的房屋,寿命通常可达数十年,甚至上百年,在正常情况下,建筑物极少发生倒塌,除非为了更好地利用土地而进行征收和拆除。房地产的有限性是指土地不可再生,故房地产的总量有限。随着经济的发展和人们生活水平的提高,人们对土地、房屋的需求不断上涨,尤其是城市土地与房屋,使得房地产供给的有限性更加突出。

2)经济特性

(1)房地产供给的稀缺性。从自然层面来看,土地是有限的,故房地产供给也是有限的;从国家行为来看,国家土地开发使用政策对土地有适用范围、类别等方面的限制,因此房地产供给也会受到限制;从人们的需求层面来看,特殊地段的房地产商品会比较"抢手",如中心城区房、学区房等,这些热门地段的房地产商品往往供不应求。综上所述,房地产具有稀缺性。

(2)高价值性。房地产是人们生活生产的必需品,其价值和使用价值巨大,是居民家庭最为昂贵的耐用消费品;房地产作为生产生活的场所基本没有其他的替代品,是企业、单位最为主要的、占用较大投资额的生产经营要素。

(3)保值增值性。房地产增值的原因有以下四个方面:①居民收入增加、人口增长及居住条件改善等引起房地产需求量增加;②通货膨胀导致物价上涨;③正向外部性影响,如经济环境或交通条件的改善所带来的增值;④对房地产本身进行的投资改造,如装修改造、更新或者添置设备等。值得注意的是,房地产保值、增值在总体趋势上呈现一种波浪式上升,但不能排除在一段时间内,随着社会经济的波动、周围环境的变化而导致的房地产价值的降低,甚至价格持续下降的现象。

(4)产权分割性。房地产产权是由一系列权利组成的,这些不同的权利可以同时分属于不同的产权主体,由不同的权利人支配,如所有权、使用权、占有权、继承权、抵押权、租赁权、典当权等。房地产交易实际上是产权的交易,即各种权利的变更流转,既可以是全部产权的变更转移,也可以是部分产权的转移使用。如出租房屋实质上是使用权、占有权有期限的转移使用;

房地产抵押则是一项他项权利的设立和登记。这些交易使得房地产的产权分解和使用不再完整。借助房地产市场这个媒介,房地产产权的变更流转不仅有助于房地产市场的建立与完善,也是实现房地产最有效利用和资源最优配置的必要条件。

(5)难以变现性。由于房地产具有独一无二、价值较大、易受限制等特性,加上交易手续较复杂、交易税费较多等原因,使得同一宗房地产的交易不会频繁发生,若需要出售房地产所有权,则通常需要较长的时间。因此,房地产与股票、债券、黄金等相比,变现能力较弱。当需要将房地产快速变现时,通常要以一定幅度的降价为代价;有时即使做了一定幅度的降价,也难以在短期内找到合适的买主。当然,对房地产拥有者来说,有时可以采取房地产抵押贷款的办法来解决自身的资金短缺问题。

(6)互相影响性,即外部性。房地产的开发利用和周边环境及经济发展是息息相关的,如基础设施和公共设施的建设和改造,对周边房地产市场的影响是巨大的,通常能带来房地产价格的上涨,而化工厂、垃圾中转站的建设,往往会带来周边住宅价格的降低。另外,房地产开发项目之间也存在相互影响,这种影响有时表现为正面的外部效果,有时表现为负面的外部效果,使得房地产开发投资更趋复杂,房地产开发企业之间的竞争和合作也更为多样。因此,如何实现多方共赢是房地产开发企业共同追求的目标。

2.房地产的分类

1)按照用途分类

按照用途划分,房地产可分为工业和仓储类房地产、商业类房地产、居住类房地产和其他用途房地产(包括金融、信息、娱乐、农业、加油站、旅游、生态等类型)。

2)按照房地产开发程度分类

按照房地产开发程度划分,房地产可分类为生地、毛地、熟地、在建工程(或期房)和现房。生地是指完成土地征收,未经开发、不具有城市基础设施的土地,如荒地、农地。毛地是指具有一定的城市基础设施,但尚未经过拆迁、安置、补偿等土地开发过程,不具备基本建设条件的土地。熟地是指具有完善的城市基础设施,进行过平整,能直接进行房屋建设的土地。在建工程(或期房)是指地上建筑物尚未完全建成,还没有达到交付使用条件的房地产。现房是指地上建筑物已建成,可直接使用的房地产,它可能是新的,也可能是旧的或经过装修改造的。

3)按照经营方式分类

按照运营方式划分,房地产可分为收益性房地产——可以给使用人带来直接或间接利益,如商铺、住宅(或公寓)、写字楼等;非收益性房地产——不能直接产生收益的房地产,包括文体科教、老年公寓、养老院、敬老院等。

4)按照交易性质分类

按照交易性质划分,房地产可分为出售性房地产、出租性房地产、抵押性房地产和典当性房地产等。

1.2.3 房地产业概述

1.房地产业的含义

根据中华人民共和国行业标准《房地产业基本术语标准》的解释,房地产业是指从事房地产投资、开发、经营、管理和服务的产业。

房地产业的基本活动领域包括以下几方面。

（1）土地开发和再开发。土地开发和再开发主要指将农用地开发为建设用地，以及将旧城区通过征收拆迁和基础设施建设改造成新的建设用地。

（2）房屋开发。房屋开发包括居住用房、商业用房、工业用房等的开发。

（3）地产经营。地产经营主要指土地使用权的出让、转让、租赁及抵押。

（4）房地产经营。房地产经营包括房产（含土地使用权）买卖、租赁、抵押及典当、入股、合并等。

（5）房地产中介服务。房地产中介服务包括房地产信息服务、咨询（法律）服务、房地产估价和房地产经纪等。

（6）物业管理。物业管理包括提供家居服务、房屋及配套设施维修养护、居住区保安、小区绿化、公共卫生、房屋转租，以及给水、供电、采暖、天然气、电话、互联网、有线电视等费用的代收与代付。

（7）房地产金融。房地产金融包括房地产信贷、房地产保险和房地产金融资产投资（股票、债券、房地产证券化）。

由此可看出，房地产业的主要经济活动贯穿于房地产生产、交换、分配、消费诸环节之中。可见，房地产业应包括土地开发经营业、房地产开发经营业、房地产中介服务业、房地产金融业和物业管理服务业等。

2. 房地产业的特性

1）基础性和先导性

从房地产业在国民经济中的地位和作用来看，房地产业具有基础性和先导性。房地产开发是城市开发、工业、商业及其他行业开发的先导，因为任何行业的发展都离不开以房地产为基础载体，所以房地产业被称为先导性产业。

2）高度综合性和高度关联性

从房地产业与其他产业的关系来看，房地产业是一个具有高度综合性和高度关联性的行业，呈现出支柱产业的特征。房地产业的高度综合性主要体现在它是横跨生产、流通和消费各个领域的产业部门；房地产业的高度关联性体现在它与众多产业部门密切相关。

3）区域性

从经济活动的范围来看，房地产业是一个区域差异巨大、级差收益明显、地区性极强的行业。由于房地产具有位置固定性，房地产业的发展比起其他行业更多地受制于区域经济的发展水平，即使在同一地区，由于微观区位的不同，甚至是同一道路两侧的差异，也会使房地产价值出现巨大的差异；房地产业的区域性还造成房地产市场的地区性呈现强或弱的现象。

4）受国家相关政策的影响大

从房地产业的发展历史中可以清楚地看到，房地产业发展的起伏与国家政策息息相关。若国家政策扶持房地产业，则能促进房地产业迅速发展；若国家政策限制房地产发展，则房地产业发展缓慢，甚至出现倒退。另外，房地产业对经济增长的拉动作用和相关产业发展的带动作用非常大，如果不谨慎、不合理地对待房地产业的发展，则会对金融乃至经济安全产生很大的影响。

3. 房地产业的产业属性

房地产业属于第三产业，具体表现在以下几方面。

（1）房地产开发公司主要从事土地房屋资源的整合、组织和管理等工作,是为房地产商品生产建设服务的,不会直接参与房屋建造,而土地开发、规划建筑设计和房屋建造、房屋装修等工作则会委托给规划建筑设计院和建筑公司、装修公司。

（2）房地产销售经营活动直接从属于流通领域,而流通行业理应划归第三产业。

（3）房地产业中的一些分支行业,如房地产中介(营销)服务业、房地产金融业和物业管理等服务行业,更是第三产业的直接组成部分。

4.房地产业对国民经济的作用

房地产业已成为国民经济中的主要产业之一,其中作为一个新的经济增长点的住宅产业已经成为国民经济的支柱产业之一。

1）房地产业是国民经济的基础性产业

所谓基础性产业是国民经济中社会再生产和各种经济活动的载体,是国民经济中不可缺少的组成部分,能较大程度地制约或推动其他产业和部门的发展。房地产业成为国民经济的基础性产业主要体现在以下几个方面。

（1）房地产业是社会所有部门不可缺少的物质基础条件。

（2）房地产业是社会劳动力生产和素质提高的先决条件。

（3）房地产业是完善国民经济运行机制的重要条件,是合理配置社会资源的重要前提。

（4）房地产业是城市经济建设和发展的重要物质基础。

（5）房地产业是国民经济特别是地方经济积累资金的重要渠道和来源。

（6）房地产业是城市环境革命、更新改造的重要动力源泉。

2）房地产业是国民经济的先导性产业

所谓产业的先导性,就是当某产业的产业关联度达到一定强度后,它的繁荣与萧条会成为其他相关产业生产经营的机遇、市场空间和条件,从而具有导向功能。房地产业是国民经济的先导性产业,主要表现在以下两个方面。

（1）在国民经济的运行周期中,各行各业的简单再生产和扩大再生产都是以房地产业的发展为前提条件的,因此,相对于经济运行周期各阶段的出现,房地产业常常有先行半步的示范先导作用。

（2）房地产业是产业链长、关联度高的产业,是提供最终产品的部门。房地产业的特性决定了它既有前后衔接性,又有侧向关联性,并在此情况下形成以房地产为中心的产业圈体系。因此,房地产业的健康发展,能够直接或间接地引导和影响其他相关产业的发展。

3）房地产业是国民经济的支柱性产业(主导性产业)

早在2003年8月国务院就发布了《关于促进房地产市场持续健康发展的通知》,该文件明确指出,房地产业关联度高,带动力强,已经成为国民经济的支柱性产业。所谓支柱性产业,就是在国民经济发展中起着骨干性、支撑性、代表性作用的产业,其通常具备以下四个基本条件。

（1）在国民经济发展中有着举足轻重的地位,其增加值在国内生产总值中占5%以上,对国民经济的贡献相对突出。

（2）具有较大的市场发展空间、市场潜力以及稳定的增长趋势。

（3）符合产业结构演进方向,有利于产业结构调整和优化。

（4）产业的关联度高,能带动众多相关产业的联动发展。

1.3　房地产经济学教学和学习方法建议

房地产经济学作为一门应用经济学,具有很强的理论性和实践性。在课堂教学中可根据每章教学内容的特点灵活地引入房地产相关案例,结合案例介绍相应的理论知识,并展开专业思政教学。这样既可以提高学生的学习兴趣,使学习过程不再枯燥乏味,又能够做到理论和实践相结合,培养学生独立分析、解决问题的能力,培养学生正确的价值观,促进房地产经济学教学综合目标的实现。

1.3.1　教学方法的建议

在我国,房地产业是国民经济的支柱产业之一,房地产业的发展在一定程度上取决于国民经济的发展,并受到信息不对称、商品位置的固定性、区位差异性等房地产市场所特有的属性的影响,这些因素使房地产市场成为一个不完全竞争的市场。房地产市场的发展不均衡性和政策多变性的影响,是我国房地产经济发展的一大特点。我国的房地产市场是 20 世纪 80 年代才开始发展起来的,所以房地产经济理论的形成还不够完善,这些都要求房地产业的从业人员必须善于洞察国家政策变化和市场发展趋势。

从目前社会上对房地产经济专业人才的需求来看,企业不仅注重从业人员的理论水平,还非常注重从业人员的实践操作能力、对行业的分析水平等,因此房地产经济学教学要做到以下几点。

(1)要让学生关注市场、调查市场、了解市场、懂得市场,并掌握分析市场的方法。从市场的运行中归纳出运行规律,在市场实践中去检验理论的正确性与指导性,而这些目标的达成,离不开案例的灵活运用。

(2)运用案例教学来调动学生的学习积极性。在房地产经济学课程学习中,房地产需求、房地产供给、房地产周期等章节都需要通过案例教学使学生较好地掌握理论知识,并能熟练运用所学知识来分析市场运行状况和发展趋势,而在这一阶段的学习中,案例教学方法的运用可以有以下几种不同的形式。

①课前案例导入法。在讲解理论知识之前导入案例,对案例进行分析之后再讲解理论知识。有教育心理学家认为,在几十分钟的授课时间中,开始十分钟的授课效果最佳。如果教师在刚上课时就巧设案例、创设情景、提出问题,则能有效集中学生的注意力;在这一过程中,如果能给学生造成悬念,使他们产生期待心理,就会激发他们的求知欲望,使他们迅速进入学习状态。

②课中案例插入法。课堂上讲解基本理论之后,在课中插入案例分析,然后结合案例更深入地讲解理论知识。学生在听课一段时间后可能会感到疲劳,甚至觉得课堂枯燥无味,此时在课中插入案例,可以将学生的学习兴趣从低谷引入高潮,提高学生的学习关注度。

③课后案例应用法。讲完一章所有的理论知识之后再进行案例分析与讨论,目的是总结巩固该章所学理论知识。教师应针对教学的难点和学生的疑点提出案例,通过学生之间及师生之间的讨论,深入分析专业问题。采用这种方法,不仅能让学生咀嚼、回味、反思所学内容,还能设置悬念,激发学生的学习兴趣,促进学生在课后进行独立思考。

④自然融入课程思政。根据教材内容和知识点,注意提炼思政内容和思政目标,在课程中

自然融入社会主义核心价值观,以学生为本,切实提高课程思政效果,注重课程思政教育,积极探索"三全育人"新机制、新模式,着力培养德、智、体、美、劳全面发展的社会主义建设者和接班人。

教师平时应积极探求案例教学方法,广泛积累思政素材。在备课过程中,教师要注意根据学生课堂上表现出来的学习状态、课程进度、思政契机等情况来具体安排教学思路和方法。

1.3.2　学习方法的建议

相较于一般经济学而言,房地产经济学是一门综合性强和应用性较强的学科,基于此,本书整理了学习房地产经济学时需要注意的事项。

(1)房地产经济学是一个多层次理论结构体系,需要从多角度、多层面来把握。采用立体、多学科交叉的方法来分析房地产经济运行实际,可以规避投资风险,做出相对科学合理的判断和决策。从学科理论体系看,房地产经济学除了研究房地产市场、房地产价格等经济学的核心内容外,还要研究房地产税收、房地产制度以及房地产周期和泡沫等一系列内容。从房地产经济学及其相关学科的关系看,房地产经济学涉及房地产投资、开发、销售以及规划、建筑、基础设施建设等各个层面。从应用理论看,房地产经济学主要借鉴和应用了西方经济学特别是主流经济学理论,还借鉴了公共经济学、制度经济学等其他学科理论。

分析房地产经济问题不能仅就房地产而谈房地产,要有综合全局的思想。学习房地产经济学始终要将房地产放在整体经济与其他经济部门的联系中,才能更全面深刻地理解房地产市场和房地产经济规律。

总之,鉴于房地产经济学的综合性较强的特点,要求学生在房地产经济学的学习中既要掌握主流经济学的基本原理和分析方法,还要辅以其他学科的理论和方法工具;既要把握住经济学分析这一主要视角,还要兼顾房地产自然和技术的、法律和制度的以及金融和投资的等多方位视角。

(2)房地产经济学的应用性强,学习时应注意理论联系实际。房地产经济学可以应用于房地产投资开发、市场营销、企业的选址决策、消费者的购房决策以及政府的政策制定和宏观经济调控等多方面。在房地产经济学的学习过程中,可以通过对国内外实际案例的分析和学习,更深入地掌握相关基本概念和原理,将原理与实际案例结合,重点掌握应用原理和方法分析实际问题时的基本思路以及具体的操作过程中的技巧。

知识归纳

1. 房地产经济学研究的是房地产资源配置基本经济理论、房地产经济活动运行规律以及房地产经济活动运行过程中所发生的经济关系,它是经济学的一个分支,属于部门经济学的范畴,同时也是一门交叉综合学科。

2. 房地产又称不动产,是房产和地产的统称,即房屋和土地两种财产的总称,包括建筑在土地上的各种房屋、一切未经人类劳动投入开发的土地和经过开发利用的土地以及与房屋、土地有关的权益。

3. 根据中华人民共和国行业标准《房地产业基本术语标准》的解释,房地产业是指从事房地产投资、开发、经营、管理和服务的产业。

思考题

1.土地的含义是什么？

2.土地和房地产的自然特性和经济特性分别是什么？

3.房地产业的特性是什么？

4.房地产业对国民经济的作用是什么？

第2章 地租理论与区位理论

内容提要

本章主要内容为地租理论与区位理论。地租理论包括地租的概念、地租的类型、地租理论的演变、城市地租等相关内容;区位理论包括区位的概念、区位的条件、区位因子、区位理论的演变、城市土地区位等相关内容。

能力要求

通过本章学习,学生应该掌握地租和区位的基本概念,了解地租的类型、区位条件及区位因子等,熟悉地租理论与区位理论的演变,掌握城市地租的相关知识以及城市土地区位的相关因素,了解城市土地区位的变动性与城市土地区位的发展,熟悉城市土地区位的选择,清楚认识到区位理论在房地产业发展中的作用,树立正确的区位理念。

思政目标

学习地租和区位理论的相关概念及影响因素,引导学生明白事物是发展的,区位主体条件的变化会导致区位条件的不同,分析问题要从客观规律入手,从实事求是出发,具体问题具体分析,发挥个体的主观能动性,积极思考,善于提出解决问题的方法。

2.1 地租理论

地租理论是研究房地产经济学的重要基础理论。要想正确认识和理解什么是地租,首先要理解地租的基本概念,还需要了解地租的类型和地租理论的演变。

2.1.1 地租理论概述

1.地租的概念

一般来说,地租是土地所有者依靠土地所有权从使用其土地者那里获得的收入。通俗地讲,地租就是出租土地获得的经济报酬。从经济关系的本质来说,地租是直接生产者在生产中创造的剩余生产物被土地所有者获得的部分,是土地所有权在经济上的实现,是社会生产关系的体现。

(1)要注意土地租金与地租之间的区别。土地租金是指通过出让土地使用权所获取的资金收益,如通过行政划拨获得土地使用权的使用者,依靠出租土地使用权及土地上的建筑物或其他附属物所获取的收益。土地租金包括地租和土地资本(用于土地开发的资本投入)基本利息。当地租过高时,土地租金还可能包括平均利润和工人工资等。

(2)要科学定义地租的范畴。从广义的层面看,地租是泛指土地所有者将其所拥有的土地及与土地相关的房屋或其他附着物租给他人使用所获取的报酬,是一种不仅仅限于土地的租金。从狭义上讲,地租是土地使用者向土地所有者支付的土地使用金。

2. 地租的分类

(1)按地租的物质形态划分,即按支付形态划分,地租可分为劳役地租、实物地租、货币地租三种类型,它们都属于封建地租。

①劳役地租也称徭役地租,它和剩余劳动在性质上是一致的,是对劳动者没有报酬劳动的直接占有,其本质是农民或土地使用者无报酬的剩余劳动。劳役地租是封建地租的基本形式,随着生产力不断提高其逐渐被实物地租所取代。

②实物地租也称产品地租,它是土地所有者不直接占有土地使用者的剩余劳动,而是土地使用者通过交纳一定数量的实物,如粮食、家禽及其他农副劳动产品作为抵扣租用土地的租金。实物地租在一定程度上可以提高农民的自主权和积极性。

③货币地租是土地所有者凭借土地所有权强迫土地使用者以货币去交纳地租,而不是以劳动或劳动产品作为使用土地的租金。货币地租产生于自然经济开始解体、商品经济有了一定发展的时期。货币地租的出现进一步加快了封建制度的衰退和瓦解,这是封建地租的最后表现形式。

无论是劳役地租、实物地租还是货币地租,它们都有一个共同点,即它们都是剩余劳动中唯一占统治地位的形式,其全部剩余劳动甚至还包括一部分的必要劳动由土地所有者以总剩余产品的形式所占有。

(2)按照经济学的观点划分,地租可分为马克思主义地租和现代西方经济学地租两类。

①马克思主义地租理论按照不同的形成条件和原因把资本三义地租分为绝对地租、级差地租和垄断地租。

绝对地租和级差地租是资本主义地租的普遍形式,垄断地租是个别条件下出现的资本主义地租的特殊形式。绝对地租是指不论租用何种土地都必须交纳的地租,是土地所有者凭借土地所有权垄断取得的地租。级差地租是指经营较优土地所获得的、归土地所有者占有的超额利润,即利用较优土地所产生的超额利润的转化形式。面积相等但等级不同的若干土地上会产生不同的利润,因此它们的地租也不相同,这样的差别地租就是级差地租。级差地租又可分为因土地肥力和位置不同而产生的级差地租Ⅰ和因投资的生产率不同而产生的级差地租Ⅱ。垄断地租是指由产品的垄断价格带来的超额利润转化而成的地租,是特别有利的土地所产生的超额利润的组成部分。

②现代西方经济学地租理论一般把地租分为契约地租、经济地租、竞标地租。

契约地租也叫商业地租,是指土地所有者将土地和其他财物出租给土地使用者,并以契约(合同)形式规定土地承租人按期交纳的租金。

经济地租也叫理论地租,有广义和狭义之分。从广义上讲,经济地租是指人们使用生产要素所获得的超额利润;从狭义上讲,经济地租是指人们利用土地所获的超额利润,即土地总收益扣除总成本的剩余部分。

竞标地租是指土地使用者愿意向不同位置的土地支付的最大费用。房地产开发土地出让常用竞拍的方法展开土地交易,所以土地使用者会以投标者的身份来表达他愿意支付多少费用。

地租范畴中,经济地租是竞标地租的基础,每块土地的经济地租量决定了土地使用者会为该土地所支付的最大费用量,经济地租不是现实中土地市场的市场地租,现实中土地市场的市场地租是人们为了购买想要的土地进行竞标的竞标地租。

（3）按照其他方式划分,地租可分为下面几种不同的类型。

①按土地所有权性质标准分类,地租可分为私有土地地租和公有土地地租。

②按土地用途分类,地租可分为农业地租、城市地租、建筑地段地租、矿山地租等。

③按计算方式分类,地租可分为固定地租、分成地租和百分比地租,即按总收入确定地租的比例、分成和百分比。

3. 地租理论的产生和发展

地租是在土地所有权普及后产生的。地租理论史几乎就是资本主义地租理论史。虽然中国几乎没有经历过资本主义土地所有制和资本主义地租,但中国有一段长期重视农业生产的封建历史,所以在很长一段时间内,中国地租理论研究的是封建制度下的土地所有权和封建地租。中国地租理论可以从中国的封建地租思想开始说起。中国和封建地租思想大致分为恒产论、级差论、地租(地价)人口相关论、地租(地价)物价相关论、地租地价相关论及房价地租相关论。虽然中国古代的思想家对地租有着独到的认识和见解,但是都没有形成系统全面的地租理论。地租理论最早是由西方经济学家提出的。

1）古典政治经济学地租理论

17 世纪中叶到 19 世纪初,资本主义的经济制度处于产生和发展阶段,古典政治经济学地租理论被有关专家学者提出,其主要代表人物有古典经济学地租的创始人威廉·配第、弗朗斯瓦·魁奈、亚当·斯密、詹姆斯·安德森、爱德华·威斯特、大卫·李嘉图等。威廉·配第提出了级差地租的最初概念,把土地价格归结于一定年数的地租总额,即地价可由土地获得的地租资本化后得出。以弗朗斯瓦·魁奈为代表的重农学派提出了"纯产品"学说:只有在雇佣劳动的地方才有纯产品,地租的成因来源于土地的赐予,但是生产出的纯产品仍是资本的产物,它们会以地租的形式归于土地所有者。亚当·斯密是最早系统地研究地租的古典经济学家,他较准确地定义了"地租是为使用土地而支付的价格",还把地租看成了土地所有权派生的结果,研究了绝对地租、级差地租、建筑地租、第一性地租、派生地租等,虽然其理论之间存在着一定的矛盾,但其研究范围较为全面。詹姆斯·安德森是最早对级差地租进行详细研究的学者,他是近代地租理论的主要创始人之一,发现了因土地肥沃程度不同而形成的级差地租并提出了地租来源于生产土地产品的劳动,土地产品的价格决定地租而不是地租决定土地价格等观点。爱德华·威斯特提出了级差地租是以土地耕作的下降序列为前提、土地产品的边际效益是递减的等观点。大卫·李嘉图也对地租理论做出了突出贡献,他提出了用劳动价值论的原理研究地租形成问题,在劳动价值论的基础上说明了级差地租的存在,从而解决了亚当·斯密理论中的一些矛盾问题,为地租理论的科学研究奠定了较好基础,但大卫·李嘉图只承认级差地租,否认绝对地租的存在,此观点存在一定偏颇,因为在房地产开发中地价或房价相差巨大,说明绝对地租是存在的。

2）庸俗政治经济学地租理论

19 世纪中叶之后,一些专家学者提出了庸俗政治经济学地租理论,其主要代表人物有让·巴蒂斯特·萨伊、托马斯·罗伯特·马尔萨斯、冯·杜能等。如果说前面的经济学家是用劳动价值论来研究、分析地租的话,那么让·巴蒂斯特·萨伊则是采用效用价值论来展开研究的,他提出了"三位一体"的分配论:工资是劳动的补偿,利息是资本的补偿,地租是使用土地的补偿。该观点割裂了社会各阶层的收入和工人劳动的关系,是后来西方经济学地租理论的研究依据。托马斯·罗伯特·马尔萨斯的地租理论重复了"地租是自然对人类的赐予,它与其他垄断无关"的错误观点。冯·杜能创建了农业区位论,他主要研究级差地租 I 中由于位置、优劣的不同所产生的地租差异。

3)马克思主义地租理论

19 世纪中叶至 19 世纪末,马克思和恩格斯发展了马克思主义地租理论。与其他经济学流派的最大区别在于,马克思主义地租理论不仅建立在劳动价值论的基础上,把劳动价值论贯彻到地租理论的始终,还联系了社会生产关系,是科学合理的地租理论。马克思认为资本主义地租是剩余价值的转化形式之一,是超过平均利润的超额利润。在此基础上,马克思明确指出并科学解释了资本主义地租的三种形式:绝对地租、级差地租和垄断地租。马克思称土地所有者借助土地私有权垄断所取得的地租为绝对地租,即农产品价值超过生产成本的余额。绝对地租的形成条件是农业部门资本有机构成低于社会平均资本有机构成,形成的主要原因是土地私有权的垄断。级差地租形成的条件是土地等级不同,形成的主要原因是土地经营权的垄断。绝对地租和级差地租的来源都是农业或工人创造的剩余价值。除此之外,马克思认为还存在着垄断地租,它是由垄断价格产生的超额利润所转化成的地租,产生垄断价格的原因主要有两种:一种是对特别优越的自然条件的垄断而形成的垄断价格;另一种是因为土地所有权的垄断而形成的垄断价格。

4)现代西方经济学地租理论

20 世纪初到 20 世纪下半叶,世界各国进入城镇化发展模式,大量的农业用地转变为城市用地,现代西方经济学的地租理论就是在这样的背景下出现的。用地紧张问题引发了经济学家对城市土地地租的不断探索,他们对地租理论的研究主要采用边际分析、供求分析、数量分析等方法,主要代表人物有阿尔弗雷德·马歇尔、约翰·贝茨·克拉克、赫德、威廉·阿隆索、丁伯根、康托洛维奇、保罗·萨缪尔森、戈德伯格、钦洛依等。其中,阿尔弗雷德·马歇尔创立了均衡价格论,他认为地租只受土地需求的影响,并由土地的边际生产力所决定。约翰·贝茨·克拉克提出,地租是土地这个生产要素对产品的生产所做的贡献,它是一种"经济盈余"。赫德提出了区位地租理论,他认为土地价值依赖于经济租金,经济租金依赖于区位,区位依赖于方便性,而方便性则依赖于接近性。威廉·阿隆索解决了城市土地地租、地价的具体计算问题。丁伯根最早提出了"影子价格"这个概念,他认为影子价格是反映土地资源得到合理配置的"预测价格",他和康托洛维奇都对土地的影子价格进行了充分的探索、研究。康托洛维奇提出了用线性规划计算土地的"最优计划价格"。保罗·萨缪尔森认为地租能否成为决定价格的成本,取决于观察问题的角度。戈德伯格、钦洛依则用制度经济学的有关方法对城市地租、地价进行了研究分析。

西方经济学家提出的地租理论有其合理的成分,但也存在诸多问题和不合理之处。不可否认的是,他们对地租理论的研究和探索给后人留下了丰富的理论基础,对今后研究地租问题具有一定的借鉴作用。

2.1.2 城市地租

城市地租是指住宅经营者、工商企业、个体户等城市土地使用者,为建筑住宅、商铺、办公楼、工厂、娱乐场所、配套设施等租用城市土地而向土地所有者支付的地租。城市地租包括城市级差地租、城市绝对地租和城市垄断地租。

城市地租理论与农业地租产生的理论基础与表现形式是基本一致的，它存在绝对地租与级差地租（包括级差地租Ⅰ和级差地租Ⅱ）。随着社会经济的发展，城市的土地关系表现得更加清楚和活跃，城市地租也更加具有实际作用和意义，因此我们需要进一步研究城市地租的类型及其特点。

1. 城市级差地租

城市级差地租产生的条件是土地等级不同。其土地等级主要表现在土地位置距离市场中心的远近、人流量的大小、交通是否便利、环境是否优美、配套设施是否齐全，以及运输时间的长短和运费的高低等方面。在城市级差地租中，位置是具有绝对性影响的，这个位置一般是指经营地块与城市中心位置的距离，而这个城市中心通常是指各种功能区的中心。城市级差地租最典型的形态是商业地租，因为商业对土地位置最为敏感。

城市土地位置优劣不同必然会产生不同的级差生产力，而较优位置土地的级差生产力必然会产生超额利润。在市场经济条件下，土地所有权的垄断和使用权的分离，使这种超额利润转化为城市级差地租Ⅰ。在城市发展过程中，城市土地和农村土地一样也可以进行集约开发经营，即国家和企业在同一块土地上进行追加投资，由于每次追加投资的生产率不同，形成了级差生产力，而这种级差生产力产生的级差超额利润会转化为城市级差地租Ⅱ。通常城市级差地租Ⅱ的数量要比农业级差地租Ⅱ的数量大得多，因为农业地租受到的制约较多，城市地租受到的制约相对少一些。

2. 城市绝对地租

城市土地同样存在绝对地租。城市土地所有权由国家垄断，任何企业、单位、个人要使用城市土地，都必须向土地的所有者——国家缴纳地租，其支付的地租就是城市绝对地租。城市绝对地租就是因所有权的垄断而必须要缴纳的地租。

城市绝对地租与农村绝对地租相比具有不同的特点。城市绝对地租主要由城市土地的使用者缴纳，这些城市土地大多被用作第二、第三产业活动的场所、基地、载体和空间条件，其土地的优劣程度常由位置来评判。城市绝对地租的实体和农村绝对地租的实质都是超额利润，即劳动者创造的剩余劳动的一部分，因此城市绝对地租与农村绝对地租的本质和根源是相同的。

3. 城市垄断地租

城市垄断地租是由土地产品的垄断价格带来的超额利润转化而成的地租；有些产品只能在某些特殊地块进行生产经营，它的稀有功能带来了产品的垄断价格，这种垄断价格不是由土地产品的价值或生产价格决定的，而是由购买者的需要和支付能力决定的。

2.2 区位理论

加拿大经济学家戈德伯格和钦洛依在《城市土地经济学》中提出："城市土地区位的决定因素，第一是区位，第二是区位，第三还是区位。"区位的影响力为何这么大？它对我们如今的生活有何影响？尤其是对房地产业有什么作用呢？下面我们将结合这些问题介绍区位理论知识。

2.2.1 区位理论概述

1. 区位的概念

狭义上的区位是指特定地块的地理空间位置及其相邻地块间的相互关系。广义上的区位是指社会经济等活动在空间分布的位置,既包括自然地理位置,也包括经济位置和交通区位。科技发展、城市发展、"互联网＋"会给区位间的相互关系带来很大影响,由于区位理论主要研究的是人类生存、发展和进化所进行的活动,从这个方面来讲,区位是指人类行为活动时占有的场所,如经营机构、公共团体、个人活动的场所等。

2. 区位的关联度

人们将区位主体在空间上相互运作的关系称为区位的关联度。区位的关联度影响投资者和使用者的利益和选择,总的来说,投资者和使用者都需要选择总成本最小、效能最大的区位来获得最大利益,即地租和累计运输成本总和最小、产生经济效益最大的区位。

3. 区位条件

区位条件是指区位(场所)特有的属性、特点或资质。区位条件是相对于区位主体而言的。区位主体的不同会导致区位条件的不同,如在选择工业区位时,主要的区位条件为劳动力、资本、技术、原材料、能源、交通、市场等;而在选择农业区位时,主要的区位条件为土壤、日照、温度、劳动力、仓储、交通及市场等;选择商业区位时,侧重于与地段、交通有关;选择住宅区位时,则侧重于与环境、生活配套有关。然而,区位条件不是一成不变的,它会随时间、发展的变化而变化。人们对自身活动场所的选择在很大程度上取决于区位条件的好坏。

4. 区位因子

区位因子也称区位因素,是指影响区位主体分布的原因,它是生产者、开发者在选择不同的开发布局场所时要考虑的主要因素。

阿尔弗雷德·韦伯首先提出"区位因子"这一概念,他在《工业区位论》一书中将区位因子定义为在某个特定地点进行经济活动时得到的利益。区位因子不仅包含能用货币度量的价值标准,即经济因子,也包含不能用货币度量的价值标准,即非经济因子。经济因子又分为成本因子和收入因子。通常成本可归纳为三种,即运费、劳动力成本以及由集聚、分散带来的成本变化,考虑三者后的最低成本点就是最佳区位点。因此,成本因子可分为运费因子和非运费因子。运费因子是以运输为主、随距离的变化而有规律变化的因子,是系统的且可预测的;非运费因子与投入相关,包括劳动力、能源、水、税金和资本的利息等,以及能够产生集聚和分散经济的各种因子,这些因子一般相对比较固定,没有表现出随距离规律性的变化,其中集聚和分散经济因子则只与经济活动的规模等有关。

5. 区位理论的演变

区位理论是研究区域经济行为的空间选择及空间内经济活动的组合理论,即研究区位经济行为与空间关系的理论。其作为一种学说产生于 19 世纪 20 年代,产生的标志是杜能 1826 年出版的著作《孤立国同农业和国民经济的关系》。

根据重点的选择与发展的先后,区位理论可以分为三大类别:古典区位理论、近代区位理论和现代区位理论。

1)古典区位理论

古典区位理论认为决定农业与工业布局和经济活动的目的是生产成本极小化。它的代表观点有德国经济学家杜能的农业区位理论、韦伯的工业区位理论等。

杜能的农业区位理论提出,通过经济活动的空间配置模型、单一运输成本因素可确定农业生产及经济空间的走向,并认为销售价格决定产品的种类和营销方式、生产成本及运输费用决定销售价格、根据运输距离可确定最佳配置点。

韦伯在《工业区位理论:区位的纯粹理论》一书中提出了工业区位论的基本思想。他首次全面、系统地论述了工业区位理论,也是第一位将抽象和演绎的方法运用于工业区位的学者,建立了相对完善的工业区位理论,并且提出了古典区位理论中的经典法则——最小费用区位法则。

随着第一次工业革命的到来,工业区位问题尤其突出。德国经济学家劳恩哈特也是工业区位论的先驱。劳恩哈特利用几何学和微积分,提出了新的解决方法,将网络结点分析方法应用于工厂及仓库存放点的布局中,利用工业区位中各地点的布局合理安排在产品成本和产品销售的约束下,使运输成本最小化。

2)近代区位理论

近代区位理论认为农业、工业布局和经济活动的最终目的是最大限度地服务于目标市场。随着社会的发展和人类的进步,运输成本已不再是决定企业选址的主要因素,取而代之的是产品销售,它成了企业面临的最大问题。近代区位理论的代表学者有德国经济地理学家克里斯塔勒和德国经济学家廖什。

克里斯塔勒提出了城市区位的中心地理论,补充和发展了杜能的农业区位论和韦伯的工业区位论。克里斯塔勒将地理学的空间观点与经济学的价值观点相结合,利用抽象演绎创建了以城市为中心的探索方法。他认为,中心地是周围区域的中心,是指能够向周围区域的消费者提供各种商品和服务的地点。他发现服务点的最优服务面是圆形,企业的相互竞争能够使圆形区域变成半径递减的正六边形市场区。

廖什进一步发展了工业区位论,并在《经济空间秩序》一书中提出了与克里斯塔勒的中心地理论相似的市场区位理论。廖什认为,单一厂商最佳区位应该是收入和费用之差的最大点,他把生产区位与市场区位相结合,利用一般均衡理论建立了市场区位和市场网络模型,又用数学方法证明了企业的市场区位在地理位置上是一个六边形。

我们把古典区位理论与古典区位理论的发展以及近代区位理论合称为新型古典区位理论。

3)现代区位理论

20世纪50年代,区位理论得到迅速发展,以美国经济学家艾萨德为首的经济学家在新型古典区位理论的基础上,提出了以宏观均衡方法将局部静态均衡的微观区位论动态化、综合化,这标志着现代区位理论的逐渐形成。

20世纪70年代,英国结构主义学派经济学家马西认为区位是经济结构的衍生物,区位理论离不开社会作用,根本不存在纯空间动因、空间规律、空间相互作用,因此将社会系统和社会结构因素也归入区位因素范围。

1991年,克鲁格曼发表的《收益递增与经济地理》一文中提出了著名的中心-外围模型。所谓中心-外围模型,就是将空间经济模型归入区位论的框架中,该模型成功解答了经济地理聚集和区域产业集中化的内在机制,为区位论的一般均衡研究提供了微观经济学的依据。1999年,克鲁格曼与藤田昌久、维纳布尔斯合著了《空间经济学:城市、区域与国际贸易》一书。该书中克鲁格曼等人引入了迪克西特-斯蒂格利茨模型,通过建立不完全竞争和规模递增模型对企业和产业区位选择进行深入分析,他们认为企业和产业区位的形成是一种多重区位的均衡结果,是解决区位问题市场均衡的社会最优解,从而将区位理论研究纳入了主流经济学。

从古典区位理论与近代区位理论结合形成的新型古典区位理论,到以新型古典区位理论为基础的现代区位理论,纵观区位理论的演化,可以看出,区位理论是通过不断加大假设条件、建立和引入不同的新经济学观点模型,同时结合社会的进步和人类的发展,将理论与现实问题相结合,从解决问题的过程中提炼并形成理论的。

2.2.2 城市土地区位

1. 城市土地区位的因素

随着城镇化水平的不断提高和城市房地产业的加速发展,城市土地区位变得越来越重要,商业和服务业用地更是表现出强烈的区位效应。因此,对决定城市土地区位的因素进行分析是有必要的。决定城市土地区位的因素主要有如下几个方面。

1)自然条件和环境方面的因素

自然条件和环境方面的因素都是由自然形成的,称为自然区位因素,是形成和决定土地区位的最基本的因素。自然区位因素包括土地的面积与形状、地形特征与起伏程度,还有水文、气象条件等,如平原地区城市较密集、热带湿热地区的城市建设在海拔相对高的地方、山区的城市一般沿河谷或低地而建、水资源丰富的地区城市较多、水资源匮乏的地区城市较少。

2)交通和通信方面的因素

交通和通信方面的因素主要包括城市内部及对外的交通和通信状况,它是形成和决定城市土地区位的重要因素。

交通包括河运、海运、空运、铁路运输及公路运输等,一般交通便利的地区更容易带动城市的发展,交通运输的可获得性及价格对区位的影响极大。

通信主要是指影响区位的信息网络及通信条件。发达地区与落后地区的通信方式差异较大:发达地区的网络已经普及,故城市土地区位可以相对分散一些;落后地区多向通信较发达地区聚集。

3)其他基础配套设施因素

其他基础配套设施因素既能直接决定社会生产和生活质量的好坏,又能影响消费者、投资者和生产者的选择与决策。它主要包括城市休闲设施、城市道路质量、水电气供应情况、城市污染和垃圾处理情况等,与城镇居民的日常生活、工作、学习息息相关。

4)人口和经济集聚方面的因素

人口和经济集聚方面的因素是决定或形成土地区位的关键性因素,主要包括三方面内容:一是人口的数量和密度,如常住人口、上班学习人口和流动人口及其居住密度,它关系到劳动力市场的总规模和消费市场的规模;二是经济集聚程度,如城市中各产业的规模、数量和集中程度等,它关系到专业化和分工协作的发挥程度;三是居住、出行、购物、娱乐等条件状况,它关系到经济信息收集的便捷程度和准确程度,还关系到居民相互之间交往的便利、生活的舒适程度。

5）社会文化方面的因素

一个城市的历史背景也会影响城市区位的形成，如北京的市中心是天安门广场，交通便利却少见摩天大楼，正是因为它与故宫拥有悠久的历史，为了保护古建筑的风格而没有兴建摩天大楼。此外，还有以政治职能为主的城市，如北京、华盛顿、堪培拉等；以经济职能为主的城市，如上海、纽约等。

综上所述，城市区位的形成是这五个因素共同作用的结果。

2. 城市土地区位的变动性

通过查阅城市发展史可以知道，最开始城市土地的区位是自发形成的，但随着社会经济、城市经济的发展及城镇化的提高，这种自发性城市土地利用中的消极因素和不利影响逐渐显露并不断趋于恶化，因此需要人为控制和引导。城市土地区位的形成越来越取决于人们的自觉行动，人们可以决定城市土地区位因素的变化，而这种变化主要是经济因素的变化带来的。

因为城市土地区位是可变的，所以人们要科学地制定和编制城市土地利用规划和城市规划，通过新规划、旧城改造、新区建设、产业定位来调整城市土地区位。在编制规划和发展房地产业的过程中，要对城市土地区位发展的变化有预见性，自觉地通过合理改造和再开发旧城区进一步建设新城区，加强完善市政基础设施建设，合理发展房地产业，优化商业、金融、信息等产业部门的布局，改善土地区位条件。

3. 房地产的区位选择

房地产的区位选择实质就是城市土地区位的选择。城市土地区位选择一般包括以下三个层次。

1）宏观层次的区位选择

宏观层次的区位选择是在全国范围内进行的各城市之间工业、农业、交通运输业用地的空间布局，但宏观层次的区位选择通常仅涉及工业地产，而工业地产又由全国范围内工业的宏观空间布局所决定。当工业的宏观空间布局确定时，工业地产的宏观区位选择就基本确定了。宏观工业布局的焦点是在一些具备某些条件的地点中选择一个最优区位。决定和形成工业地产区位的因素有很多，其中影响区位选择的因素主要有原料、技术、能源、环境、交通和通信、劳动力及市场等。因此，在进行工业地产宏观区位选择时，一般可以从原材料指向、技术指向、能源指向、市场指向、原材料与市场双重指向等方面来布局。

当具体对工业的宏观区位进行布局时，我们需要运用可行性研究方法对各种方案的技术经济指标进行测算和比较，选出最优实施方案，除了考虑技术因素外还要考虑社会生产力的平衡，在特定情况下，甚至要考虑军事、政治、生态等因素。

2）中观层次的区位选择

中观层次的区位选择是在城市内部功能分区的基础上，对不同类别房地产进行区位选择。城市房地产一般可分为居住房地产和非居住房地产两大类，而非居住房地产又可分为商业房地产、工业房地产、办公房地产、其他房地产等。

（1）商业区。按商业区的功能程度可将其分为中央商业区、城区商业区和街区商业区。商业区一般处于大城市中心、交通路口、繁华街道两侧、大型公共设施周围等。其中，中央商业区是大城市或者是特大城市中具有全市的商业、交通和信息中心功能的区域，它的影响范围大，拥有全市最高的可达度、最大的客流量和信息量，能够有效地减少信息的不确定性，令人做出快速、准确的决策,所以中央商业区的房地产价格高,劳动成本也很高,尽管如此,大公司总部一般仍选择集中在中央商业区。另外,商业区还有:城市的二级商业中心,它是仅次于中央商业区的城区商业;城市最低一级的商业中心,它是主要供应日用消费品、方便市民生活的街区商业区。

(2)工业区。依据各种工业的特点,如污染状况、占地面积等,可将工业区划分为内圈工业区、外围工业区和远郊工业区。内圈工业区占地面积小,一般处于中央商业区的外侧,如高档服饰、印刷、食品分装等行业,这些行业主要面向当地消费市场,并且与中央商业区中的企业有密切联系。外围工业区所需的料场、仓库和厂房较大,需要的占地面积也大,一般处于低地价、交通便利的城市周边地区,大多外围工业区装有自动化生产线,能生产出标准化、大批量的产品,如家电产品等。远郊工业区一般是规模大、占地面积广、污染严重的工业区域,如冶金、化工、造纸行业等。

(3)居住区。居住区作为人们生活休息的场所,一般处于中央商业区与内圈工业区之间,或者是内圈工业区和外围工业区之间。人们对居住区居住环境的条件要求较高,不但要求交通便利、环境适宜,还要求有良好的治安及比较完善的配套设施。

3)微观层次的区位选择

微观层次的区位选择是房地产项目的区位选择。在进行微观层次的区位选择时,必须遵循投资者和消费者的商业经营、居住、生产等行为发生的空间使用规律。

(1)商业房地产项目的区位选择。商业房地产项目区位选择的原则是最短时间原则、便捷性原则、接近购买力原则、满足消费者行为目的原则。按商业性质分类,可将商业分为零售业、批发业、专业性服务业(律师、经纪人、心理咨询师、会计师等服务行业)。因为各种商业企业的经营业务不同,所以其区位选择考虑的因素也不相同。

总之,在进行商业房地产项目区位选择时,要综合考虑地区经济、人口数量、消费偏好、居民购买力等因素对商业服务的影响,尽可能在交通便利、人口聚集、自然条件好、各类商店集聚的地区选址。另外,随着互联网快速发展,交易方式的变化也会影响商业布局,使得商业企业选址不一定需要在中心地带。

(2)住宅项目的区位选择。住宅项目的区位选择不仅要考虑住宅在城市区域或者空间中坐落的地理位置,还要考虑该地理位置为居民非经济方面的满足程度,即住宅坐落的地理位置和居民以此为基点进行学习、工作、就医、娱乐等出行活动时所需的交通成本、时间成本和经济成本。所以在选择住宅项目的区位时需要考虑以下几个原则:综合效益原则、社区及邻里原则、舒适性及休闲性原则。另外,住宅项目不仅要满足居民的居住需求,还要满足居民参加社区文化活动、得到社区服务的需求,尤其要考虑老年人的养老问题。

(3)工业房地产项目的区位选择。在进行工业房地产项目区位选择时,先要根据工业生产的类型,充分考虑不同地区带来的成本问题,如自然资源、动力能源及公用设施方面的供给和成本,原材料运输成本和产品运输到市场的交通成本,劳动力的素质和工资成本,税收、环境控制等因素的差异,通过最优选择获得最大利润。

4. 城市土地区位发展

城市土地区位不是一成不变的,如区域政策、城乡规划、产业布局等都可以促进城市土地区位的发展。

1）区域政策

区域政策是政府干预区域经济的重要工具之一，它具有调整资源在空间配置、空制区域间差距增大、促进区域经济发展和区域格局协调发展的作用。区域政策既包括中央区域政策，也包括地方区域政策。其中，中央区域政策也叫国家区域政策，是由中央政府制定、监督和评价的。国家层面的区域政策考虑的是国民经济发展和区域经济格局的协调，而地方层面区域政策则主要考虑的是省市区县内各区域经济的发展和差距问题。通过区域政策的落实能够有效促进城市区位的发展，如深圳特区、雄安新区的建立。

2）城乡规划

城乡规划是以促进城乡经济社会全面协调可持续发展为根本任务，促进土地科学使用为基础，促进人居环境根本改善为目的，涵盖城乡居民点的空间布局规划。一般来说，随着城市规模的不断扩大，城镇人口也急剧增加，城市各项公用设施不堪重负，"城市病"愈发显现，城市各项投资"各自建设、互不联系"，这严重影响了城市的良性发展。要科学有效地执行城市总体规划，调整城市土地利用的区位，借鉴城市布局原理，优化城市空间用地，促进城市土地区位发展。

3）产业布局

产业布局是指一个国家或者地区产业各部门、各环节在区域上的动态组合分布，是国民经济各部门发展的具体表现。一般各地区根据自身条件发挥优势，因地制宜，形成不同的产业结构。如果一个区域取得了经济增长，就需要不断地进行产业结构调整，推动产业结构向高度化前进。各产业选择或者变迁到不同区位时，将对城市发展带来一定的影响。例如，一个以工业区位为主的城市，主要发展第二产业，但随着经济的不断发展，其第二产业逐渐向第三产业转移，这种产业的调整带动了城市区位的发展，促进城市经济结构和功能的完善，进一步提高了城市的综合实力。

5. 区位理论在房地产业发展中的作用

区位理论为房地产的发展提供了理论指导，它在房地产业发展中的作用如下。

1）指导城市规划

从宏观角度上看，区位理论使不同地区、不同地段的土地均获得最佳用途，从而取得最优的经济效益、社会效益和生态效益，保证了社会的整体利益，顾全了城市规划的整体实施，促进房地产业进一步健康发展。这决定了房地产业的发展必须遵循城市土地区位规律。

从微观角度上看，房地产企业为了获得最大限度的利润，必然会寻找最佳的城市土地区位，然而企业若想获得最大的利益往往需要购买能使企业利益最大化的区位土地，而其他的居民、事业单位和机关单位同样需要寻找能使自己利益最大化的土地区位，并且还要保证其价格在自己经济所能承受的范围内，这些选择、判断都需要用到土地区位理论。

从城市的发展历史来看，一开始城市土地的区位是自发形成的，但是随着城市工业的发展、科技的进步，城市土地利用中的矛盾日益突出，因此不得不引起当地政府的关注。但是就早期发展情况来看，城市土地区位的形成很大程度上是由人们的自觉行动决定的，也就是说土地的区位是可变的，人们之间的活动与关系产生的利益变化也是影响土地区位的因素，这种变化带来的影响可能是正向的，也可能是负向的。所以，政府需要在房地产业的发展过程中进行宏观调控，使其发展遵循土地区位规律，提高土地的使用效益。

2）指导区位选择

其实城市土地区位的效益可以说是级差地租的实质，主要是位置级差地租。对于所有的经济单位来说，空间位置的差异、位置距离的差距以及自然因素·环境因素、经济因素、文化因素等诸多区位因素的差异都加剧了位置差异，这就使得明明处于同一市场，但是不同区位的相同面积的土地产生了不同的利用价值、利用方向以及集约经营度，从而也促使了极为不同的经济效益的产生。城市的不同、土地区位的不同、级差地租的不同不仅仅是为了使得国家从经济上运用地租优化主要资源配置的有力杠杆，还为制定城市土地合理利用规划、合理配置不同区位土地制定了明确的方向。

制定城市土地区位规划就要求使不同的土地区位能得到最大的利用，并且要逐步调节一些不合理的土地用途，从而达到城市的土地资源利用率最大化、最优化。最优用途是指特定的城市区位土地不仅可以使微观单位获得最大的经济效益、工作效率和居住效益，还包括宏观上可以获得最好的社会效益和生态效益。

由此可见，区位理论在房地产业发展中的作用主要表现在两方面：一是能够指导一座城市进行明确的规划，包括对土地的利用与城市的建设；二是能够指导房地产企业在开发经营过程中更好地对区位进行选择，从而取得良好的经济、社会、生态等综合效益。

知识归纳

1.地租是土地所有者依靠土地所有权从使用其土地者那里获得的收入。从广义上讲，地租泛指土地所有者将其所拥有的土地及与土地相关的房屋或其他附着物租给他人使用所获取的报酬。从狭义上讲，地租是土地使用者向土地所有者支付租用土地的租金，是其所获利润中超过平均利润的部分。

2.地租主要有三种划分方法：一是按地租的物质形态划分，也是按支付形态划分，可分为劳役地租、实物地租、货币地租三种；二是按经济学的观点划分，可分为马克思主义地租和现代西方经济学地租两类；三是按照其他方式划分。

3.绝对地租是指不论租用何种土地都必须交纳的地租，是土地所有者凭借土地所有权垄断取得的地租。

4.级差地租是指经营较优土地所获得的、归土地所有者占有的超额利润，即利用较优土地所产生的超额利润的转化形式。

5.从狭义上讲，区位是指特定地块的地理空间位置及其与相邻地块的相互关系。从广义上讲，区位是指社会经济等活动在空间分布的位置，既包括自然地理位置，也包括经济位置和交通区位。

思考题

1.简述西方地租理论发展的四个阶段和各阶段的代表性人物。

2.城市地租有哪些类型？它们产生的原因是什么？

3.决定城市土地区位的因素有哪些？

4.简述区位理论的主要内容。

5.土地区位对房地产业有哪些作用？

第3章 房地产供求关系

内容提要

本章主要内容为房地产需求和供给的概念、特点,影响需求与供给的因素,需求和供给的函数、曲线和弹性,房地产供需均衡的概念,房地产供需均衡分析等,以及房地产供需均衡的初始均衡、新的均衡和结构均衡等问题。

能力要求

通过本章学习,学生应从微观与宏观的角度掌握房地产供给与需求的概念和特点,了解影响房地产供需的主要因素并挖掘其他的影响因素;理解房地产供需均衡的概念,掌握供需曲线图及其变化,能用供需曲线模型对实际情况进行分析,能运用供需均衡知识对房地产特别是住房"供需管理"进行常态化分析。

思政目标

在正确区分房地产供求关系的基础上,坚持唯物辩证法,引导学生运用联系和发展的观点分析和解决问题,学会一分为二地看问题、从全局看问题、从主流看问题;坚持社会主义道路,坚持人民民主专政,坚持中国共产党的领导,坚持马克思列宁主义、毛泽东思想。

3.1 房地产需求

马克思曾说:"没有需求,就没有生产。"研究房地产的供需市场首先要掌握需求情况。一般而言,需求是指人们在某一特定的时期内在各种可能的价格下愿意并且能够购买某个具体商品的数量。

3.1.1 房地产需求概述

1.房地产需求的概念

房地产需求是指在一定时期内,在既定的价格水平下,消费者愿意并且能够购买的房地产商品的数量。

需求反映了价格和需求量的关系。所谓需求量,就是在某一价格下,消费者愿意购买的某一商品的总数量。价格不同,需求量也会不同。房地产需求因房地产的特殊性存在着与价格成正比或反比的关系。一般情况下,房地产需求与价格成反比,但在某些情况下,如投资性需求甚至投机性需求过旺时,需求可能与价格成正比。

2. 房地产需求的类型

1）微观需求和宏观需求

（1）从微观经济的角度看，房地产需求是在一定时期内，在某一价格水平下，房地产的消费者，如生产经营性消费主体、个人消费者、投资者，在市场上愿意并且有能力购买的房地产数量，它包括住宅、写字楼、商业用房、工业用房及其他物业的生活性消费、生产性消费、投资性需求。这里所说的需求不同于通常意义的需要，而是指有支付能力的需求、具体到个案的需求，即微观有效需求。

（2）从宏观经济的角度看，房地产需求是指社会对房地产市场的总需求，包括房地产实物总量和价值总量。形成房地产市场总需求有两个必要条件：一是全社会有购买房地产的意愿；第二是有购买房地产的能力。

2）城市土地需求和房屋需求

（1）城市土地需求是城市中各类企业、单位以及其他组织和个人，为了生存和发展，在生产各种物质产品和精神产品时利用土地的需要。从经济学意义上讲，城市土地需求是指投资者或开发者在一定的价格水平上愿意购买且有能力购买的城市土地数量。

（2）房屋需求是指在一定时期内人们愿意并有能力购买或承租房屋的数量。房屋数量和标准是确定房屋需求量的两个重要因素。房屋需求在房地产经济运行中占有十分重要的地位，它是房屋生产开发的出发点，是房屋供给销售的依据和归宿。

3）有效需求和潜在需求

（1）有效需求是指有支付能力的房地产需求，体现了消费者、投资者对房地产的现实购买力。从微观角度讲，它是既有购买意愿又有购买力的房地产需求，是房地产实现供给的依据。从市场均衡角度看，房地产的有效需求是房地产市场实现供求平衡时的房地产需求。

（2）房地产的潜在需求是指过去和现在没有转变但在未来可能会转变为现实购买力的需求，它表现为消费者、投资者对房地产的潜在消费意愿。潜在需求虽不能作为提供现实供给的根据，但它对规划未来房地产开发规模和投资决策有重要的战略参考和指导意义。

4）生产性需求、生活性需求、投资性需求

（1）生产性需求是指物质生产部门和服务部门为满足生产经营需要而形成的对房地产商品的需求，其需求的主体是各类企事业单位和个体工商业者，如工厂的厂房、商店的商铺、办公用房、服务行业用房及其他生产经营性用房等均为生产性需求。这类需求直接同社会生产经营活动相关，是房地产作为生产要素载体存在时所形成的需求。

（2）生活性需求主要是由人类的居住需要形成的，是对住宅房地产的需求，其需求的主体是居民家庭。这类需求具有广泛性、普遍性、梯度性。按住宅的基本分类可分为别墅需求、高层住房需求、多层住房需求、各类大中小房型需求、各种不同档次商品住房需求、各类保障性住宅需求等。

（3）投资性需求是指人们购置房地产不是为了直接生产和生活，而是作为一种价值形式储存，在合适的时候再出售或出租，以达到资产保值、增值的目的，其本质属于获利性的投资行为。例如，房屋转售是为了获取差价收入，房屋出租是为了获得租金收入等。在市场经济条件下，房地产投资性需求的产生有其必然性，它是由房地产的资产功能引申出来的。房地产作为不动产是价值量大的超耐用品，而且土地又是稀缺资源，具有升值的趋势，其作为投资产品时具有投资风险较小、收益稳定、有升值空间的特点，因此受到投资者的青睐。

①投资性需求可分为两种:一是长期性投资,即购买房地产后用于长期出租,等待房价上涨时再转售;二是短期性炒作,即在购买期房或现房后等待房价炒高,然后在较短期内迅速转手出售获利。

②投资性需求的作用具有两重性:一方面,它是市场经济的滑润剂,有利于促进房地产市场繁荣,特别是在供过于求的形势下,投资性购房能够扩大需求、活跃市场,有助于供求平衡,这种积极作用正是投资性需求能够长期存在的缘由。另一方面,也应看到投资性需求可能出现的某些消极作用。例如,过度投资会增加投机的成分,引起房地产市场需求的水分和泡沫,造成需求旺盛的假象,加剧供求失衡,甚至引起房价的大起大落,特别是在房地产市场供不应求的情势下,短期投机性炒作、人为抬高房价等行为,不利于实现房价的基本稳定。

所以,政府相关部门对房地产投资性需求政策的调控,应掌握好分寸,国际上通行的适度的量化标准是投资性购房量控制在房地产交易总量的20%以下;在保护其积极作用的同时,可采取适当的政策措施,如物业税调节,限制其消极作用,在必要时还可制定法律、法规限制期房转售,或采取限购、限售等措施。

5)本地人士需求、外省市人士需求、港澳台居民等境外人士需求

房地产本身虽然不能迁移,但是需求对象可以来自四面八方。房地产需求主要来自本地区,但随着社会交流、交通便捷、政策开放度的提高,地区房地产市场日渐拓展为全国市场乃至全球市场。

除了以上需求之外,我们还要考虑回乡置业人口需求、国家政策性产业落地需求或城市新区的打造房地产需求、经济发展或高新技术带来的国内外人才聚集需求等。

3. 房地产需求的特点

1)房地产需求具有明显的区域性

房地产属于不动产,其区域性由其位置的不可移动性决定。一个城市的房地产需求大部分来自这个城市的工商企业及居民。城市越小,功能越差,人口流动性越低,房地产需求的区域性就越显著。同一城市的不同地段,即使是同样的房地产,由于地段不同,其需求量也会出现很大差别,集中表现在商业用房和服务用房上。在城市黄金地段的房地产,即使价格较高,其需求也很旺;在偏远地段的房地产,即使价格低,其需求也很少。城市越大,功能越强,人口流动性越高,房地产需求的区域性就越不明显,但区域辐射性的特点会凸显出来。例如,上海房地产区域性的特点是不明显趋向某一地区,但其区域的辐射性却影响至全国乃至全球。所以大城市房地产需求的区域性比中小城市房地产需求的区域性小,但这并不影响房地产的需求性。如某房地产开发商曾说,深圳住房的消费力不仅来自深圳,还来自全国甚至来自全球。

2)房地产需求具有层次性

按照著名心理学家马斯洛的观点,人的需求具有层次性。人们对于房地产的需求也符合马斯洛的需求层次理论。比如住宅的功能性需求有层次性。住宅作为生活资料,可以满足人们的生存性需求、享受性需求和发展性需求。但随着社会经济的增长和人们收入的增加,在满足基本生存需要的基础上,享受性需求和发展性需求会逐渐上升到主要地位。因此,要适应这种需求的变化趋势,就要在住宅的设计、房型、设施、科技含量、环境与品位等方面不断提升,建造不同需求档次的房地产商品。

3)房地产需求的整体性

房地产需求的整体性是由地产和房产需求的不可分割性决定的。由于房地产是地产和房

产的结合体和统一物,土地是房屋下的物质载体,房屋是土地上的空间建筑,两者不可分割,因而房地产需求既包含了对房产的需求,也包含了对地产的需求,是对房地产统一体的一致需求,绝不可也不能把两者分离开来。这就决定了房地产商品空间的固定性、效用的长期性、结构的特质性和价值量的巨额性,由此反映了房地产需求的特殊性和对房地产市场需求分析的复杂性。

4)受城市住房制度的影响大

在计划经济体制下,我国实行低租金福利分房制度,消费者对住房的需求是不受支付能力约束的,是住房的非市场需求,严格地说这只是一种定向等待的计划分配,称不上真正的市场需求。这种非市场需求造成的结果是长期供不应求,只能靠住房行政配给方式分配住房。

同样,在市场经济下,住房需求也会受到不同住房制度的影响和调控。住房问题是基本的民生问题,我国政府对房地产制度建设及市场调控是常态亿的。"房子是用来住的,不是用来炒的"已成为社会共识,解决中低收入者的住房保障问题是社会主义制度优越性的体现。

5)一定的可替代性

(1)在一定区域内、一定供需条件下,尽管没有两个完全相同的物业,但在一定程度上两个物业是可以相互替代的。不过这个替代作用与其他普通商品相比要有限得多。

(2)从住房消费的角度看,买房与租房之间存在一定的替代性。在购买力不足和房价市场高涨时,消费者会偏向于考虑租房,等到合适的时机再进入购房市场。在成熟的市场经济中,住房的买卖价格和租赁价格之间存在一个合理的比例。

(3)从房地产投资的角度看,当房地产投资的收益下降时,投资者可以转向黄金、股票、债券、期货、古董等其他投资品,这样作为投资品的房地产于其他投资品之间也存在相互替代性。

6)房地产需求的多样性

(1)房地产需求的多样性是由房地产的异质性造成的。虽然房地产属于商品,但是其性质与一般商品有较大区别,这主要取决于房地产的高价值性和市场的不完全性。

(2)房地产需求的多样性是由消费者本身的差异性带来的。由于消费者的收入水平、文化程度、职业、年龄和生活习惯等不同,自然会形成各种各样的兴趣和爱好。所以,消费者对于房地产的区位、结构、房型和功能、配套要求等自然也会有差异,这种差异形成了房地产需求的多样性。

7)消费品和投资品的双重属性

房地产作为投资商品和生活必需品的双重属性,决定了房地产不能按照一般商品那样简单地由市场来配置资源,政府应当承担最基本的住房保障及宏观调控管理责任。在市场化主导的经济模式中,房地产的稀缺性、存续的长期性以及能够产生经营收益的特性,使其成为极佳的投资品,但这也易引发过度投资,产生经济泡沫,影响国民经济。居民购买一套房屋一般是消费,而购买两套、三套甚至更多套房屋则主要是投资,甚至是投机。房地产的双重属性增加了房地产市场的复杂性,使其难以按照一般商品来分析供需,也难以按照一般的投资品来进行资产定价。同时,房地产消费需求和投资需求难以截然分清,也增加了房地产市场调控的难度。

3.1.2　房地产需求影响因素和培育途径

1. 房地产需求的影响因素

1)国民经济发展水平

衡量国民经济发展水平的总量指标主要是国民生产总值、国内生产总值和国民收入。

国民生产总值(gross national product,GNP)是指一个国家(或某一地区)在一年内生产出来的商品和劳务按当年的市场价格所计算出的总和,是一定时期内本国的生产要素所有者所占有的最终产品和服务的总价值,它强调的是获得的原始收入。GNP 的计算一般采用"国民原则",即只要是本国或该地区居民,无论人在本国或该地区内还是在外国或外地区,其生产或创造的价值均计入本国或该地区的 GNP。

国内生产总值(gross domestic product,GDP)是指按市场价格计算的一个国家(或某一地区)所有常驻单位在一定时期内(一个季度或一年)生产的全部最终产品和服务价值的总和。GDP 计算一般采用"国土原则",即只要是在本国或该地区范围内生产或创造的价值,无论是外国人还是本国人创造的价值,均计入本国或该地区的 GDP。GDP 强调的是创造、生产的增加值,常被认为是衡量国家(或地区)经济状况的指标。现在各级政府一般采用 GDP 和人均 GDP 来衡量经济增长的快慢及经济实力的强弱。

国民收入(national income,NI)是指一个国家在一年内各种生产要素所得实际报酬的总和。从国民经济发展水平对房地产需求影响的角度分析,国民收入主要取决于两方面:①投资规模。房地产在固定资产投资中占有相当大的比例,房地产业需要超前发展,具有前置开发性,给固定资产提供支撑。在整体社会投资规模扩大的当下,生产经营者必将增大对工业厂房、商铺和办公用房等的生产性需求。②国民收入水平。国民收入水平是制约个人可支配收入的主要变量,也是反映企业扩大再生产能力的重要指标。经济迅猛上升阶段,国民收入和居民可支配收入增长速度加快,人们对房地产的生产性、消费性、投资性需求也会相应增大,从而促进房地产业发展。

2)城镇化水平

目前,城镇化是我国房地产业发展最大的内在动力。城市是社会经济发展,特别是工业化的必然结果,而城市数量、城市规模和城镇人口的数量等因素可衡量城镇化水平,其中每种因素的发展都会让人们对房地产的需求增加。城市数量的增多和城市规模的扩大主要表现在建设更多的工厂、市场、学校、医院及城市基础设施,这必然会使人们对房地产提出更多、更大的需求。随着城镇化的不断推进,城镇人口的数量也呈现加速增长的趋势。城镇人口快速增长除了增加对生产性房地产的需求外,还增加了对城市住宅、娱乐设施建设等生活性需求。

2024 年,我国城镇人口为 9.435 亿,计算方法为 14.0823 亿×67.00%(2024 年末城镇化率)。据统计,到 2030 年,我国城镇化率将达到 70%,若全国总人口为 14.5 亿,则城镇人口为 10.15 亿,比 2024 年城镇人口多 0.715 亿。$0.715×10^8×40$ 平方米(2023 年统计数据为人均居住面积超过 40 平方米,已大于人均小康面积 35 平方米),即至少达 28.6 亿平方米,这对房地产开发来说将是庞大的市场。如按当前每年平均 4 亿平方米的城市住宅开发水平,28.6 亿平方米将使房地产行业保持至少 7.15 年的高速发展。随着国家不断富强、人民不断富裕,人们对各类房地产的需求将更加扩大和突出。

3)房地产价格

房地产商品与其他商品一样,价格和需求量之间存在着反方向变动的关系。即在其他条件不变的情况下,房地产价格上升,会抑制消费者对房地产的需求量;反之,房地产价格下降,会促进消费者对房地产商品的需求量。由此可见,房地产价格的高低,对房地产需求具有重要的调节作用。房地产是与土地紧密联系的特殊商品,具有生产资料和金融工具的双重属性,短时期内房地产的价格和需求量存在着正方向变动的关系,使得实践中房地产价格对房地产需求的影响表现出极为复杂的关系。比如房地产市场会出现如股票市场一样的"买涨不买跌"的反常现象。

4)国家有关经济政策

土地政策、财务政策、货币政策、税收政策、产业政策对房地产的生产性需求、消费性需求和投资性需求都有重要影响。如国家的土地政策和财务政策调整会对房地产价格产生重大影响,进而影响房地产各种需求。国家通过调节生产性需求的经济参数体系,如价格、税收比率、折扣率等,鼓励或限制了生产性需求和投资性需求。货币政策中贷款利率的升高或降低会从两方面影响房地产消费性需求:一个是开发商方面,贷款利率的高低会直接影响房地产商品的价格,从而影响消费性房地产需求;二是居民方面,住房贷款利率的变化会增加或减少购房支出,也会影响消费性房地产需求。

5)对未来的预期

投资行为和消费行为不仅受到现实经济形势的影响,同时也受到各个市场主体对未来经济发展预期的制约。从房地产的投资需求来看,如果预期未来经济形势不好,则目前市场对土地的需求量和可作为投资的物业需求量就会减少,大部分购买者会选择持币观望,因此更多的潜在需求难以转化为现实需求。然而,以自住为目的的消费者和以出租或经营为目的的投资者不同,他们更关心近期投入的最小化,而非远期收益的最大化。

需求者对价格涨落的预期是影响房地产现实市场需求量的重要因素。房价下跌时,若需求者预期房价还会下跌,则他们往往会持有现金不肯入市,让许多现实需求转变为潜在需求。此外,还有一种消费心理——"负债消费"也会影响房地产需求。在未来收入预期的基础上,以及房价总是会螺旋式上涨的预期下,需求者敢于"用明天的钱圆今天的住房梦",愿意借助住房抵押贷款购买更大的房屋,从而扩大住房市场需求。

有时预期作用也会带来出乎意料的影响。预期与高房价常常相互影响,如土地价格上升或"地王"出现,将带动住房预期上涨,从而带来预期需求上升及恐慌性需求的上升。

6)生活方式的变化

生活方式是指在一定的历史时期与社会条件下一个人或团体的生活模式,包括社会关系模式、消费模式、娱乐模式和住房模式等方面。而且,生活方式通常也反映了一个人或团体的价值观、道德观和世界观。随着住房商品化改革和居民生活水平的提高,城镇居民的生活方式发生了巨大变化,他们对房地产市场需求的影响也日益加剧。人们不仅仅追求满足生活基本层次的需求,更追求满足舒适享受的需求,由此对住房的梯度消费模式也就自然而生。居民对房地产的不同需求主要因居民年龄、收入水平、消费观念等不同而引起。这些不同程度的影响叠合在一起,可能会比城镇化对住房市场的需求影响还要大。

2. 房地产有效需求的培育途径

(1)深化住房制度改革,实现住房分配货币化,实现住房供需市场化,引导消费者"愿意"购买商品住房,使潜在的需求转变为有效需求,杜绝各种行政企事业单位巧立名目变相开发房地产。

(2)大力发展经济,创造更多就业机会,增加居民收入,提高消费者购买商品住房的实际支付能力,而不是依靠银行等信贷机构提高购买能力。

(3)理顺房屋流通环节,完善和规范中介销售服务,尽量消除房地产信息不对称现象,搭建多方共享的房地产交易信息平台,为消费者提供便捷、周到、透明、公开、公正的服务。

（4）规范房地产市场秩序,降低房地产交易成本,规划房地产中长期发展规划,调整房地产供给结构使之与消费需求结构相适应,增强房地产商品的适销能力和居民购房的承受能力。

（5）完善和发展房地产金融市场,扩大住房消费信贷,特别是公积金信贷。进一步完善公积金制度,特别是扩大公积金归集面,鼓励民营企业和个体交存公积金支持居民买房。同时,扩大各类房地产消费信贷渠道,疏通房地产信贷消费惠及面过窄问题,以及"夹心层"居民住房问题。

（6）运用大数据技术,动态分析全国性及地方性的房地产市场总供给和总需求动态平衡,做好整体宏观调控,实施一城一策,促进有效需求的形成,严厉打击房地产投机行为,严厉查处违规开发和地下黑市开发乱象。

（7）做好宣传引导工作,引领消费者理性、透明、正确消费。政府职能部门要合理倡导多角度、全方面住房消费理念,各媒体及自媒体应客观理性宣传住房政策,提倡租售并举消费,克服从众消费现象。

3.1.3 房地产需求函数、曲线、弹性

1.房地产需求函数与需求曲线

房地产市场上影响需求量的因素有房地产价格、消费结构,还有购买者的收入水平、消费偏好、抵押贷款能力、对房地产价格的预期等。此外,限购、人口因素、居住习惯、婚姻状况、家庭户数、居民年龄、性别、产业政策变动等变量也会对房地产需求产生一定影响。可以用需求曲线来表示它们之间的关系。设影响需求量的各因素为自变量、需求量为因变量,则房地产的需求量函数可表示为

$$Q_d = f(P, I, R, G, C, W, E, \cdots)$$

式中:Q_d 是一定时期内房地产的市场需求量;P 表示房地产价格;I 表示购买者的收入水平;R 表示购买者的消费偏好;G 表示社会经济发展水平;C 表示城镇化水平;W 表示政策因素;E 表示购买者的价格预期;"$\cdots$"表示其他因素的影响。

对一种影响因素进行分析时,假定其他因素保持不变。由于房地产价格是决定房地产需求量的最基本的因素,所以我们先分析房地产价格对房地产需求量的影响。

房地产需求函数表示为 $Q_d = f(P)$。如图 3-1 所示,房地产需求曲线是一条直线,图中 Q 为需求量,P 为价格,D 为需求曲线。注意,实际中房地产的需求曲线也可以是曲线。当需求函数为线性函数时,直线上各点的斜率是相等的。当函数为非线性函数时,曲线上各点的斜率是不相等的。

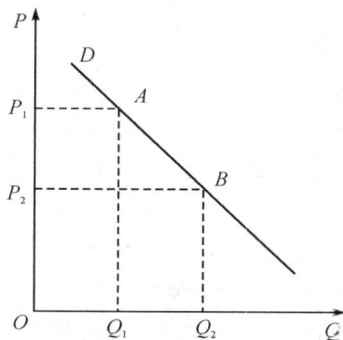

图 3-1 需求曲线

房地产需求曲线变动符合基本的需求法则,即房价上涨,需求量下降;房价下降,需求量增加。需求曲线表现了房地产价格和房地产需求量之间呈反方向变动的关系。

房地产是特殊商品,具有生产资料和金融工具的双重属性,加之前面提到的房地产需求受多变量因素影响,在特定时期内,房地产需求也会出现价格和需求量之间呈正方向变动的关系。从长期来看,房地产需求曲线是一条由多个拐点组成的复合曲线。

2. 房地产需求弹性

房地产需求弹性是用来研究影响房地产需求的各因素发生变化后,房地产需求量所做出反应的程度大小的一个指标。影响房地产需求的基本因素有房地产价格、消费者的收入和其他商品的价格等。与之相对应的房地产需求弹性也分为房地产需求的价格弹性、收入弹性和交叉价格弹性。

1)房地产需求的价格弹性

根据经济学的一般原理,房地产需求的价格弹性是指房地产的价格变动比率引起的需求量变动比率,即房地产需求量对房地产价格变化的敏感度。假设 P 表示价格,ΔP 表示价格的变动量,Q 表示需求量,ΔQ 表示需求的变动量,则房地产需求价格弹性系数为 $E_d = (\Delta Q/Q)/(\Delta P/P)$。

房地产需求价格弹性的大小主要取决于房地产的区位、替代品的数量和相近程度、房地产的用途、房地产在消费者预算中所占的比例和选择房地产时期的长短等。一般而言,房地产的区位条件(如学区房)至关重要又难以替代,所以当房地产价格在一定幅度内变动时,房地产需求是缺乏价格弹性的。

2)房地产需求的收入弹性

在其他影响因素不变的条件下,消费者收入的变动会引起房地产需求量的变动。需求量变动对收入变动的比率称为需求的收入弹性,即房地产需求量对房地产收入变化的敏感度。假设 M 表示消费者的收入,ΔM 表示消费者收入的变化,Q 表示房地产的需求量,ΔQ 表示房地产需求量的变化,则房地产需求的收入弹性系数为 $E_m = (\Delta Q/Q)/(\Delta M/M)$。房地产的需求收入弹性一般为正值,且数值较高。主要原因是个人可支配收入是决定房地产需求的重要因素,收入的增加会直接导致对房地产需求的增加。从一般意义上讲,房地产需求的收入弹性与一个国家或地区的经济发展水平和国民收入水平有着密切的联系,因为一个国家或地区不同的经济发展水平和阶段对居民消费结构的变化有着不同的影响。一般来说,经济发展越好,需求收入弹性越大。从特殊意义上讲,不同的房地产商品,其需求的收入弹性也是不同的,如普通住宅面向广大工薪阶层,其需求的收入弹性较大;高档别墅、高档商品住宅面向高收入阶层,其需求的收入弹性较小;与住宅相比,非住宅的需求收入弹性偏小。

3)房地产需求的交叉弹性

房地产需求的交叉弹性是指由一种房地产价格变化而引起的另一种房地产需求量变化的程度,即一种房地产价格变动对另一种房地产需求量变动的敏感度。假设 P_x 表示一种房地产的价格,ΔP_x 表示这种房地产价格的变动量,Q_y 表示另一种房地产的需求量,ΔQ_y 表示另一种房地产需求的变动量,那么房地产需求的交叉弹性系数为 $E_{xy} = (\Delta Q_y/Q_y)/(\Delta P_x/P_x)$。这里主要指两种房地产在价格和需求变动时的"替补"与"互补"关系。从需求角度来看,在互补的情况下,P 和 Q 代表的两种房地产具有负交叉弹性;在替补的情况下,P 和 Q 代表的两种房地产具有正交叉弹性。一般而言,在需求方面,大多数的房地产商品之间具有互补关系,即具有负交叉弹性关系,如住房价格下降,住房需求量增加,对商业建筑和公共设施等房地产的需求量便会增加;反之亦然。

3.2 房地产供给

供给是房地产经济学中的一个关键概念,研究市场的供需机制也需要对供给情况能够准确掌握。一般来说,供给是指在一个特定时期内,生产者在每一个可能的价格水平下愿意且能够提供的商品或劳务的数量。

3.2.1 房地产供给概述

1.房地产供给的内涵

房地产供给表示出售或出租的愿望。我们可以从微观和宏观经济两个角度来理解房地产供给。①从微观经济角度来看,房地产供给是指其他条件不变,生产者在某一特定时期内以某一价格水平,愿意且能够提供的出售或出租房地产商品的数量。在房地产生产开发者的供给中,既包括了新生产开发的房地产商品(即增量房),也涵盖了过去生产开发的存货商品(即存量房)。由于房地产供给一般是指特定市场的供给,故又称为市场的房地产供给。②从宏观经济角度来看,房地产供给就是房地产的总供给,这里是指在某一时期内全社会或某一地区的房地产供给的总量,其中包括房地产实物总量和价值总量。

与房地产需求一样,房地产供给也包括土地供给和房屋供给两个范畴。

1)土地供给

土地供给一般分为自然供给和经济供给两个方面。自然供给通常被称为大地的物理供给或实质供给,是指自然界为人类提供的天然可利用的土地。土地的自然供给是相对稳定的,一般不受任何人为因素和社会因素的影响,因此土地的自然供给是刚性的,相对缺乏弹性。土地的经济供给是指经过人类投入劳动进行开发以后,成为人类可以直接用于生产、生活、工作的土地供给。土地的经济供给具有一定的弹性,但由于受到自然供给刚性的限制,其弹性有限,这也是土地资源供给相对稀缺的根本原因。

2)房屋供给

房屋供给是指在某一特定时期内,市场上可提供出售、出租的房屋总和,它由房地产存量和增量两部分构成。因为房屋寿命较长,且价值损耗较为缓慢,所以存量房屋在整个房地产市场中占有相当大的比例。与存量房屋的数量相比,每年新建房屋的增量数则相对较少。从总体上来说,房地产建设周期较长,房地产市场的总供给量在短时间内相对于总需求的变化往往是滞后的、缺乏弹性的,因此只有房屋的长期供给才是有弹性的。但是,房屋商品供给长期成本的上升在一定程度上影响了供给弹性。

2.房地产供给的特点

1)城市土地的刚性和市场的垄断性

城市土地的自然供给在一段较长时期内是一定的、无弹性的,是人类难以增加的;土地的经济供给虽然是弹性的,但会受到自然供给刚性的制约,其弹性是不足的。总体上看,城市土地的供给是有限的、刚性的。

我国实行的是土地公有制,土地所有权不能买卖,在市场上交易转让的只是土地使用权。城市土地的所有权属国家所有,由各级政府具体行使土地使用权交易转让。由此代表国家利益的各级政府就成了城市土地市场唯一的供给主体,垄断了土地一级市场的供给。虽然房地产二级市场是自由流动的,但受我国房地产市场制度特殊性等原因的影响,每个城市的房地产商的数量也是有限的,因而也具有较高的垄断性。由于存在某些特殊的原因,如市场的不完全性、信息的不对称因素等,三级市场也存在一定的垄断性。房地产供给的这一特点决定了它会受到土地供应量、供应方式和供应结构的明显制约。国家注重把控土地供应的龙头,便可以达到有效调节房地产供给总量、供给结构、供给时间的目的,因而土地供应也就成为政府实施宏观调控的重要手段。

2)房地产供给的层次性

房地产供给一般分为三个层次:现实供给层次、储备供给层次和潜在供给层次。这三个层次是动态变化的。

现实供给层次是指房地产商品已经进入流通渠道,成为可以随时出售和出租的房地产商品。这些商品主要是现房,也包括具备预售条件的期房。现实供给是房地产供给的主导和基本层次,是房地产供给方的行为状态,并不等于房地产商品价值的实现。

储备供给层次是指房地产开发商出于一定的经营考虑,将一部分可以进入市场的房地产商品暂时储备起来不开发或不上市,如进行分期开发、分片开发、分产品开发等。这是一种开发商的商业管理行为,与空置房有区别,也与捂盘惜售有区别。其中,空置房主要是指开发商想出售而一时出售不了的房地产商品;捂盘惜售是指"捂住"楼盘,不把房子拿出来销售,目的是为了哄抬房屋价格,是一种市场违规行为。

潜在供给层次是指未上市的房地产商品,如已经开工、正在建设及竣工但未交付使用的房地产商品等,还包括部分过去属于非商品房地产,但在未来可能改变其属性而进入房地产市场的房地产商品,还包括部分改变房屋用途和使用功能的房地产商品,如非改住、商改住、工改住等项目,在国家审批允许的情况下是有利于盘活局部滞销市场或增加市场供给的。

3)房地产供给的滞后性和风险性

房地产作为一种商品,不仅投入价值较大,而且建设周期长,一般需要在一年以上,有的甚至需要数年。由此就决定了房地产供给具有一定的滞后性,这也增加了市场的风险性。即使房地产开发计划在当前是可行的,但在数年后房屋建成投入市场时,也可能因为市场发生变化而造成积压和滞销,或不能为市场提供有效的供给商品而造成房地产市场的波动。滞后时间越长,不确定性越大,风险性也就越高。在开发投资阶段,房地产市场可能发生较大的变化:或是经济由繁荣走向萧条,需求下降,价格下跌;或是经济由萧条走向繁荣,需求旺盛,价格上涨。尽管开发商会尽力根据当时的需求开发房地产商品,但难免要承担一定的风险,也正是如此,导致了整个房地产市场供给结构、供给数量的不均衡。所以,大数据时代加强科学预测市场供求变化趋势,对房地产开发商投资决策极为重要。

4)房地产开发的时期性决定供给相对需求存在滞后性

时期性是指在不同长短的时期内,房地产供给呈现出的不同的特征和规律。时期长短的划分依据是要素投入或产品可变程度的大小,通常分成特短期、短期和长期三个时期。房地产开发不同的时期性会给房地产供给相对需求带来不同的滞后性。

(1)特短期又称市场期,是指市场上房地产生产资源固定不变、房地产供给量固定不变的一段时期(一般为半年内)。这段时期对房地产的供给几乎没有影响。

(2)短期是指土地等房地产生产的固定要素不变,可变要素(如建筑工艺变化、融资期加快)可以变动的一段时期(一般为一年内)。因此,短期可以对房地产供给产生较小幅度的影响。

(3)长期是指不仅房地产业内所有的生产资源要素可以变动,而且能与社会其他行业的资本、资源相互变动和流动,对房地产供给量产生较大幅度影响的一段时期(一般一年以上)。在长期内,若土地供应量发生变动,则房屋供应量的变动更大。

5)房地产的供给价格缺乏弹性

房地产的短期供给价格弹性不充分,其原因主要在于房屋建筑的周期较长,在短期内房地产的售价和租金的上涨并不会导致房地产的供给水平有大幅度的变化。房地产供给量主要取决于前一段时期的价格水平,增量房的供应量是由房地产开发商按照当时价格水平所做的投资决策决定的。可供租赁存量的房地产的供应量,其变化率对租金变化率的反应在短时间内也是滞后的、缺乏弹性的。

3.2.2 房地产供给的影响因素

1. 房地产市场价格

房地产市场价格是影响房地产供给的首要因素,因为在成本既定的情况下,市场需求价格的高低将决定房地产开发商能否盈利和盈利多少。一般而言,当房地产价格低于某一特定水平时,则不会有房地产供给建设,开发商将会暂时停止开发或放慢开发速度;高于这一价格水平时才会产生房地产供给,开发商将会加快开发速度。市场上的总体供应量随着价格的上升而增加,随价格的降低而减少。

2. 土地价格和城市土地数量

土地价格是房地产成本的重要组成部分。在我国,目前土地成本费用约占商品房总成本的30%~90%,基本上是地价决定房价。土地价格的提高,将增加房地产的开发成本,因此房地产开发商一般会增加容积率,使单位建筑面积所含的地价(即楼面单价)比重下降,消化地价成本的上涨,有利于增加房地产供给。或者缩小生产规模和放慢开发进度,从而引起房地产供给的减少。城市房地产的供给能力很大程度上取决于可供给城市使用的土地。一般而言,一个城市经济发展水平越高,城市建设力度越大,人口聚集越多,可供给城市使用的土地就越多。

3. 建筑材料供应能力和建筑能力

建筑材料(如钢筋、水泥、砂石、陶瓷、玻璃、五金等)的供应能力是制约房地产开发规模和水平的物质材料。建筑能力包括建筑技术水平、设施水平、管理水平及建筑队伍的规模等,这些都是决定房地产供应建设水平的直接因素。改革开放以来,我国建筑材料供应能力和建筑能力已经完全能满足当今房地产开发的需求,随着住宅产业化、现代化建筑理念的变化和发展,房地产开发逐渐从建筑工程时代过渡到建筑工业时代、建筑集成时代。

4. 资金供应量和利率

房地产的价值大,因此房地产的开发建设需要投入大量资金,包括自有资金、贷款、预售款、工程款垫资、发行股票债券等。而房地产开发资金和银行贷款之间依存度较高,导致国家货币政策会对房地产供给产生巨大的影响。若货币供应量紧缺,银行对企业的开发贷款减少,导致开发资金紧缺,则必然促使房地产供应量下降;反之,当货币供应量扩张时,银行对企业的开发贷款增加,开发资金充裕,房地产供应量上升。

房地产开发贷款利率的高低也会对房地产供给产生重大的影响。若银行的贷款利率提高,则会增加利息成本,在销售价格不变的情况下势必减少利润,影响开发企业的供给积极性和供给速度;反之,则相反。因此,金融机构的信贷政策也是调节房地产供给的重要因素。

5. 税收政策

税收也是构成房地产开发成本的重要因素。如果实行优惠税收政策,如减免税收和税收递延等,就会降低房地产开发成本,使同量资金的房地产实物量的供给增加,增加开发商的盈利水平,吸引更多的社会资本投入房地产的开发,最终增加房地产的供给量。反之,若税收增加,开发成本增加,开发商盈利水平降低,会使开发商缩小投资规模,甚至将资金转移到其他行业,从而导致房地产供给量的减少。

6. 房地产开发商对未来的预期

房地产开发商对未来的预期包括对国民经济发展形势、通货膨胀率、人口增长率、房地产价格、房地产需求的预期,以及对国家房地产购销政策、信贷政策、税收政策和产业政策的预期等。房地产开发商预期的核心问题是对未来项目盈利水平的估计、判断,即投资回报率的预期。预期回报率高,就会增加房地产的供给;反之则相反。对房地产未来的预期一般是根据其发展周期进行的。房地产的经济周期与宏观经济发展周期存在着相关性,开发商往往以房地产经济波动周期为重要依据进行房地产开发项目的投资决定。

7. 住房保障的建设力度

住房保障是市场失灵情况下保障"人人有房住"的制度。在市场经济条件下,为了保障每个人都有房住,政府要实施一些特殊的政策措施,帮助住房困难群体。从我国国情看,总的方向是构建以政府为主提供基本保障、以市场为主满足多层次需求的住房供应体系。要积极探索建立非营利机构参与保障性住房建设和运营管理的体制机制,形成各方面共同参与的局面。一般而言,住房保障的建设力度增加会促进房地产的供给量增加。

3.2.3 房地产供给函数、曲线、弹性

1. 房地产供给函数、曲线

与房地产需求量类似,房地产供给量也受到一系列因素的影响,主要因素有房地产价格、房地产开发成本、城市土地的供给数量及地价、建筑材料的供给能力和建筑能力等。与房地产需求曲线一样,也可以用供给曲线表示房地产的供给数量和影响供给数量各种因素之间的相互关系。假定其他因素均不发生变化,仅考虑房地产价格的变化对其供给量的影响,房地产供给函数可表示为

$$Q_s = f(P)$$

式中:Q_s 是一定时期内房地产的市场供给量;P 表示房地产价格。

房地产供给函数表示房地产的供给量和房价之间存在正相关关系。当房地产价格下降,供给量会下降;当房价上涨,供给量就会上升,将这种关系表现在直角坐标系上就是供给曲线,供给曲线为正斜率,表示供给量与房价呈正比,如图 3-2 所示的房地产供给曲线是直线,当然房地产供给曲线也可以是曲线。当房地产供给曲线为线性函数时,房地产的供给曲线为直线,

如果房地产供给函数为非线性函数时,房地产供给曲线是曲线形的。函数曲线向右上方倾斜,斜率为正值,表示房地产价格和房地产供给量呈正方向变动。

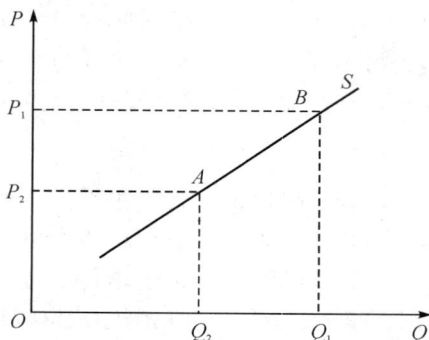

图 3-2 供给曲线

特别说明:在特短期或短期内供给曲线是一条接近平行于 y 轴(即价格线)的曲线。

2. 房地产供给弹性

1)房地产供给价格弹性

房地产供给价格弹性是房地产供给量对房地产价格变动的敏感度。假定 Q 为房地产供给量,ΔQ 为房地产供给变量,P 为房地产价格,ΔP 为房地产价格变动量,E_s 为房地产供给价格弹性系数,其公式为

$$E_s = (\Delta Q / Q)/(\Delta P / P)$$

一般认为,房地产供给在短期内价格无弹性,而在长期内房地产供给完全有弹性,即在长期内房地产的供给价格弹性大于需求弹性。从现实来看,房地产供给价格弹性大小取决于房地产供给的难易程度。对房地产来说,无论是存量还是增量,其短期供给价格弹性都是不足的或是缺乏弹性的。

2)房地产供给价格交叉弹性

房地产供给价格交叉弹性是指相关房地产间一种房地产价格变化引起另一种房地产供给量变化的程度。假设 P_x 表示一种房地产的价格,ΔP_x 表示这种房地产价格的变动量,Q_y 表示另一种房地产的供给量,ΔQ_y 表示另一种房地产供给的变动量,则房地产供给价格交叉弹性系数 E_{xy} 为

$$E_{xy} = (\Delta Q_y / Q_y)/(\Delta P_x / P_x)$$

若供给价格交叉弹性为正,从供给角度来看,说明房地产商品具有替代关系;若供给价格交叉弹性为负,从供给角度来看,说明房地产商品具有互补关系。即如果在一特定区域内某项房地产商品价格上涨,导致其生产利润相对增加,房地产开发商就会将大量资金投入到某项房地产商品开发项目,因而相对减少了其他种类房地产商品的供应。

3.3 房地产市场供需均衡

供需均衡的变动是与社会的发展、科技水平的提高直接相关的。影响供需的因素还包括替代品、文化习俗等。研究房地产市场时,单独考虑需求和供给是不够的,无法充分了解房地

产市场的各种状态变化及分布。即房地产需求和供给两个变量不是单列的,而是存在于两者之间的交叉效应,两者共同作用形成了房地产市场变化研究的重要理论之一。

3.3.1 房地产市场供需均衡概述

房地产市场的供需均衡即供给与需求的均衡状态,是指房地产商品的供给价格与需求价格相一致、供给数量与需求数量相一致时房地产经济的运行状态。在该运行状态下,开发商愿意供给的房地产商品总量与购买者需求的房地产商品总量刚好相等,既不存在房地产商品短缺现象,也不存在房地产商品过剩现象,是一种理想的市场平衡状态。供给与需求的均衡包括宏观和微观两个层次:在宏观层次上,供给与需求的均衡表示某一时间段国家或某一地区房地产总供给数量与总需求数量的均衡;在微观层次上,供给与需求的均衡表示某特定时间、特定地区市场、特定类型房地产商品的供需均衡及供需结构吻合,以便交易顺利进行。由此可见,房地产供给和需求均衡态的实质是房地产商品的交易能够顺利实现。

3.3.2 房地产市场供需均衡分析

1. 房地产的供需总量均衡

1)供给和需求的初始均衡

房地产的供给和需求都是动态的,在不停地变化之中。因此,供需双方的均衡是暂时的、相对的、有条件的。现实中,市场运行由需求和供给相互作用、共同决定,需求和供给缺一不可。在同一直角坐标系内讨论房地产需求和房地产供给,有利于进行房地产供需的均衡分析。

如图 3-3 所示,房地产供给曲线(S)与房地产需求曲线(D)相交于 E 点。从数学角度看,E 点的值(Q_0,P_0)就是这两条曲线方程的解,即在 E 点处当房地产价格是 P_0 时,$Q_s = Q_d = Q_0$,称 E 点为市场供需平衡点。在房地产价格变化时,需求量和供给量都会向 E 点不同方向运动,只有在 E 点上,价格才是稳定的。由此可知,房地产供需均衡价格可视为房地产市场上需求和供给这两个相反力量共同作用的结果,它是在房地产市场供需力量的自发调节下形成的。

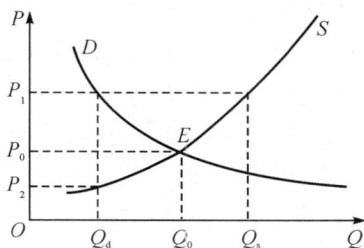

图 3-3 供给与需求曲线

一般来说,当房地产价格 P_1 高于均衡价格 E 时,房地产业利润高,房地产开发商愿意多开发房地产,会出现房地产供给量大于房地产需求量或超额供给的情况,房地产开发商需要通过降低价格来保证房地产商品的销售,随着房地产价格的下降,更多的购房者有能力支付房地产商品,房地产成交量逐步增加,而利润的下滑则导致房地产供给量逐步减少,从而实现房地产市场新的供需均衡。当房地产价格 P_2 低于均衡价格 E 时,会出现房地产需求量大于房地产供给量或超额需求的情况,房地产价格随之上升,迫使房地产开发商提高房地产商品价格直到能实现需求者需要购买的房地产商品量,房地产开发商在价格作用下会增加房地产的供给量,从而达到房地产市场新的供求均衡。

房地产市场供需均衡原理的要义具体体现为:①供需均衡的形成是房地产供给和需求这两种力量相互作用、相互变化的结果。需求和供给两个部分共同作用达到一个相对均衡的状态。房地产市场的供需均衡就是根据供给和需求在市场上呈现出的效果和对市场产生的影响而形成的。②供需均衡的构成要素不仅包括房地产供给价格和需求价格相一致,还包括供给数量和需求数量相一致,而且这两个要素之间又是相互联系和相互影响的,因此二者缺一不可。还有一个要素要考虑,那就是特定的某一时间段可能会形成新的供需均衡。③在理论分析时,通常把房地产供给量和需求量作为房地产价格的函数。但在实际市场运作中,情况会复杂得多,供给量和需求量不但受多种因素影响,而且反过来对房地产价格会产生巨大的制约作用,通常所说的"供不应求,价格上涨;供过于求,价格下跌"就是这个道理。

2)供需变动及其产生新的均衡

除房地产价格的变动会对供需产生影响外,其他变量也会对供给和需求产生作用,如生产成本、建设时间、可支配收入、税收和相关商品价格等。开发商愿意出售的房地产商品数量不仅取决于他们的商品房售价,也取决于生产成本;消费者愿意购买的房地产商品房数量除了受价格制约外,还受消费者的可支配收入的制约。这些因素的变化将使供给和需求曲线发生移动,均衡状态也会发生变化,具体变化有如下几种情况。

(1)供给曲线的变动。供给曲线的变动如图 3-4 所示,当供给曲线为 S_1 时,房地产商品价格 P_1 对应的房地产商品供给量为 Q_1。在房地产开发领域,任何的成本降低能够直接提升开发商的利润空间。一方面,成本降低会激励原有开发商加大投资力度;另一方面,成本降低也会吸引新的投资者涌入房地产市场。例如,技术进步或是材料价格下跌导致开发成本降低,都会让开发商更加有利可图。若此时房地产商品价格保持不变,即仍是 P_1,房地产商品的供给量会比原来的供给量更大,即从 Q_1 增加到 Q_1',这种情况对于任意的价格都是一样的。因此,整个供给曲线向右移动到新的位置,形成新的供给曲线 S_1'。

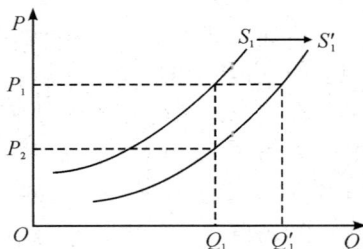

图 3-4 供给曲线的变动

(2)供给变动产生新的均衡。如图 3-5 所示,若房地产商品供给量 Q_2 不变,由于开发成本下降,则房地产供给同样的房地产商品数量时房地产价格也会下降到 P_2'。对于其他任何供给量,都会使相应的价格下降,房地产供给曲线同样向右移动到 S_2'。此时的房地产均衡价格和数量取决于新的供求曲线 S_2' 与需求曲线 D_2 的均衡点 E_2'。

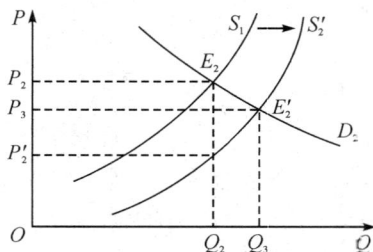

图 3-5 供给变动产生新的均衡

(3)需求曲线的变动。如图 3-6 所示,对于需求曲线 D_3,当购房者的可支配收入增加时,消费者有更多的资金购买房地产商品,若此时房地产价格维持在 P_3 的水平上,那么购买量会随着可支配收入的增加而增加,由 Q_3 增加到 Q_3'。这种情况对于任意的价格都是一样的,因此,整个房地产需求曲线向右移动到新的位置 D_3'。

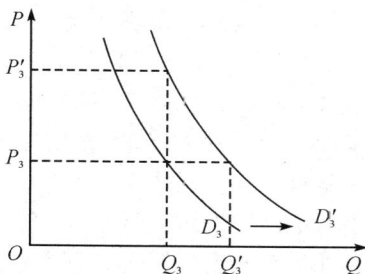

图 3-6　需求曲线的变动

(4)需求的变动产生新的均衡。若消费者购买房地产商品的数量 Q_4 不变,由于可支配收入的上升,消费者将愿意用更多的资金来购买房地产商品,使房地产价格上升到 P_4'。对于其他任何需求量,都会使相应的价格上升,需求曲线同样必然向右移动到 D_4'。此时的房地产均衡价格和数量取决于新的需求曲线 D_4' 与供给曲线 S_4 的均衡点 E_4',如图 3-7 所示。

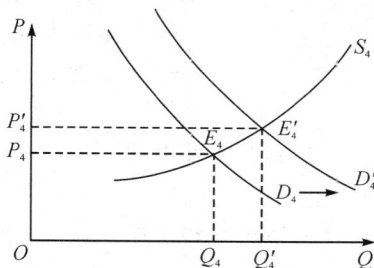

图 3-7　需求的变动产生新的均衡

2. 房地产的供需结构均衡

1)房地产结构

房地产结构是指房地产业内部各类物业及其相互间的关系,也被称为房地产业内部结构。其从市场角度可分为供给结构和需求结构。房地产市场供给结构和需求结构,简称房地产市场供需结构。

房地产市场供给结构是指在一定时期内房地产开发商面向市场投放的各类物业及其相互间的比例关系,其总量包括一定时期内开发商被批准预售的期房、正在施工的房子和已竣工待售的现房。

房地产需求结构是指在一定时期内,房地产的各类消费者在特定的预算约束条件下愿意购买和支付的各类物业及其数量的比例关系。在不考虑市场严重供过于求,造成价格快速下降而使需求者持币观望的情况下,房地产需求结构可大致用一定时期内各类物业销售量在物业销售总量中所占的比重来衡量。

2)房地产市场供需结构的特征

(1)供需结构的地域性。由于不同地域的社会经济发展程度不同,它们的经济结构、城市功能、文化底蕴、消费理念等均有差异,所以不同地域拥有不同的房地产市场供需结构。如在经济相对发达的地区,消费者的生活水平普遍偏高,房地产的市场需求会相对较高,从而促进房地产供给市场的发展;在经济发展相对欠缺的地区,消费者的生活水平普遍偏低,对房地产的需求相对较低,也会抑制房地产供给市场的发展。

(2)供需结构的动态性。市场供给与需求的各类房地产的比例关系会随时间的变化而变化。这主要与经济水平、生活习惯、居民收入及相关政策有关联。经济水平高涨时,消费者的购房意愿上涨,同时有相对应的经济条件作为基础来支撑这份意愿。在这个基础上,房地产市场需求增加,从而刺激房地产开发商增加开发力度,因而增加了房地产的市场供给。反之,则产生相反的作用。当然,这种作用是有一定范围的。

(3)供给结构的隐藏性。由于房地产开发建设周期比较长,在买方市场条件下,预售的方法很少有期房项目能如数售罄;另外由于开发过程中有不可预测的因素存在,项目竣工时间会发生稍许变动;再者我们在确定市场供给结构时往往不太注意正处于施工中的那部分待售物业或待出租物业;这些都形成了面向市场的供应结构问题。实际上目前房地产市场的供给结构是由以前一定时期内无论批准预售与否的投资动工项目决定的,这就形成了供给结构的隐藏性。

(4)需求结构的外显性。经济蓬勃快速发展时,写字楼、商业用房、工业厂房等生产性需求和投资性需求会明显上升,生产性需求在需求结构中的比重显著提高。同样若政府对住房出台减免税费政策,则住房的需求量会急剧上升,生活性需求在需求结构中所占的比重也会加大。这些需求在市场中是消费者看得见、说得清的外显需求,当期的需求情况基本上能从当期的物业销售增长来反映。

(5)市场结构内部的替代性。虽然各类物业有其特定的功能,但在某些特定的条件下它们可以相互转换替代。当某类房地产市场严重失衡、价格居高不下时,需求者就会以其他物业代替。如当写字楼出售价格高昂时,很多买主会用酒店长包房或公寓作为办公房来代替写字楼,等待合适的时机再购买写字楼。某地标准工业厂房积压,开发商就将其分隔成单身住房,出租给外来打工人员。房地产市场结构内部的这种替代性,增加了把握房地产供需结构变化的难度。

3)房地产供需结构弹性的不对称性

对供需弹性较为均衡的一般商品而言,市场的价格机制能迅速地调节供需关系,使双方快速趋于均衡。但房地产市场供需弹性的不对称性突出表现在供给弹性小而需求弹性大。在城镇化高速发展期和经济转型期,房地产需求的增加会推动房地产价格急剧上升,但由于受基础设施、原材料供应、城市土地供应(包括数量和时空方面的限制)、开发建设周期等因素的影响,此时短期内供给无弹性,无法快速地增大供给,房地产价格就会在短期内快速上涨,引发投资和投机性需求(一般来说,当投资房的比率超过20%的购房率时就易引发投机性的虚假需求),推动房地产价格的虚高,进而产生房地产泡沫。一旦这种虚假的需求不能支撑虚高的价格,泡沫就会破灭,从而引发全面的经济危机。

知识归纳

1.房地产需求是指在一定时期内,在既定的价格水平下,消费者愿意并且能够购买的房地产商品的数量。形成房地产需求的两个必要条件是购买意愿与购买能力。

2. 影响房地产市场需求的主客观因素主要包括国民经济发展水平、城镇化水平、房地产价格、国家有关经济政策、对未来的预期、生活方式的变化等。

3. 房地产需求的价格弹性是指在一定时期内,房地产需求量的相对变动对于房地产价格相对变动的反应程度,它是房地产需求量变动率与房地产价格变动率之比。房地产需求的收入弹性是指收入变动的比率所引起的房地产需求量变动的比率,它反映了房地产需求量变动对收入变动的反应程度。

4. 从微观经济角度来看,房地产供给是指其他条件不变,生产者在某一特定时期内以某一价格水平,愿意且能够提供的出售或出租房地产商品的数量。形成房地产供给的两个必要条件是供给意愿和供给能力。

5. 市场经济下影响和决定房地产供给的因素主要是房地产市场价格、土地价格和城市土地数量、建筑材料供应能力和建筑能力、资金供应量和利率、税收政策、房地产开发商对未来的预期、住房保障的建设力度等。

6. 房地产市场的供需均衡,即供给与需求的均衡状态,是指房地产商品的供给价格与需求价格相一致、供给数量与需求数量相一致时房地产经济的运行状态。房地产市场的供求非均衡,即供给与需求的失衡状态,是指房地产商品供给价格与需求价格、供给数量与需求数量之间有一对不一致,或者两对都不一致时的经济运行状态。

思考题

1. 房地产需求的特点有哪些?
2. 房地产供给的概念是什么?
3. 分析房地产需求的价格弹性、收入弹性和交叉弹性。
4. 分析房地产的特短期供给、短期供给和长期供给。
5. 试讨论现阶段中国房地产市场的供求关系。
6. 培育房地产有效需求的途径有哪些?

第4章 房地产市场

内容提要

本章内容为土地市场概述、房地产市场概述、房地产市场运行等,主要包括房地产市场运行功能、房地产市场影响因素、房地产市场主要指标、房地产市场运行机制、房地产市场运行模型分析等,重点讲述了市场运行的四象限模型。

能力要求

通过本章学习,学生应了解土地市场的基本概念,掌握房地产市场的分类、结构和特征,培养正确的房地产市场消费观念,为今后从事房地产行业打好坚实的理论基础。此外,学生还应熟悉房地产市场的运行机制,了解房地产市场的影响因素和相关指标,学会应用房地产市场相关模型来分析房地产市场运行,掌握分析房地产市场的基本技能。

思政目标

立足于土地市场、房地产市场的开发,在课程中"基因式"融入中华优秀传统文化元素,提升制度自信和文化自信,增强民族自豪感和荣誉感,树立社会主义核心价值观。同时,引导学生树立正确财富观,认识房地产市场的本质,不盲目投机,坚持"房住不炒"的理念。

4.1 房地产市场分析

住房问题关系到千家万户的利益,自商品房市场化改革以来,从中央政府到地方各级政府和有关部门都不断出台新政策、新措施来维持和促进房地产市场的稳定发展,房地产市场到底是什么? 它是如何运行的? 为了了解这些问题,我们首先应该了解房地产市场的相关知识。先来看看普通商品市场和房地产市场的比较,如表4-1所示。

表4-1 普通商品市场和房地产市场的比较表

比较指标	普通商品市场	房地产市场
商品特质和价格	商品特质和服务趋向一致,因此价格相对较低且平稳,选择余地大	房地产商品存在显著的异质性,价格整体较高且波动较大,选择余地不大

比较指标	普通商品市场	房地产市场
市场竞争自由度	大量供需参与者形成了一个竞争性的自由市场,参与者都不拥有足以对价格产生直接影响的份额,市场竞争比较充分,市场竞争自由度发挥充分	市场自由度不足,某一时间、某一价位和某一区位上,通常只有有限的买卖双方。一个单独的买卖双方可以通过控制市场价格和成交,使市场竞争自由度发挥受限制,容易形成垄断
市场外部性问题	外部性不显著,市场机制具有自动调节能力,公开自由的竞争能在市场中得到充分发挥	外部性显著,市场受到许多外部因素管制,市场机制发挥受到外部性影响,致使竞争得不到有效发挥
市场供需均衡问题	市场容易达成供需平衡状态,即使出现暂时的不平衡,但在竞争的影响下市场也能迅速恢复供需平衡。供需平衡调节机制能发挥充分作用,市场能保持正常的供需状态,价格表现较为正常和理性	长期内房地产供需能够达成均衡,但需要宏观调控加以影响,短期内房地产供需不一定能够达成均衡,价格变化通常领先于市场活动的变化。由于短期内没有交易活动或交易活动增加而使供需发生急剧变化
市场信息的获取情况	市场双方具有相关知识,能充分掌握市场交易各种状况、市场参与者行为、商品质量和替代品的信息。市场信息的获取比较全面和方便,交易双方能正确预判市场的发展	房地产市场信息不对称问题较为突出,交易双方掌握的信息都不全面,存在信息黑箱问题,信息获取难度较大,容易造成交易双方的非理性判断和消费,进而产生跟风现象
市场交易情况	交易双方可通过各种市场形式(如证券交易所以及各类有形和无形市场集市)集合到一起。卖方可以根据需求情况自由地进出市场	交易双方不会也不可能完全集合在一起进行交易,市场区域性限制严重,消费者也比较分散,卖方入市资金巨大,进出市场门槛较高

由以上可知,房地产市场与普通商品市场区别很大,这主要是由房地产本身的特征和特质决定的,房地产市场运行规律也是遵循其特征和特质展开的,是颇具专业特色的特殊市场。

4.1.1　土地市场概述

要想了解土地市场,首先要分析土地市场的含义,了解土地市场的基本运行模式,然后结合土地的特点把握土地市场的分类、特征、结构,进而掌握土地市场的培育方式。

1. 土地市场的含义

土地市场的含义一般分为狭义和广义两种。从狭义上讲,土地市场是各种土地交易活动的场所,也可以说是土地在商品流通领域中各种各样交换方式和交换活动的总和。广义上讲,土地市场是指土地这种特殊商品在流通过程中发生的经济关系的总和。然而作为一种特殊的商品交易领域,我国的土地市场既具有一般商品市场的特征,又具有其自身的特殊性。

我国现行土地市场有三种运行模式,具体为:①一级市场即政府出让市场,是指政府有偿、有期限地出让土地使用权的市场;②二级市场是指取得一级市场的用地单位经土地开发后横向转让土地使用权的市场,或直接开发房地产项目转让的市场;③三级市场是指取得二级市场转让土地后的用地单位开发房屋再转让房地产项目的市场,或二手房、三手房等再转让的市场。

三种土地市场运行模式可合并为两个层次:政府主管部门向用地单位出让土地使用权的市场为第一层次——一级市场;所有取得土地使用权的用地单位开发土地、房屋再转让的市场为第二层次——二级市场。

2.土地市场的分类

1)城市土地租赁市场

在房屋(土地)租赁市场中,房屋(土地)所有人(使用者)或者经营者,通过房屋(土地)出租,收取租金,把房屋(土地)的使用权分期租售给房屋(土地)使用者。房屋(土地)所有人(使用者)或者经营者称为出租人,房屋(土地)使用者称为承租人。承租人定期向出租人交付一定的房屋(土地)租金,并获得一定期限的房屋(土地)使用权,而房屋(土地)的有关权属不变。

2)城市土地出让市场

在城市土地出让市场中,国家作为土地所有权主体与土地使用权主体之间进行土地使用权交换。其主要内容是:国家以协议、招标、拍卖和挂牌等方式将一定年限的城市土地使用权一次性有偿出让给城市土地使用者。

3)城市土地转让市场

城市土地转让市场是获得城市土地使用权的开发主体,把城市土地使用权又让渡出去所形成的市场。在转让市场中,土地使用者将土地使用权再转移的交易行为包括出售、交换、赠予、入股、合并等方式,把土地使用权连同地上建筑物及其他附属物转让给新的受让者,这种行为叫作土地转让。

4)城市土地抵押市场

在土地抵押市场中,土地抵押人以土地使用权作为履行债务的担保而取得融资贷款,并按期偿还本息。土地在抵押期间内,不需土地使用权人交出土地,但会限制土地的产权转移,土地仍归原产权人使用。抵押权人也无权使用土地,只能按期收取本息,借款本息全部还清之后,抵押宣告结束。

3.土地市场的特征

土地市场是在公有制的基础上进行的,土地市场上交易的是国有建设用地的使用权,它受国家计划的调控,同时也受市场机制等因素的影响。土地市场的主要特征有以下几点。

1)区域性

土地位置的固定性使得土地具有强烈的、固定的区域性特点。区域性是土地市场的基本特征。在各种区域性市场中,土地供给需求状况各不相同,它们的价格水平也有较大差异,并且土地交易一般只局限在各自的区域市场内进行。与此同时,短期内区域之间的不平衡不能通过自身价格机制的自动调节而有较大改变。

2）权利主导性

土地不能像一般实体商品一样任意流动，它的位置是固定不变的，因此在土地市场中被交易的只是土地的各种权属，而每一次交易都是土地权利交换后的权利人重新界定和划分，需要通过地契、登记等法律文件为依据，这种权利的界定只有在法律的框架之内进行物权登记后才具有效力。

3）低流动性

相比于其他商品，土地市场的流动性相当差。一方面，从客观上来说，因为其自身流动困难，不能随意将土地迁移到获利能力最高的地块；另一方面，土地的变现能力差，将土地直接转换成现金需要经过很长时间，并且转换过程相当复杂，还需支付一笔额外的交易成本费用，由此土地市场的流动性受到层层阻碍。

4）不完全竞争和垄断性

土地市场的区域性、土地资源的稀缺性及土地资源位置的固定性，导致土地区域市场之间的不完全竞争，再加上土地交易的金额巨大，土地竞争者进入市场的门槛较高，因而土地市场容易出现垄断。在土地市场中，一个土地使用权人为了实现自身的利益，行使自身权利的同时，必然会影响整个区域市场行业者的各方利益。这样，为了协调使用者之间以及使用者同其他相关市场主体之间的关系，必须由政府出面进行调控或管制，这使得土地市场具有明显的不完全竞争和垄断的特点。

4. 土地市场的结构

1）完全竞争的土地市场

结合世界各国的情况来看，美国的土地市场与完全竞争的土地市场最为相似，但也不完全相同，可称为"准完全竞争市场"。美国的土地有三种所有制形式，即私人土地、联邦土地、州及地方政府土地。私人土地约占59%，联邦政府土地约占32%，州及地方政府占7%左右，另有约2%的印第安人保留地。尽管美国的私有土地和公有土地是不可侵犯的，但美国政府却拥有对土地使用权的终结权。它包括对土地拥有权的限制和对土地使用权的限制。因此，私有土地的所有权也不是绝对的"私有"，必须在合法的范围内，遵守法律的规定并履行相关权利和义务。

2）垄断型的土地市场

国家垄断土地经典的例子是我国古代魏晋南北朝时期的土地市场。从晋朝（公元265年至420年）到南北朝（公元420年至589年）三百多年间处于战乱状态，晋朝前后出现16个国家，南北朝则分裂成大小10个国家，直到公元589年隋朝才统一大部分领土。这一时期土地制度历经多次国有化变革，以北魏孝文帝公元485年颁布法律实行的均田制改革最为成功。均田制配合户籍管理制度和赋税制度一起出台，它们之间形成了一套较完备的封建制度体系。均田制是在国家垄断土地的基础上，让农民分得土地，随之而来的是农民生产积极性提高，农业生产率提升。但后期因为均田制从根本上触动了封建地主集团的核心利益，逐渐被废止，而官僚贵族再次掀起土地兼并之风，直接导致农民被迫失去土地，生产积极性下降。

3）垄断竞争型的土地市场

在垄断竞争型的土地市场模式下，计划和市场机制都发挥作用，人们要遵守相关规定，他们的市场行为会受到宏观计划的指导和控制。我国土地市场模式正是基于垄断竞争型，它的优点有：①能使双重目标统一起来。地产经营者能及时对土地供给情况做出灵敏的反应，同时国家可以运用宏观调控手段使土地市场符合社会整体利益。②使土地市场的运行具有目的性、自觉性、可控性、有序性,并能使土地市场的运行呈现长期的稳定性。

由此可以得出结论:依照我国的制度和背景,垄断竞争型的土地市场运行模式是最符合当前发展实际情况的,只有这样,才能使我国建立起既灵活多样,又有计划性和统一性的土地市场。

5.土地市场的培育

土地的一级市场无可置疑地应当由政府垄断经营。土地二级市场是用地者之间转让土地使用权的市场。对于搞活整个土地市场来说,培育和开放二级市场起着关键作用。主要经营房地产的开发企业,没有二级市场的活动环节,从一级市场所得的土地使用权难以转让、难以经营,整个土地市场也很难活跃。土地三级市场主要是土地使用者和消费者之间进行的房地产买卖、租赁、抵押、交换等交易活动的市场。一级市场是二、三级市场产生与发展的前提和基础,二、三级市场是一级市场的延伸和补充,对一级市场具有促进作用。严格控制土地一级市场,努力搞活二、三级市场,是我国城市土地培育的重要原则和方向。

4.1.2 房地产市场概述

要从房地产市场的定义、参与者、分类、特征、构成要素等方面综合性地来理解房地产市场;而房地产企业若想在房地产市场站稳脚跟,就必须把握房地产市场的基本特征,这样才能避免一些不必要的弯路和风险。

1.房地产市场的定义

市场是社会生产分工和商品交换的产物,是维系商品经济的纽带。市场包括两层含义:一是指交易双方进行交易的场所,二是指交易活动发生的过程。相对于土地市场,房地产市场一般是指以房地产作为交易对象的流通市场,也是房地产商品交换关系的总和。房地产市场流通的商品是有一定的房屋所有权和土地使用权的房屋财产。

房地产市场有广义和狭义之分。狭义的房地产市场是指进行房地产买卖、租赁、抵押、合并、赠与等交易的场所,如房地产交易所。广义的房地产市场有两种解释:第一,房地产市场是指房地产商品所拥有的现实和潜在的消费者的总和。部分消费者对于房地产消费欲望是无止境的,这里消费者是指同时有购买欲望和购买能力的消费者。第二,房地产市场是指在房地产商品的流通过程中的整个社会各种交易关系的总和。它既包含所有权的买卖、租赁、抵押、典当和产权互换活动及土地使用权有偿出让、转让、出租等活动,又有由中间商、代理商、法律咨询、金融信用、广告信息等一切构成房屋、土地交换关系的经营性活动。因此,广义的房地产市场是指一切房地产交易活动的总和,是交易多方相互作用的一种机制。房地产交易范围很广,包括房地产转让、抵押、租赁等。房地产转让是指房地产权利人通过买卖、赠与或者其他合法方式将其房地产转移给他人的行为。对于房地产市场,我们一般从广义的角度进行理解和解释。

2.房地产市场的主要参与者

房地产市场主要参与者有政府、房地产开发企业、房地产金融机构、房地产设计施工建设单位、房地产中介机构、房地产消费者、社会相关公众(特别是媒体单位)等。

3.房地产市场的分类

1)从房地产开发及商品房角度分类

从房地产开发及商品房角度,可以将房地产市场划分为一级市场(土地市场)、二级市场

（商品房开发市场）、三级市场（二手房市场）。

（1）一级市场也称土地出让市场。房地产市场包括土地市场，因此房地产一级市场是指国家将城市土地的使用权，按一定年限一次性出让给土地使用者，并由土地使用者向国家支付出让金的土地交易市场。

（2）二级市场也称房地产转让市场，又称商品房开发市场。二级市场是指已经取得土地使用权的房地产开发者与房地产使用者或消费者之间进行横向交易转让的市场。

（3）三级市场也称存量房地产交易市场。三级市场是指土地使用者将取得的土地使用权和房产使用权或者所有权再转让给房地产消费者（使用者或所有者）的市场。这是房地产使用者或所有者之间的横向有偿转让市场。

2）按市场交易客体分类

按照市场交易客体，可以将房地产市场划分为土地市场、房地产市场、房地产产权交易市场、房地产金融市场、房地产中介服务市场等。

3）按房地产类型分类

按房地产类型，可以将房地产市场划分为住宅市场、商业房地产市场、工业房地产市场、农业房地产市场、旅游房地产市场和其他（特殊用途）房地产市场。它们还可以进一步细分，如住宅市场可以细分为普通住宅市场、公寓市场、别墅市场等，或者刚需型住宅市场和改善型住宅市场等。

4）按地域范围分类

按地域范围，可以将房地产市场划分为国际性房地产市场、全国性房地产市场、地方性房地产市场、区位性房地产市场。因为房地产具有区域性的特点，对房地产的研究较多集中于地方性、区位性市场。

除了上述划分标准外，还可以按照房屋能否马上入住或使用时间，将房地产市场分为现房市场和期房市场；按照房地产的权益让渡方式，可将房地产市场分为买卖、租赁、抵押、典当、置换、股权交易等房地产市场类别。

4. 房地产市场的特征

1）存在市场供需的差别性和层次性

受人口、环境、文化、经济等因素的影响，房地产在不同区域的供需情况各不相同，又因为不能移动，所以一个地区的房地产价格同其他地区的房地产价格没有明显的可比性，地区间的差别性较大。换句话说，房地产市场供需的影响往往仅局限于局部地区。同时，房地产的层次特性也较为明显，城市不同造成土地分区层次不同，土地分区层次不同造成房产类型存在差异，建筑档次也存在不同程度上的差异，因此造成市场上不同的供需层次性。

2）交易对象和交易方式的多样性

房地产市场不仅是房产实物的交易，如各式各样不同类型的建筑物，同时还包括围绕房屋所有权以及土地使用权等所有形式的各种权利和义务关系的交易。其交易方式也不局限于买卖、租赁、抵押、典当、入股等方式，还包括其他类型的各种让渡方式。此外，房地产商品的高价值性、交换对象的权利性、房地产价格的波动性、消费理念的不一致性、人们收入水平的差异性、交易双方掌握的信息量不对称性等因素导致房地产交易对象和交易方式不尽相同。

3）消费和投资的双重特性

房地产是消费的必需品，房地产可以增值、保值，具有良好的吸纳通货的能力，房地产在作为消费品的同时也是良好的投资品。因为不同的房地产之间存在较大的差异,各房地产商品的价值、升值空间有所不同。相信房地产的投资性将随着居民收入的提高得到进一步发展,在市场持续高涨时还可能会出现投机性。

4)显著的地域性和空间性

房地产的位置固定性和不可移动性使得房地产市场的区域性很显著,因而房地产只能在其所在的地区和固定空间使用,产地和消费地合二为一。人们在购房时往往基于居住习惯、工作地点、交通便利情况和周边基础设施的配套情况以及个人的偏好来选购特定地区的房产。不同城市和地区的房地产有不同的地域和空间特征,因此没有统一的模式套用在每个不同地区甚至不同地段的房地产市场上。

5)金融依赖性高

由于房地产具有资产特性,价值量大,其整个开发过程离不开巨额资金的支持,实践证明无论是开发贷还是消费贷都离不开金融机构的大力信贷支持,同时建设过程中还离不开购房预售款、施工方垫资、其他融资方式的支持,在整个房地产开发全过程中都需要大量的建设资金,高度依赖各方的金融支持。当市场不理想、销售跟不上时容易导致开发资金链的断裂,当下的部分房地产企业出现"爆雷"问题恰恰说明了这一点。

6)市场不完全竞争性

房地产市场不同于普通商品的交易市场,它是一个不充分、不完全的竞争市场。它没有一般商品市场那么广泛和自由,具体表现在以下几个方面。

(1)市场信息披露不充分,信息主要掌握在开发者手中,信息的不对称导致市场机制得不到充分发挥,难以形成完全的竞争市场。

(2)政府对房地产市场具有强烈的干涉作用,政府会经常使用各种调控手段和干预政策来保证房地产市场的平稳发展。

(3)交易的可代替性差,房地产建设的时间、户型、环境、质量、配套各不相同,这直接造成了房地产之间显著的差异性,不能完全同质,影响了完全竞争市场的形成。

(4)需求主体的有限性,因房地产交易数额巨大,加之建设周期长,消费者不能经常性地参与到房地产市场的交易活动中,只会在特定时间购买房产,所以房地产市场的需求主体在数量上是有限的,这也使得房地产市场竞争的广泛性和充分性受到了较大限制。

7)较强的投机性

从社会发展总体上看,消费者的购买能力在不断地提高,消费者对各类房地产的需求也在增长。房地产自然供给的限制、建设周期的限制等原因导致房地产市场供给有限。而从长时间看,需求是相对不断增加的,需求的不断增加会导致地价、房价或地租、房租的不断上涨甚至暴涨。而信贷政策作用又使得房地产投资回报具有杠杆效应,从而使得房地产投资回报率较高,这助长了房地产投资的投机性。加之相比其他普通商品的投资回报率,房地产商品更加具有吸引力,是较好的增值投资品。

8)市场供给缺乏弹性

供给弹性是指生产者对市场需求或价格变化的反应程度和敏感程度。与其他普通商品不同的是,房地产开发中的土地资源是不可再生的、稀缺的自然资源,房地产供给首先受自然供给的限制和制约。同时,房地产本身的区位地段稀缺、位置固定不变、环境配套不同、建设周期长、投资资金巨大、价值实现需要时间长等特征,使得房地产供给不能像其他商品那样有较大弹性。不论市场上对房地产的需求量有多大、价格有多高、环境配套有何要求,房地产开发商都很难在一定区域、短时期内增加市场的供应量,甚至无法提供房地产商品,如某些中心地段,虽然需求无限大,但土地供给是有限的。

5. 房地产市场的构成要素

从房地产市场的内部构成来看,主要包括了房地产市场主体、房地产市场客体和房地产市场交易组织形式等要素。

1) 房地产市场主体

房地产市场主体是参与房地产交易的当事者,作为房地产交易的经济实体,它可以是法人组织也可以是个人。房地产市场主体的要素主要有房地产所有者、开发者、经营者、消费者、使用者。以我国目前房地产市场的运行情况来看,房地产市场主要的供给主体是国家、开发商以及开发承包商,主要的需求主体是需要购买房地产的单位和个人,主要的参与交易服务主体是各类中介组织、各类金融机构、各类政府机构、各类媒体机构等。

2) 房地产市场客体

房地产市场客体是房地产市场的交易对象,它一般包括地产、房产以及与它们有关的服务。土地、地产(熟地)、房屋、相关配套设施设备等是房地产市场中的客体要素,它们是房地产市场中的交易对象和物质基础。因为房地产商品具有不可移动性,所以在流通过程中,流通或转移的不是商品本身,而是房地产的权属变更,因此房地产各种权属在市场运行中的交易转移也构成了房地产市场的客体。

3) 房地产市场交易组织形式

房地产市场交易组织形式是指房地产交易所或交易市场为房地产交易各方进行交易活动提供的固定场所,是房地产市场的一个有形市场。房地产交易组织形式主要有以下几类。

(1) 房地产交易中心。房地产交易中心是以明确的房地产交易方式、交易份额等维系其合法性的中介性质场所,它以政府机构承办为主,同时也有大型企业发起承办的。

(2) 非正规市场。非正规市场是流散在城市各区域的临时性或较小型市场,只针对当地局部市场,存在房地产信息不对称的风险,消费者要注意安全问题及网签合同问题。

(3) 网络市场。网络市场包括搜房网、房多多、链家、中原地产等。

4.2 房地产市场运行

房地产市场运行是指房地产市场是怎样形成的,其运行过程中应遵循哪些基本规律以及将来的发展趋势是什么等,它反映了整个市场动态的全过程。通过对房地产市场运行功能、房地产市场影响因素、房地产市场主要供需指标、房地产市场运行机制等的考察,我们才能充分了解房地产市场运行的整体状况。

4.2.1 房地产市场运行功能

1. 传递房地产信息的功能

房地产市场是连接房地产开发供给和消费需求的纽带,也是连接社会房地产总供给和总需求的桥梁,更是市场所有活动行为的载体。房地产市场信息是在房地产开发、交易过程中形成的,并通过市场供需来传递。房地产市场的体系越完善,产生的信息越多、越完整,传递的速度也就越快、越有效、越精准。目前,我国的房地产市场尚不完善,还处在培育和发展的过程中,房地产咨询还不健全,信息不对称问题较突出,因此房地产市场传递信息的功能及效率还较差。当然,房地产市场信息可以借助于广播、电视和报刊等新闻媒体来加速其传播速度,也可利用数字和网络技术,通过互联网、卫星、手机、电脑网络等新媒体传递,还可通过自媒体来传递,但这仍然代替不了房地产市场本身及其中介机构特殊的信息传递功能。

房地产市场运行中的信息传递速度要比一般市场慢,其原因是信息的不对称性,价格和交易都是在不为第三方知晓的情况下进行的。因此,要掌握房地产市场运行的信息,需要耗费更多的时间和精力。在房地产市场上,市场主体谁掌握的信息越快、越多、越充分,谁获得的竞争优势就越强,利润也就越丰厚。

2. 优化房地产配置,提高房地产使用效益的功能

市场价格机制的一个重要功能就是优化资源配置,同样,房地产市场价格机制的功能也不例外。实践证明,金融业和商业用地的级差效益比工业用地和住宅用地高得多。这种价格偏高的房地产商品类型会带来新的不同行业的地区调整,进而改变了城市土地的利用和房地产的用途及资源的重新配置。如传统的工业部门及厂区,由于经济效益不佳,承担不了城市中心地段昂贵的房价压力,因此不得不迁往郊区,城市中心的工业区比例大幅度下降并逐渐消退,在发达城市中心或次中心则几乎没有工业区。传统的工业部门的遗留建筑物以及工厂和一般的城镇居民区,则纷纷被金融业房地产、豪华写字楼和高档公寓所取代,从而大大优化了该地的房地产配置,提高了房地产的使用效益。

3. 促进建筑业劳动生产率提高的功能

一般而言,房地产开发商自身只负责房地产开发管理过程,不承担房地产具体的建筑施工等任务,而是通过面向全社会招标和投标活动,由中标的建筑商承担建设。建筑商为了项目中标,并获得最大的经济效益和利润,就必须千方百计地采用新技术,提高管理效益,降低生产成本。如果每一个建筑商都向着这个目标发展,则势必会促进整个建筑业部门劳动生产率的飞速提高。我国从改革开放时期基建极度落后,到基建飞速发展,再到成为基建"狂魔"只用了短短的几十年,在追赶国际强国中,建设了一个又一个令人惊叹的工程,这恰恰证实了这一点。

4. 调节和再分配国民收入的功能

通过价格、税收、利率等经济杠杆调节初次分配,是实现国民收入再分配的手段之一。房地产价格上涨会使购买者支出增加,开发商和其他投资者利润提高;房地产价格下跌则会使开发商和其他投资者利润减少,房地产购买者获得利益。这就起到了调节和再分配国民收入的作用。同样,控制保障房价格、征收房地产税、实施信贷差别利率都是房地产领域对国民收入再分配的调节。

5. 优化消费结构的功能

房地产在人们的生产生活中占据了重要的地位,是人们必不可缺的消费品。在收入较低的条件下,消费者对房地产的要求也不会太高。随着消费者收入水平的不断提高,消费者对房地产的需求和要求也会不断提高,房地产消费在居民消费中的比重会越来越高。这就要求房地产市场体系必须不断完善,房地产商品内部的结构要不断优化。在不久的将来,房地产消费在家庭消费的比重会越来越高,这使得房地产消费结构日趋优化。因此,房地产市场运行中还有优化房地产消费结构的功能。

4.2.2 房地产市场影响因素

1. 城市产业结构的影响

随着城市经济的迅猛发展,城市产业结构比重也会相应发生变化,各类房地产的市场需求也会发生变化。假如一个城市的第三产业发展迅猛,此时办公楼和商业住房的需求量也会增加,而工业厂房的需求量就会减少。因此,对这类房地产的开发和投资要有预见性,要把握好时机。

2. 政府政策变化的影响

政府政策的变化往往对房地产市场的影响较大。例如,1998 年商品房改革,政府取消福利分房,实施货币分房,商品房住宅市场的需求量猛增,同时房价开始上涨。2008 年,美国次贷危机影响了美国房地产乃至部分国家的经济。为预防我国房地产经济过热、房价过高,我国政府进行了宏观调控,推出房地产限购、限贷、限售政策,这些政策都起到了较好地稳定房地产市场的作用,也全面影响了房地产市场。

3. 城市土地供应对市场影响

当年度土地供应量较大时,一级市场的供应量增大,可供购买的新增量房地产变大,可选择的余地也就大,而二手市场中的短期投资交易相应地会受到新增量房地产市场的挤压。当土地一级市场供过于求时,会出现房地产挤压、卖不出去的问题,此时开发商为继续回笼资金,会降价抛售,这时消费者、投资者可趁低价购入房地产。因此,政府每年做好城市土地供应计划是平稳房地产市场的重要举措。

4. 经济周期与发展的影响

房地产投资者应该密切关注经济发展周期和房地产经济发展周期,以确保自己的房地产资金投资能在最佳的时期获得最大效用。一般来说,当经济处于增长期时,房价水涨船高,此时购进房地产可能获利较少甚至亏本。而当经济处于低谷期特别是房地产处于低谷时则是购进房地产的良好时机,等到经济发展或房地产发展高峰期再借机卖出,此时房价高涨,投资获利颇丰。

5. 城市区位因素的影响

区位因素包括地段位置、交通条件、公共基础设施配备、环境资源情况等。例如,地铁修建通车之后,开发商经常就会打着地铁站出口附近的广告来借此吸引购房者购房。以北上广为例,据不完全统计,在房地产标的物 3 千米范围以内,每向外辐射 1 千米,住宅价格下降 6% ~ 9%,多条地铁交汇地段的房价会更高,租金也会更高。

6. 旅游业的影响

随着我国经济的高速发展,旅游地产也迎来蓬勃发展。一方面,强大的市场需求以及相对丰富的旅游业、地产业生产要素资源,为其提供了坚实支撑;另一方面,各级政府大力支持旅游产业发展,也为旅游地产创造了良好环境。良好的前景吸引着众多投资者纷纷投入资金。一座旅游城市会吸引来自世界各地的游客,因此会增加旅游建筑、旅游设施、旅游酒店或民宿等旅游房地产的消费需求,进而推动旅游地产的发展,从而吸引更多的开发商投资旅游地产。旅游业的发展会带动所在城市经济的发展,繁荣旅游地产经济,给人们带来新财富。

4.2.3 房地产市场主要指标

1. 供给指标

1)房屋竣工面积

房屋竣工面积是指房屋按照设计要求已全部完工,达到入住和交付使用条件,经验收鉴定合格,或达到竣工验收标准,可正式移交使用的房屋建筑面积的总和。

2)房屋施工面积

房屋施工面积简称施工面积,是指一定时期内、一定地区某个项目正在施工的房屋建筑面积之和。

3)房屋新开工面积

房屋新开工面积是指报告期内新开工的各幢房屋建筑面积之和,不包括上期开工跨入本报告期继续施工和上期已停建而在本期继续建设的房屋建筑面积。

4)房地产灭失量

房地产灭失量是指因拆除、重建或灾害等其他原因而减少的房地产数量。

5)存量房

存量房是指已被购买或自建并取得所有权证书的房屋,也指未居住过的二手房,即通常所讲的"库存待售"的房产。

6)空置

空置是指报告期末已竣工的商品房建筑面积中,尚未销售或出租的部分,包括以前年度竣工和本期可供出售(或出租)的商品房面积。也有人认为空置房是房屋竣工一年之后没有实现销售的房子,通俗地说就是房地产市场上卖不出去的房子。

7)空置率

空置率是指某一时点存量房屋空置面积占存量房屋总面积的比重,它反映用来现有房屋的利用状况。

8)可供租售量

可供租售量的计算公式为

上期可供租售数量－上期吸纳量＋报告期新竣工量

9)房地产开发投资额

房地产开发投资额是指在一定时期内,房地产开发企业实际从事房地产开发或经营活动的房屋建筑物和配套等服务设施的投资完成额,不包括单纯的土地交易活动完成额。

10)新建商品房预售面积和套数

新建商品房预售面积和套数是指取得了《商品房预售许可证》,可以进行预售和销售的商品房面积和套数。

11)平均建设周期

平均建设周期是指一个房地产项目从拿到土地开始计算,再经过规划设计、手续报批、施工建设、预售、竣工验收、交房,大约需2～3年。当然,不同高度的房子建设周期都不同,低层建设周期相对短些,高层、超高层建设周期相对长些。

2. 需求指标

1）国内生产总值

国内生产总值是指按市场价格计算的一个国家所有常驻单位在一定时期内（一个季度或一年）生产的全部最终产品和服务价值的总和。

2）人口

人口是指居住在一定地域内或某个区域内的人的总数。

3）就业人员数量

就业人员数量是指在一定年龄以上，有劳动能力，为取得劳动报酬或经营收入而从事一定社会劳动的人员数量。

4）城镇登记失业率

城镇登记失业率是指在报告期末城镇登记失业人数占期末城镇从业人员总数与期末实有城镇登记失业人数之和的比重。

5）城镇居民家庭可支配收入

城镇居民家庭可支配收入是指城镇居民可用于最终消费支出和其他非义务性支出以及储蓄的总和，即城镇居民家庭可以用来自由支配的收入。

6）城镇居民家庭总支出

城镇居民家庭总支出是指除借贷支出以外的全部家庭支出，包括消费性支出、购房租房支出、转移性支出、社会保障支出、财产性支出等。

7）商品零售价格指数

商品零售价格指数是反映一定时期内商品零售价格变动趋势和变动程度的相对数。

8）城镇居民消费价格指数

城镇居民消费价格指数是反映城镇居民家庭所购买的生活消费品价格和服务项目价格变动趋势和程度的相对数。

9）居民消费价格指数

居民消费价格指数是反映居民家庭一般所购买的消费商品和服务价格水平变动情况的宏观经济指标。

3. 市场交易指标

1）预售面积

预售面积是指报告期末仍未竣工的可供销售或出租的商品房建筑面积中，已签订预售合同的商品房建筑面积。即实现了交易的但仍不能交付使用的商品房预售面积。

2）房地产销售量

房地产销售量是指房地产企业在一定时期内实际促销出去的房地产商品数量及市场上能销售出去的其他房地产的数量。

3）房地产出租量

房地产出租量是指房地产企业在一定时期内能实际租出去的房地产商品数量及市场上能租出去的其他各种存量房地产数量。

4）房地产价格指数

房地产价格指数是反映房地产价格变动趋势和变动程度的相对数。它通过百分数的形式来反映房价在不同时期的涨跌幅度。

除上述指标外,我国还制定了国房景气指数,它是全国房地产开发景气指数的简称,是根据一定的原则选取包括房地产价格在内的多种反应房地产景气或房地产业发展状况的经济指标,由房地产开发投资、本年资金来源、土地开发面积、房屋施工面积、商品房空置面积和商品房平均销售价格等六个分类指数构成。

4.2.4 房地产市场运行机制

1. 市场机制

市场机制是指房地产市场各要素之间相互作用、相互影响、相互制约、相互发展的内在有机联系形式。具体而言,市场机制就是市场上的主体在市场上进行相互联系和相互作用的经济活动所形成的价格、利率、竞争、供需、风险等要素的内在联系和互动方式,是价值规律内在地调节房地产商品生产和流通的主要形式,其主要有以下几方面的内容。

1)价格机制

价格机制是指通过房地产价格涨跌来影响和调节房地产市场的供需关系,是房地产市场机制中作用最有效、最活跃、最直接的调节机制。价格以价值为基础,并围绕价值上下波动,价格的变动又会引起供需关系的相应涨跌。例如,当房地产价格高于价值,势必有投资者增加房地产的投资或新的投资者进入房地产市场,导致房地产供给增加,出现供大于求的局面;此时价格下跌,投资者减少,直至供需关系重新达到平衡。对于消费者来说,由于价格过高,房地产消费减少,供大于求,从而导致价格下跌,直至供需关系达到新的平衡。除此之外,价格机制还能通过价格的涨落,实现经济收入的分配和再分配,从而影响房地产各方市场主体的经济利益。

2)供需机制

供需机制是指市场的供需关系变化会影响房地产商品价格、数量乃至税收、信贷状况等方面。供需机制是市场运作中最基本、最原始的机制。供需关系的变化导致价格的涨落,反过来又刺激和抑制房地产供给和需求。供需关系的变动与价格、数量、货币、税率等机制存在相互关系,并相互影响、相互制约、相互作用、相互发展,以发挥市场对资源配置的重要性作用。

3)竞争机制

竞争是指商品生产者为争取有利的产销条件而进行的角逐,竞争存在的前提是交换双方存在着独立的经济利益,竞争是价格规律得以贯彻和实现的条件,也是市场经济体制中的动力要素。竞争不仅给房地产生产者以动力,也给消费者以导向。

房地产市场机制的竞争方式主要有价格竞争和非价格竞争。价格竞争是房地产竞争的基本方式,主要以价格竞争,使得开发商不断扩大生产规模、经营规模、市场规模、产品规模,降低房地产生产消耗和生产费用,力求在市场中获得竞争优势。非价格竞争主要包括房地产技术、品质、宣传、服务等形式,其目的主要是争夺消费者,并在消费者之间树立良好的形象,借此取得消费者的信任并成功购房,以扩大市场占有率。

4)税收机制

税收机制是指房地产市场的课税对象、交易数量、交易金额与征税率之间的有机关系。税收是国家的主要财政收入来源,也是宏观调控市场的重要经济杠杆。国家通过税收机制调整国家和房地产企业、用地单位以及个人之间的利益分配关系,最终达到调整各种产业发展与社会需求、社会分配相对公平的目的。

5）信贷利率机制

信贷利率机制是指房地产市场信贷资金的供给和需求同利率之间的有机联系。房地产开发所需要的资金量大、建设周期长，因此，房地产开发经营所需的资金主要依靠信贷支持。而利率的变动能够较快地调节货币资金的供给和需求，从而影响房地产供给的生产成本和价格，同时也会影响房地产的有效需求。因此，利率也就成为在金融方面调节和控制房地产市场的有利杠杆。政府可以通过降低或者提高利率来支持或者限制房地产业的发展。

6）货币机制

货币在市场中起到一般等价物的作用，它能连接供需双方。对于房地产市场而言，货币能够调节市场供求，影响房地产市场价格，这些可以通过货币政策的运用来实现。货币政策可分为扩张性货币政策和紧缩性货币政策两种。

（1）扩张性货币政策。在房地产经济增长乏力时，央行应该采取扩张性货币政策来刺激有效需求和投资。主要的手段包括增加货币发行量、降低法定储备金率、降低贴现率、在公开市场购进政府债券等。其中任何一项的政策措施都能产生货币供给量的扩张效应，若同时运用多种手段则效果更加明显。

（2）紧缩性货币政策。当房地产投资过旺、市场过热时，央行应该采取紧缩性货币政策，来抑制需求和投资膨胀的势头。相应的手段主要有减少货币发行量、提高法定储备金率、提高贴现率、在公开市场抛售债券、控制分期付款和抵押贷款等。这些措施的综合运用能有效产生紧缩货币的效应。

2.计划机制

计划机制是计划调控机制的简称，是与市场机制相对应的调控机制。计划机制是国家为了实现宏观计划目标，通过各种计划方式和手段，对国民经济运行进行调节和控制，在各种经济主体之间、宏观经济目标和微观经济目标之间建立起的有机联系和制约关系，以及与之相应的组织结构和功能。

我国目前还处于社会主义初级阶段，房地产市场的供需还存在很多需要完善和改进的地方。随着经济的发展，房地产的需求日益膨胀，再加上局部市场失灵的条件下，房地产的投机行为难以避免，因此房地产市场必须接受国家的宏观干预和指导。国家通过对房地产土地一级市场的垄断，加之对城市发展的整体规划布局和管控、对社会经济发展目标的计划和考核等宏观措施来调控房地产市场的发展，确保房地产市场平稳水平。具体而言，房地产计划机制包括以下几个方面内容。

1）规划调控

政府会根据市场供需和价格变化趋势，调整土地出让年度计划或变动出让方式及价格。经过政府有关部门批准的城市规划，会对房地产的开发利用规模、结构起到源头上的制约作用。

2）政策调节

针对房地产出让、转让、租赁等行为，政府可制定不同的购买和租赁政策，维护各方综合利益。同时完善住房保障政策，维护广大中低收入者以及住房困难户的根本利益，满足他们的基本居住条件。

3）职能部门管理

政府职能部门加强产权管理,建立健全房地产产权登记制度和物权登记制度,严格土地使用权出让和转让合同管理。政府职能部门应该严格执行土地使用权和房地产交易的转移登记制度,确保房地产产权、物权清晰。

3. 法律机制

法律机制指的是国家(包括地方政府)为了规范和发展房地产市场,通过各种法律法规和规章制度,在各个经济主体之间,建立起有机联系和制约关系。法律机制是市场机制和计划机制发挥作用的前提和基础。它在房地产市场运行中起着举足轻重的作用。若房地产市场法制不健全,房地产市场将处于一个无序状态。要想整顿和治理好房地产市场,健全房地产法律是必需的。

房地产市场法律法规的相继出台,对房地产市场的健康发展、社会经济的良性循环都颇具好处。目前从总体来看,建立健全我国房地产法律机制仍然是一项十分艰巨的任务。

在我国房地产市场的实际运行中,必须坚持市场机制、计划机制和法律机制相结合的原则。三者彼此构成一个完整的市场调节有机整体,只有彼此之间相互联系、相互影响、相互补充、相互制约、相互发展,才能确保房地产市场的平稳健康运行。

4.3　房地产市场运行模型分析

房地产市场运行是由需求和供给相互作用、相互博弈而共同决定的,需求和供给缺一不可,这是房地产市场运行的理论基础和理论假设。因房地产具有消费和投资双重特征,所以在现实中供需模型不能完全有效地反映房地产市场的真实情况。本节介绍四象限模型和过滤模型,这两种模型能较贴切地反映房地产市场运行的基本情况。

4.3.1　四象限模型分析

1. 房地产市场均衡的四象限模型

在房地产市场运行的实践中,房地产需求与房地产供给之间的均衡存在较为复杂的传导因素和机制。对此,美国学者丹尼斯·迪帕斯奎尔和威廉·C. 惠顿提出了房地产市场运行的四象限模型,对房地产资产市场和物业市场相互作用过程进行了剖析,全面、直观地分析了房地产市场的运行情况及如何达到房地产市场均衡。

1）房地产物业市场与房地产资产市场

房地产是一种耐用物品,具有消费和投资双重性。当房地产作为一种消费品时,人们通过使用房地产空间获得消费的满足和需要,物业市场决定房地产空间使用的价格;当房地产作为一种投资品时,人们通过投资房地产获得投资收益,房地产资产市场决定房地产资产收益的价格。这两个市场是相互联系和发展的。

(1)房地产物业市场。房地产物业市场是指房地产使用交易的市场。在这个市场中,需求来源于空间使用者,包括个人、家庭、企业、政府机构等,空间使用者可能是租房者(承租者),也可能是业主本人(虚拟假设);在房地产物业市场,业主既是需求者,也是供给者,自己支付自己租金称为虚拟租金。理论上某物业的虚拟租金假设等于该物业在物业市场交易中的市场租金。

对家庭来说,房地产空间提供了生活居住的场所,给家庭生活提供了必不可少的物质条件,是家庭消费最基本的组成部分,家庭对它的需求取决于家庭收入、家庭结构和空间使用成本;对企业来说,房地产空间提供了生产经营活动场所,企业对空间需求取决于企业规模和空间使用成本;对于政府机构来说,房地产空间提供了办公场所,政府机构对空间的需求主要取决于国家对政府机构的管理制度。

在物业市场中,供给者为物业空间的提供者,供给者通过提供空间获得租金收益,需求者通过支付租金获得空间使用权。当需求与供给相等时对应的租金即为物业市场的均衡租金。

(2)房地产资产市场。房地产资产市场是指房地产现金流权交易的市场。现金流权是指对房地产预期产生现金流拥有的权利。在这个市场中,需求方是希望拥有住房的家庭和希望拥有其他房地产的投资者,通过拥有房地产获得房地产投资收益(未来现金流),包括房地产租赁、房地产增值买卖收益等。供给方是希望出售房地产的个人、家庭、企业、政府机构等,供给量包括新开发的房地产和存量房地产。需求与供给相等时对应的价格即为房地产资产市场的市场价格。

房地产资产市场的需求者(投资者)是物业市场的供给者。房地产资产市场需求者(投资者)通过在物业市场将房地产空间出租给空间使用者(物业市场的需求者),获得租金收益。同样,物业市场的需求者支付租金给资产市场的需求者而获得空间使用权。

需要说明的是,物业市场和资产市场的运动均可以采用第3章介绍的供需均衡分析法进行单独的分析。而四象限模型将物业市场和资产市场纳入统一框架分析,更符合房地产市场的运行实际。

2)联结房地产资产市场和物业市场的内在机制

在资产市场和物业市场之间有两个接合处:一是物业市场上形成的租金水平,这是决定房地产资产需求的关键因素。在获得一项房地产资产时,投资者实际上是在购买当前或将来的收益流量,因此,物业市场上的租金变化会立即影响到资产市场上的房地产需求。二是两个市场在开发或者建设部分也有接合点。如果新建设量增加且房地产资产的供给量也随之增长的话,不仅会使资产市场上的价格下降,而且也会使物业市场上的房地产租金也随之下调。

3)房地产市场实现均衡的四象限模型分析

资产市场和物业市场之间的联系可以通过图4-1所示的匹象限模型来体现。每一个象限对应着一个方程,反映的是在市场均衡状态下,房地产的需求量(D)、供给量(Q)、租金(R)、价格(P)、新开发建设量(C)和存量(S)之间互相依存的关系。需要说明的是,这个模型也是一个静态模式,只能表现在某一时点的市场均衡状态,无法反映整个市场从不均衡逐渐调整到均衡的动态过程。

在图4-1中,E为经济变量,r为资本化率,δ为折旧率。在解释图4-1时,按照逆时针方向对各象限进行解释比较合适。在这个图中,右侧的两个象限(第Ⅰ和第Ⅳ)代表空间使用权的物业市场,左侧的两个象限(第Ⅱ和第Ⅲ)则是对资产市场上的房地产所有权进行分析。

(1)第Ⅰ象限:租金形成机理。第Ⅰ象限有租金和存量两个坐标轴,纵坐标表示租金,横坐标表示房地产供给量。曲线D为房地产物业(或物业空间)的需求曲线,表示租金与空间需求之间的关系。它满足需求定律,即保持其他条件不变时,租金增加,空间需求减少;租金减少,空间需求增加。如果不管租金如何变化,个人、家庭或企业的物业需求数量不变(非弹性需

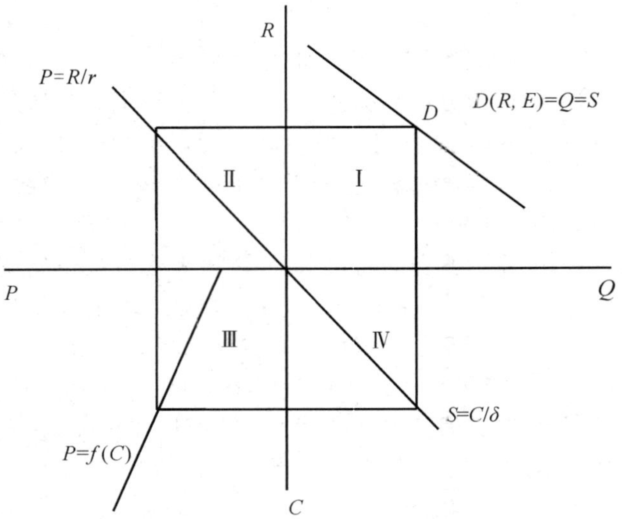

图 4 - 1　房地产资产市场与物业市场均衡

求),那么曲线则会几乎变成一条完全垂直的直线;如果物业的需求量相对于租金的变化特别敏感(弹性需求),则曲线就会变得更为水平。如果社会经济状况发生变化,则整个曲线就会移动。当个人、家庭或企业数量增加(经济增长)时,曲线会向上移动,表明在租金不变的情况下,物业需求会增加;当经济衰退时,曲线会向下移动,表明物业需求减少。

当物业空间需求与物业供给达到均衡时,即

$$D(R,E)=S$$

式中,E 为经济变量,R 为市场均衡租金。此时,租金 R 为市场均衡租金。

在某时点,物业供给量恒等于物业存量。因此,在图 4 - 1 中,对于横轴上的某一数量的物业存量,向上画一条垂直线与需求曲线相交,然后从交点再画一条水平线与纵轴相交,按照这种方法可以找出对应的租金 R。

(2)第Ⅱ象限:利用资本化率来确定房地产资产价格。第Ⅱ象限代表了资产市场的第一部分,有租金和价格(每单位空间)两个坐标轴。以原点作为起点的这条射线,其斜率 r 代表了房地产资产的资本化率,即租金和价格的比值。这是投资者愿意持有房地产资产的当前期望收益率。一般说来,资本化是由风险报酬率和风险调整值构成的,资本化率需要考虑多个方面的因素,如经济活动中的长期利率、国债利率、预期的租金上涨率、与租金相关的风险和政府对房地产的税收政策等。当射线以顺时针方向转动时,资本化率在提高;当射线以逆时针方向转动时,资本化率在降低。在这个象限中,资本化率被视为一种外生变量,它是根据利率和资本市场上各种资产(股票、债券、短期存款)的投资回报而定的。对于一定的租金水平,该象限可仅通过资本化率 r 来确定房地产资产的价格 P,即

$$P=R/r$$

(3)第Ⅲ象限:房地产新开发建设量的确定。第Ⅲ象限是房地产资产市场的一部分,在这个象限中,我们对房地产新开发资产的形成原因进行了解释。这里的曲线 $f(C)$ 代表房地产的重置成本。如图 4 - 1 所示,这种情况的假设条件是:新项目开发建设的重置成本随着房地产开发活动 C 的增多而增加,所以这条曲线向左下方延伸。它在价格横轴的截距是保持一定

规模的新开发量所要求的最低单位价格(每单位空间)。假如开发成本几乎不受开发数量的影响,则这条射线会接近于垂直;如果建设过程中的瓶颈因素、稀缺的土地因素和其他一些影响开发的因素致使供给非弹性变化,则这条射线将会变得较为水平。从第Ⅲ象限某个给定的房地产资产价格,向下垂直画出的一条直线,再从该直线与开发成本相交的这一点画出一条水平线与纵轴相交,由纵轴交点便可以确定在此价格水平下的新开发建设量,此时开发成本等于资产的价格。如果房地产新的开发建设量低于这种平衡数量,则会导致开发商获取超额利润;反之,如果开发数量大于这个平衡数量,则会导致开发商无利可图。所以新的房地产开发建设量 C 应该保持在使物业价格 P 等于房地产开发成本 $f(C)$ 的水平上,即

$$P = f(C)$$

(4)第Ⅳ象限:房地产存量的确定。在第Ⅳ象限,年度新开发建设量(增量)C 被转换成房地产物业的长期存量 S。在一定时期间内,存量变化 ΔS 等于新建房地产数量减去由于房屋拆除(折旧)导致的存量损失。如果折旧率以 δ 表示,则

$$\Delta S = C - \delta \cdot S$$

以原点作为起点的这条射线代表了使每年的建设量正好等于纵轴上某一个存量水平(在水平轴上)。在这种存量水平和相应的建设量上,由于折旧等于新竣工量,物业存量将不随时间发生变化。因此,$\Delta S = 0$,$S = C/\delta$。

我们对四象限模型进行了全方位的分析。分析从某个存量值开始,在物业市场确定租金,这个租金可以通过资产市场转换成为物业价格。接着,这些资产价格可产生新的开发建设量;再转回到物业市场,这些新的开发建设量最终会形成新的存量水平。当存量的开始水平和结束水平相同时,物业市场和资产市场达到均衡状态,假如结束时的存量与开始时的存量之间有差异,那么四个变量(租金、价格、新开发建设量和存量)的值将并不处于完全的均衡状态。假如开始时的数值超过结束时的数值,租金、价格和新开发建设必须增长以达到新的均衡。假如初始存量低于结束时的存量,租金、价格和新开发建设量必须减少,使其也达到新的均衡。

2. 住宅市场的四象限模型

应用上面四象限模型理论可具体分析各类房地产商品,可把住宅市场分为住宅物业市场和住宅资产市场两个子市场。

四象限模型可以用于分析住宅市场的外生变量(如经济增长、长期利率、信贷和开发成本等)的变化对住宅市场的影响,进而分析公共政策对住宅市场的影响。

1)住宅四象限模型的构建

对应上面房地产四象限模型的理论方法,住宅市场的四象限模型如图 4-2 所示。图中,R 表示租金,P 表示价格,Q 表示住宅供给量,C 表示新开发建设量,D 表示需求函数,E 表示经济变量,S 表示住宅存量,r 表示资本化率,δ 表示折旧率。

2)宏观外生变量对住宅市场的影响

(1)经济增长的影响。经济增长对住宅市场的影响过程如下:经济增长→居民收入提高→对住宅需求增加→在存量一定的情况下,房租上涨→房价上涨→新增开发量增加→存量增加→导致初始假定住宅存量一定的情况下上涨的房租下降。如此运动,直至达到新的均衡,如图 4-3 所示。

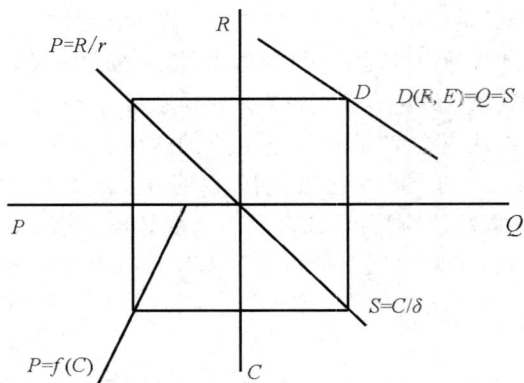

图 4-2　住宅市场的四象限模型

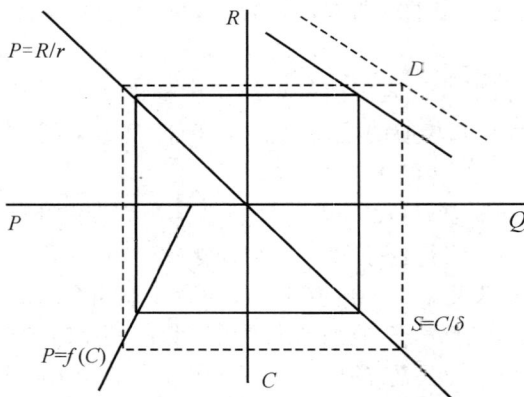

图 4-3　经济增长对住宅市场影响的匹象限模型

（2）长期利率的影响。长期利率对住宅市场的影响过程如下：长期利率下降→投资者对房地产投资的收益要求降低→房地产资产需求增加→房价上涨（在租金不变的情况下）→新增开发量增加→存量增加→房租下降。如此运动，直至达到新的均衡，如图 4-4 所示。

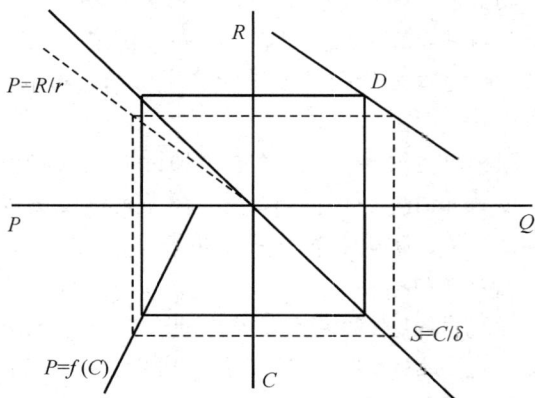

图 4-4　长期利率下降对住宅市场影响的四象限模型

（3）信贷、建设成本的影响。信贷、建设成本对住宅市场的影响过程如下：短期利率上升→

房地产开发成本增加→成本曲线左移→新增开发量减少（在住宅价格不变的情况下）→存量减少→房租上升→房价上升。如此运动,直至达到新的均衡,如图4-5所示。

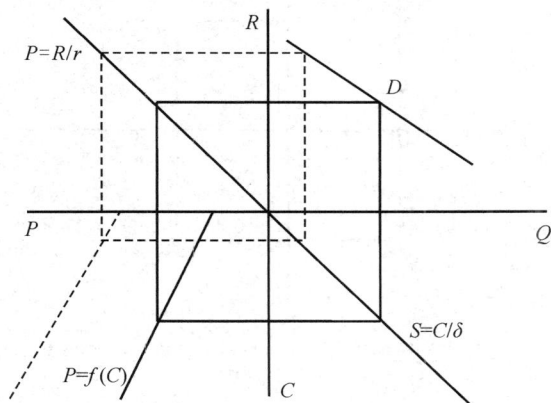

图4-5 短期利率上升导致开发成本增加对住宅市场影响的四象限模型

3)公共政策对住宅市场的影响

(1)政府的住宅资助政策。公共住宅的建设对住宅市场的影响和经济衰退对住宅市场的影响是相同的,因此和经济增长对住宅市场的影响恰好是相反的。

政府的住宅资助政策对住宅市场的影响过程如下:廉租房、经济适用房的建设→对普通住宅需求减少→在存量一定的情况下房租下降→房价下降→新增开发量减少→存量减少→导致初始假定住宅存量一定的情况下下降的房租上涨、如此运动,直至达到新的均衡,如图4-6所示。

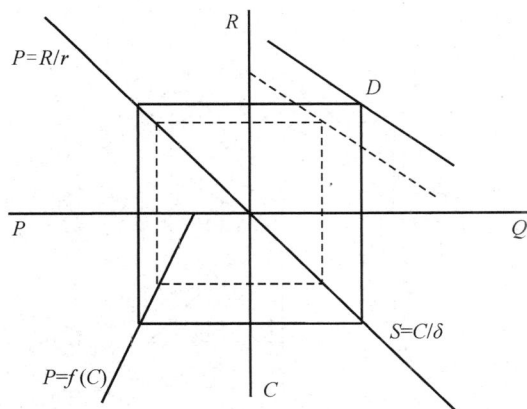

图4-6 廉租房、经济适用房的建设对住宅市场影响的四象限模型

(2)政府的开发管制政策。政府的开发管制政策对住宅市场的影响过程如下:限制土地的有效供应→房地产开发成本增加→成本曲线左移→在住宅价格不变的情况下,新增开发量减少→存量减少→房租上升→房价上升。如此运动,直至达到新的均衡,如图4-7所示。

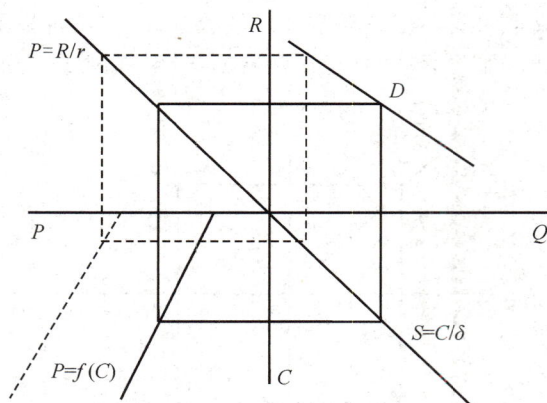

图 4-7 限制土地的有效供应对住宅市场影响的四象限模型

(3)房地产税收政策和房地产金融政策。房地产税收政策如目前我国对普通住宅免征城镇土地使用税,可看作是一种税收优惠政策,这些税收政策将降低房地产投资者对房地产收益的要求。

房地产金融政策如设立更多的住宅建设融资机构,拓宽住宅抵押贷款渠道,以及建立和发展抵押贷款二级市场都增加了资金的流动性,都有利于降低住宅抵押贷款成本,促进住宅项目开发。因此以上两种政策对住宅市场的影响类似于投资收益率的减少。

房地产税收政策和房地产金融政策对住宅市场的影响过程如下:投资者对房地产投资的收益要求降低→房地产资产需求增加→在租金不变的情况下房价上涨→新增开发量增加→存量增加→房租下降。如此运动,直至达到新的均衡,如图 4-8 所示。

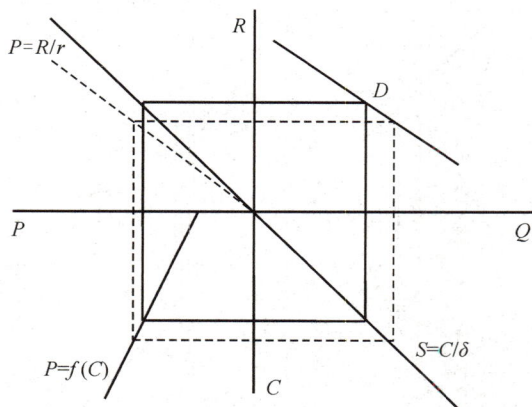

图 4-8 投资者对投资的收益要求降低对住宅市场影响的四象限模型

4.3.2 过滤模型分析

一般来说,对住房市场和住房市场中的家庭进行细分后,接下来的问题是,各类家庭如何与各类住房进行合适的匹配,特别是当外部因素发生变化时,比如出现新建开发量、存量变化、收入变化、住房价格变化等情况时,这种匹配会发生怎样的变化?为解决这问题,过滤模型作为研究住房市场的一个动态模型,在 20 世纪六七十年代产生并发展起来。

所谓"过滤",主要是指当某一个住房子市场或者某一类家庭发生变化时,例如某个子市场中出现新增量或价格变化,或某一类家庭收入发生变化时,其影响并不会局限于该子市场,而是存在着一定的联动效应。从 20 世纪 60 年代初开始,学者们先后对这种过滤过程进行了各种分析研究。早期过滤模型主要被应用于描述不同收入阶层住房的区位调整过程,其本质上也是一种住房消费量的调整,可以用于解释居住郊区化——特别是高收入阶层郊区化现象,但过滤模型主要被应用于分析更一般的住房消费量调整过程。

过滤模型的建立通常依赖于三个方面的假设条件。首先,将住房按质量等级划分为若干子市场,如高、中、低三个子市场,同时把家庭按收入等级划分为对应的若干类别,如高、中、低三个类别,且假设消费者的住房等级与其家庭收入成正比例,即高、中、低收入的家庭分别居住在高、中、低等级住房。其次,各个住房子市场中具有相对独立的需求函数与供给函数,并分别决定该子市场中住房的价格或租金。最后,各子市场相对之间没有绝对的界限,对于家庭而言当其收入提高或降低,或是偏好改变时,可以自由进入其他子市场,而不存在其他障碍,而对住房单元来说也同样如此,住房单元的状态取决于其维护的成本,当其维护的成本提高(或降低)一定幅度时,其档次也会相应地出现提高(或降低),并升入(或降低)相邻子市场中。

通过上述假设,就可以分析外部条件变化在住房市场中的作用。首先以收入变化为例,如图 4-9 所示,假定在时点 1 时三个子市场均处于供求均衡状态,低、中、高收入家庭住房服务量分别为 a、b、c 线,即其居住的住房提供的住房服务量分别是 110、135 和 160 个单位。在时点 2 时这三种收入群体的实际收入都有所增加时,相应地其期望住房服务量也有所增加。由于高收入阶层支付能力比较高,开发商兴建高等级住房的利润较高,因此新增住房供应量都集中在高等级市场中。高收入家庭搬迁到新建的住房中,享有的住房服务量增加至 180 个单位。而其原来居住的住宅由于维护成本下降,可提供的原住房服务量降低至 155 个单位,但仍高于中等收入家庭原来居住住宅,因而中等收入家庭将搬迁到高收入家庭腾出的住宅中。基于同样的道理,低等收入家庭也将搬迁至中等收入家庭腾出的住宅中,虽然其提供的原住房服务量已降至 130 个单位。而低收入家庭原来居住的住宅将会被淘汰,进行拆除重建。

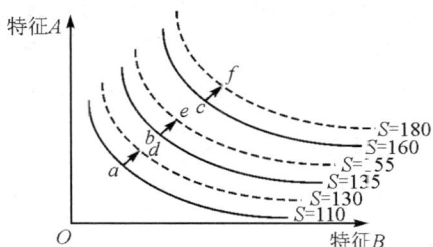

图 4-9　住房过滤模型范例

这一过程反映了收入增加导致的各收入阶层住房消费量的动态调整过程,也是过滤模型最常见的一种形式。当然,这只是一种极简化的理想情况,真实市场中"过滤"过程并非如此简单,受到其他内外部因素影响。如一个收入阶层中的家庭不会同时进行住房的调整,而应当是其中部分家庭首先进行调整,更多的家庭则仍居住在原有的住房之中,但其动态调整机理是与上述的简化情况相似的。此外,收入增长并不是各收入阶层调整住房消费量唯一的原因,市场异动、地缘差异、人口增长、年龄变化、性别差异、收入结构变化、各阶层品味和偏好变化等一些因素同样会导致过滤现象的变化。

📚 **知识归纳**

1. 土地市场就是土地买卖和交易的场所,或者说是指土地在商品流通领域中各种各样交换方式和交换活动的总和。

2. 土地市场的结构可分为完全竞争型的土地市场、垄断型的土地市场和垄断竞争型的土地市场。

3. 房地产市场有广义和狭义之分,一般我们从广义的定义来研究,房地产市场是指房地产商品所拥有的现实和潜在的消费者的总和,又是指在房地产商品的流通过程中的整个社会各种交易关系的总和。

4. 房地产市场的构成要素主要包括了房地产市场的主体、房地产市场客体和房地产市场的交易组织形式等主要要素。

5. 房地产市场运行功能有:传递信息功能,优化房地产配置、提高房地产使用效益的功能,促进劳动生产率提高的功能,调节和再分配国民收入的功能,优化消费结构的功能。

6. 房地产市场的运行机制主要分为市场机制、计划机制和法律机制,这三者之间要相互配合、和谐统一,才能促进房地产市场平稳运行。

7. 运用房地产市场运行的四象限模型,通过对房地产资产市场和物业市场相互作用过程的剖析,能更为全面直观地刻画了房地产市场运行情况并了解如何达到房地产市场均衡。

8. 过滤模型是指在一、二级联动的住房市场中,住房在不同收入阶层的住户间,不但传递与流动,还在其生命周期内不断转换住房的动态过程。

❓ **思考题**

1. 房地产市场和土地市场的区别是什么?
2. 房地产市场的构成要素主要有哪些?
3. 房地产市场运行机制具体有哪些,它们之间是如何运作的?
4. 请举例房地产市场的相关指标有哪些? 谈谈你对它们的理解。
5. 房地产市场的四象限模型是什么? 如何运用四象限模型?

第 5 章　房地产价格

内容提要

　　本章介绍了土地价格与房地产价格的含义、特征、分类、地位、作用、运行规律、构成基础，并对房地产价格关系进行了分析。

能力要求

　　通过本章学习，学生应该了解土地价格、房地产价格的基本概念，掌握土地价格与房地产价格的特征、地位、作用及运行规律，熟悉土地价格与房地产价格的构成基础，了解土地价格与房地产价格的分类，掌握房地产价格与市场、地价、房租等之间的关系。

思政目标

　　帮助学生认识到房地产价格波动对居民生活的影响，激发其关注民生，培养其为稳定房价、促进社会公平贡献力量的责任意识。培养学生辩证客观地看待房地产价格变化，既关注价格对经济的带动作用，又关注价格对民生的影响作用，形成科学理性的思维方式。

5.1　房地产价格概述

　　要认识和理解什么是房地产价格，首先要了解土地价格和房地产价格的概念，同时理解土地价格和房地产价格的特征、地位等，这样有助于进一步掌握土地价格与房地产价格的作用及其运行规律。

5.1.1　土地价格分析

1. 土地价格的含义

　　所谓土地价格，是指地租的购买价格，是地租的资本化。土地价格也称地产价格，简称地价。

　　土地是自然物，不是劳动产品，其本身不具备价值，因而没有由价值决定的价格。但是在商品关系条件下，由于土地所有者凭借土地所有权，可以获取地租，因而土地同其他商品一样，可以有购买价格。

　　在我国，城镇土地的所有权归国家所有，用地者只有使用权。土地价格一方面是土地所有者在转移土地使用权时的交换价值，是地租的资本化；另一方面是土地使用者之间转移土地使用权时的补偿价值。究其本质，土地价格是土地使用权在不同主体之间的交换价值。

2. 土地价格的特征

1）土地价格构成具有双源性

土地价格在构成上有双重来源。城市土地一般是经过人类长期开发能进行使用的土地，因此其价格构成具有双源性。一方面来自土地的自然资源因素，另一方面来自土地的资产价值因素。土地价格构成的双源性是土地价格不同于一般商品的最主要特征，也是其他一般商品不具备的特征。土地价格即可以是土地的交换价格，也可以是土地使用和收益的地租。

2）土地价格具有区位性

土地的不可移动性，决定了土地的供应和需求具有无法改变的地区性特征，土地存在着需求的区域性、供应的区域性、使用的区域性以及价格的区域性，即土地市场带有明显的区域性特点和个别性特征，在不同国家、不同城市甚至同一城市的不同区域、同一区域的不同地段、同一地段的不同项目之间，土地的利用程度、市场条件、供求关系、价格水平都有所不同，所以，土地价格具有明显的区位性。

3）土地价格具有权益性

土地位置的固定性决定了土地交易的对象实际上是附着在每一个土地上的权益交易，而不仅仅是不动产本身。土地交易本质是土地某种权益的交易。例如土地使用权转让，土地使用权转让的最多方式是买卖，买卖以价金的支付为土地使用权的对价。因此，土地价格是某种土地权益的价格。

4）土地价格具有市场性

土地价格受市场需求影响大，城市土地价格的形成是由城市土地的市场供需情况所决定的。城市发展快，城市用地相对需求旺盛，需求量大于供给量，城市土地价格趋于上升；反之，如果城市发展缓慢，甚至出现衰退，城市用地相对需求减少，城市土地供给大于城市用地需要，城市土地价格就会下降。

5）土地价格具有增值性

随着经济和城市的发展、人口的增长，资本和技术不断投入，土地的需求不断上升，土地的供给缺乏弹性，城市土地的自然属性和经济属性决定了城市土地只要合理利用，就是一种长期可以保值增值的特殊资产。城市土地只要不发生地质灾变就不会灭失，其功能的永久性决定了城市土地可以反复利用。长期而言，土地必然呈现增值性。

6）土地价格具有非成本性

城市土地价格是其土地资产价值的货币体现。城市土地价格是城市地租的资本化，地租产生的直接原因是土地资产所有权或者使用权的垄断，其价格高低不由成本决定。就其本身而言，土地是一种自然物，不是劳动产品，它没有价值，也就没有生产成本。就城市土地分析而言，土地不是自然土地，有人类活动的经济投入，土地价格应当包括城市各种配套建设投入的土地资本和利息。一般说来，城市土地开发投入越多，成熟度也越高，利用程度也越好，使用价值也相对提高，地价也相对偏高的。但是，这种地价的偏高或上涨与土地生产成本没有固定的联系，即与其原有的土地生产成本无关。

7）土地价格具有虚拟性

价格是价值的货币表现，但土地价格不是价值的体现，其本身具有虚拟性。土地价格很多情况下并不以土地开发过程投入成本定价，即成本不等于效用。土地价格常常会因为土地投机而超出其正常价格范围，土地投机的本质是借助于出现的暂时土地短缺和垄断，人为制造土地的虚假需求或虚拟需求,脱离了正常的投资和消费需求。这种背离价值的价格虚拟性使房地产经济具有极大的不稳定性和风险性,容易引发房地产泡沫问题。

3. 土地价格的地位

1) 产品价格蕴含土地价格

人类的生存、生产、工作都离不开土地,必须占有和使用土地。现代社会中,土地已是人类社会最重要的生产要素之一;土地又具有生产力,是房地产开发基础的基础,是人类一切活动的载体;一切产品的价格中,都离不开地价因素,产品价格必然包括土地价格。

2) 土地价格事关经济关系

随着我国经济体制改革的不断深入和发展,社会主义地租理论的重要地位已从理论和实践上得到确立。建立在社会主义土地公有制基础上的社会主义地租,是所有社会主义劳动者经济利益的实现,体现了国家、集体与土地经营者和使用者之间的经济法律关系。地租上缴国家,作为国家财政收入,最终用于社会主义建设和提高人民的生活水平与城市建设。

3) 土地价格决定房地产价格

土地价格关系到商品价格体系的建立和完善,对合理配置社会资源产生重大的影响。特别是在房地产价格中,地价占决定性的比重。房地产价格上涨的主要原因也是土地价格上涨,各地房地产价格相差悬殊的主要原因是各地地价相差巨大。

4. 土地价格的作用

1) 土地价格是土地经济价值的反映

土地价格是获取土地预期收益的权利而支付的代价,即土地的资本化。其价格高低取决于可以获取的预期土地收益和产量的高低。我国通过确定土地出租价格,将地租以货币形式一次表现出来,使土地国家所有权得以在经济价值上体现和实现。

2) 土地价格是土地利用率的指示器

随着经济与社会的发展,对土地的需求总是不断增加,特别是区域、地段、质量较好的土地。而土地无论是自然供给或是经济供给总是有限的,因此需要进行合理配置。土地价格作为一个反映土地供需变化的标志,起到过滤指示的作用,使得一些能够开发最优效益的使用者,在资源分配中能适价取得相应的土地,发挥更佳的土地利用效果,进而通过各种管理方式提高土地利用率。

3) 土地价格是城市建设、税费分配的助推器

土地价格变化参与城市建设、城市规划管理过程中,国家可以利用土地价格的调整,从而影响投资者使用者的经济行为,进一步落实和实现城市规划目标,进而影响城市建设。还可以通过土地价格制定相应税种和税率,调节税费总体分配和国民财富分配。

5. 土地价格的运行规律

1) 土地价格变动呈现周期性特征

土地价格变动并不是直线上升,而是在一定时期内上下波动,呈现周期性变动特征。在宏观经济分析中,经济的周期性发展是其主要特征,土地价格的周期性变动受经济发展周期性变动的影响。房地产经济是国民经济运行中的一个子系统,因此,其价格变动规律也受宏观国民经济发展的影响,呈现周期性波动。在繁荣时期,各行各业兴旺发达,加大投资,对土地的需求也增加,导致土地价格上涨。相反,在经济发展速度放慢或经济萧条时,社会有效需求减少,各

行各业投资减少,对土地的需求和投资也减少,土地价格下跌。

2)土地价格呈总体上升趋势

在市场经济条件下,土地价格呈总体上升的趋势,这是土地价格变动的一个基本规律。它受社会经济发展水平、人口数量及家庭户数增加、消费理念、土地投机多方面因素的影响。社会经济发展水平特别是第二、第三产业发展水平决定城市土地需求,从而影响城市土地价格。人口数量及家庭户数的增加,推动了社会对住宅需求的增加,从而拉动了土地价格的上涨。消费理念变化改变需求结构、数量、方式、形式,带动新消费发展,刺激土地价格。土地投机的本质是借助于土地资源的稀缺性和垄断性,人为地制造土地的虚假需求,在一段时间内使土地价格上涨以达到获利的目的。

3)土地价格具有明显的地域性

土地位置的固定性使土地市场具有区域性特性。由于各地区的自然、地域、政治、经济条件不同,经济发展水平也不相同,因此土地价格变动具有地区差异性。即使在同一地区,不同产业对土地又有不同的要求,在不同地段上的地价也呈现明显的差异,如沿海城市,其经济发展速度较快,因而其地价水平的波动幅度要明显高于内陆城市。从局部区位来讲,一个城市的商业中心区地价最高,次商业中心次之,社区商业再次之,随着位置向市郊区移动,土地价格也相应逐步下降。另外,在同一供需圈内,商业区地价高于公办区、住宅区地价,也高于工业区地价。

4)土地价格受到政府政策的调控

政府为了实现不同时期不同的经济目标,也会在不同时期采取不同的财政经济政策来调节土地价格,从宏观上调控土地市场。如经济发展过热、通货膨胀和房地产业发展过快时,政府往往会采取对土地交易征收重税、减少土地投资计划、提高银行利率、紧缩消费投资贷款等政策来抑制房地产市场的发展。在经济萧条时期,政府一般采取税收、利率、贷款等优惠政策,刺激土地投资,使土地价格回升。

5.1.2 房地产价格分析

1.房地产价格的含义

所谓房地产价格,是指在房地产开发、建设、经营、服务过程中所形成的房屋价格与土地价格(一般是使用权价格)综合的货币表现,简言之就是在特定时间段内建筑物连同其所占土地的价格,即房地产价格=土地价格+建筑物价格。房地产价格也指人们合法地获得他人房地产付出的报酬,是房地产的经济价值(交换价值)的货币表示。房地产价格也可指一个人(或机构)从另一个人(或机构)手中获得房地产付出的经济代价。作为商品,房地产同任何商品一样,是使用价值和价值的统一体,也是房地产商品价值和地租资本化价格的综合性货币表现。由于房屋建筑物价值和土地投入的劳动所形成的价值占主要部分,所以一般来说在正常的市场条件下房地产价格基本上是房地产价值的货币表现。

2.房地产价格的特征

房地产价格既可表示为交换代价的价格,也可表示为使用和收益代价的租金。其实质上是房地产权益的价格,是长期形成的。房地产的现实价格一般随着每宗交易的实际价格而形成。与其他一般的商品价格相比,房地产价格有其自己的特征。

1）房地产价格具有区域性

由于土地和房屋具有固定性，所以房地产商品不像其他商品一样可以通过交易转移到任何地方。房地产价格的地域性主要反映在不同城市区域间的房地产差价，以及同一城市不同地段间（或项目间）的房地产差价。

2）房地产价格实体具有双重性

房地产是以土地和固着于土地之上的房屋设施为主要物质形态的财产及其权属关系。房地产是房屋及其设施与土地的有机统一体，这就规定了房地产价格在其内涵上具有双重的实体性基础。一般来说，全国的房屋建筑及其设施成本相差不大，主要是地价的差别导致全国房地产价格的差别。

3）房地产价格具有单件性

房地产价格具有单件性特点，每宗房地产都有不同于其他房地产的特殊方面，如地理位置、建造质量、户型设计、楼层差别、南北朝向、东西坐落等。就像世界上没有两片一模一样的叶子一样，各种不同特点反映到每宗房地产价格上，就是房地产价格的单件性。

4）房地产价格具有高位性

房地产商品价格的高位性是指房地产商品的价值大、价格高，房地产是高价值的商品，房地产交易是大宗消费品价值交易。土地价格越来越高，建筑物及配套建造成本也越来越高，房地产商品标准及质量要求也越来越高，这些都导致房地产价格具有高位性。

5）房地产价格具有计划性

在社会主义市场经济条件下，房地产价格的计划性主要表现在政府对房地产价格的管理和调控上。实行国家定价与国家指导价、市场调节价相结合，商品房预售价格备案，商品房网签价格申报，限价房价格审批等政策。

6）房地产价格具有扩散效应性

房地产市场是社会主义市场体系的重要的组成部分，房地产业影响上下游几十个关联产业的发展，房地产价格变化会直接影响相关产业。在经济方面，房地产价格不仅会影响生产建设，还会影响广大人民的生活，会影响社会生活和政治局势各个层面。

7）房地产价格具有趋升性

房地产价格的趋升性即房地产价格的增值性，是房地产价格上升的表现形式。在时间序列上，由于土地是稀缺资源，虽然受供求关系影响会出现周期性上下起伏，但从一个较长时期看呈现上升趋势，总体上呈现螺旋形的上升趋势。

3. 房地产价格的地位

（1）从消费领域角度分析，房地产消费是劳动力再生产费用中的重要组成部分。任何商品生产都离不开劳动力这个生产要素，劳动力的价格是由劳动力生产和再生产的成本费用来决定的，房地产作为价值量最大的生产、生活资料，必然纳入劳动力再生产成本，因而房地产价格作为劳动力要素价格之一，也就影响到商品的生产成本，最终影响到一切商品的价格。

（2）从生产领域角度分析，房地产是一切商品生产的空间和场所，为使房地产所支出的费用（包括租金）得到价值补偿，必然将其纳入生产成本，成为商品价格的构成部分。由此可见，房地产价格是整个价格体系中的基础价格之一。

（3）从房地产市场角度分析，原来房地产在计划经济体制下，土地行政划拨、住房实物福利分配，不计入或很少计入成本，人为压低了房地产商品生产的真实成本，导致价格扭曲，价格体系极不合理。自房地产商品市场化改革以来,为彻底解决这一问题,需要从理论上明确房地产价格的基础地位,在实践中不断深化土地使用制度改革和住房制度改革,逐步推动房地产商品市场化。这一系列举措能使房地产价格体系符合市场规律,最终构建以市场供求为核心的价格机制。

4. 房地产价格的作用

房地产价格在市场价格体系中的基础地位,决定了它在市场经济中具有非常重要的作用,具体表现在以下几方面。

1) 房地产价格水平决定着市场总体价格水平

房地产价格作为基础性价格,在一定程度上表现为生产要素价格,它既影响商品生产的物质成本,又影响工资成本,房地产价格合理与否,决定着生产成本和一切商品市场价格的真实程度。房地产的价值量在家庭、企业消费支出中占有较大比重,住房价格在全社会消费价格中的权重相应较大,对整个市场消费价格也会产生很强的影响,因此房地产价格水平决定着市场总体价格水平。

2) 房地产价格起到调节消费水平的功能和作用

房地产作为重要的消费资料,若其价格高、消费者承受能力低,其使用水平和质量会因此下降;反之,房地产价格水平低,能增强消费者的购房能力,相应会提高消费者的使用水平和质量。因此,房地产价格的高低成为关系到消费者切身利益的重大经济问题和社会问题。

3) 房地产价格调节房地产市场供需总量和消费结构

价格作为市场经济最重要的调节机制,可以调节房地产供需关系。表现为房地产价格高,开发商有利可图,就会增加开发量,进而增加供给量、调整消费结构,而房地产价格高,会抑制消费者的购买力,进而减少房地产需求量;反之,房地产价格低,开发商无利可图,就会缩减开发量,进而减少供给量、优化消费结构,而房地产价格低,会促进消费者的购买力,进而增加房地产需求量。这样就可以利用房地产价格杠杆调节房地产供需,实现供需总量平衡和消费结构合理。

5. 房地产价格的运行规律

房地产价格同一般商品价格相比,有其共同特征,诸如都用货币表示、都受供需等因素的影响、优质优价等,也有其特有的运行规律。

1) 房地产价格是关于房地产权利利益的价格

在房地产市场上,人们对房地产进行的交易实质上是一种财产权利的交易,人们按一定价格购买房地产财产,并不仅仅是购买房地产本身,更是购买能获得相应利益的房地产各项权利。

2) 房地产价格是在长期综合考虑中形成的

多宗房地产构成某一地区或某一地段的房地产市场,但该地区或地段发展并非固定不变,其社会经济位置等经常处在变化过程之中,所以房地产价格是在考虑该房地产过去如何使用、将来如何使用后才能形成房地产的今日价格,或某特定时间的房地产价格。今日的崛起可能是将来的没落,现在的荒芜可能是将来的繁华,房地产价格是在长期过程中综合形成和动态变化的。

3) 房地产价格存在较大的地区差异性和明显的上升趋势

目前,我国房地产业存在严重的地区不均衡发展状况,主要表现在我国部分地区如北京、天津、上海、江苏、浙江、广东等省市房地产市场投资过热,房地产价格上涨速度过快,远远高于中西部省份地区,全国各区域的房地产价格差异巨大,整体来说房地产价格一直呈上升趋势,只是各地区增速不一致。区域发展不平衡必然带来区域房地产市场发展的失衡,房地产价格呈现显著的区域差异性和上升趋势。

5.2 房地产价格构成分析

房地产价格是其价值的货币表现形式,即在土地开发、房屋建造和经营过程中,凝结在房地产商品中的活劳动与物化劳动价值量的货币表现。本节先了解土地价格与房地产价格构成的基础,进而掌握土地价格与房地产价格的构成。

5.2.1 土地价格构成

1.土地价格构成的基础

土地价格是土地所提供的地租的购买价格,其实质是资本化的地租。马克思指出:"土地的购买价格是按年收益若干倍来计算的,这不过是地租资本化的另一种表现。"土地价格可用公式简单表示为:土地价格＝地租/利率。

2.土地价格的构成分析

我国城镇土地价格是指土地使用权价格,其价格构成主要有以下几种。

1)土地征收费

一般来讲,土地征收费包括土地补偿费和安置补助费。土地补偿费是国家建设需要征用农民集体所有的土地时,用地单位依法向被征地单位支付的款项,其实质是国家对农民集体在被征用的土地上长期投工、投资、投产的补偿。安置补偿费是指国家在征用土地时,为了安置以土地为主要生产资料并取得生活来源的农业人口的生活,所给予的补助费用。

2)土地开发费

(1)三通一平费(或七通一平费)。三通一平是指施工临时用的道路、电和水的安装、修建以及平整场地的费用,依据设计概算计算。七通一平是指通给水、通排水、通电、通信、通路、通燃气、通热力及场地平整。

(2)市政基础设施工程费。市政基础设施工程费是指土地投资中用于平整场地、修筑道路、桥涵、地下管道、园林绿化等基础设施部分的费用。

(3)区域内公共环境景观建设费用。区域内公共环境景观建设费用是指对区域内的环境和景观进行绿化(花草、树木的种植)、微地形改造、景观小品和喷泉建造、地下出入口处理、休息座椅添置等的费用。

(4)区域内公共配套设施建设费用。公共配套设施主要指住宅区内的市政公用设施,如道路、公交站、环卫设施、各类公用管线(自来水、电力、电信、燃气、热力、有线电视、雨水、污水等)及相应的建筑物、构筑物等。公共设施主要包括教育(根据规划要求是否配建幼儿园及中小学)、医疗卫生、文化体育、商业服务、行政管理和社区服务等设施。以上各种设施产权及收益权不属于开发商,归小区业主共同所有或移交政府教育部门等。

3)土地管理费

土地管理费也称征地管理费,是土地管理机关从征地费用中提取的用于征地事务性工作的专项费用。土地管理费上缴的具体比例由省、自治区、直辖市人民政府确定。土地管理费专款专用,主要用于征地、拆迁、安置工作的办公、会议费,招聘人员的工资、差旅、福利费,业务培训、宣传教育、经验交流和其他必要的费用。

4)财务费用

财务费用是指开发企业为筹集生产经营所需资金等而发生的费用,包括企业生产经营期间发生的利息支出(减利息收入)、汇兑损益(有的企业如商品流通企业、保险企业进行单独核算,不包括在财务费用)、金融机构手续费等。

5)应纳税费

企业必须按照国家规定履行纳税义务,对其经营所得依法缴纳各种税费。这些应缴税费应按照权责发生制原则进行确认、计提,在尚未缴纳之前暂时留在企业,形成一项负债(应该上缴国家暂未上缴国家的税费)。应纳税费包括土地增值税、城市维护建设税及教育费附加、所得税、印花税、契税等。

6)不可预见费

不可预见费又称为预备费,是指考虑建设期可能发生的风险因素而导致的建设费用增加的这部分内容。按风险因素划分,不可预见费包括基本预备费和涨价预备费两种:基本预备费是指由于设计变更、意外事故、不可抗力等因素导致工程项目和费用增加而预留的有关费用。涨价预备费是指建设项目在建设期间由于价格变化引起工程造价变化和投资增加,需要事先预备、预留的费用,包括工费、设备、材料、施工机械差价以及费率、汇率等调整费用。

7)土地开发利润

土地开发利润一般是指开发土地投入而产生的回报,业内土地开发回报率为15%～25%(或者由市场预期决定)。

5.2.2 房地产价格构成

1.房地产价格构成的基础

房地产商品价格是房屋建筑物价格和土地价格的统一。在房地产价格的构成中,有一部分来自土地开发和房屋建筑安装所形成的价值,另一部分来自土地租赁的资本化收入。

房地产价格包括总成本和利润两部分,即:房地产价格=总成本+利润。房地产总成本是指房地产企业在开发建设和经营房地产过程中所投入的总费用。房地产价格主要由总成本所决定。利润是房地产开发经营产生的投资收益。利润的高低取决于总成本和社会平均利润。用公式表示为:利润=总成本×社会平均利润率。

2.房地产价格的构成分析

1)房地产价格的主要构成因素

(1)土地价格。土地价格主要受以下因素的影响。

①土地征收费。土地征收费分为农村土地征收费和城镇土地征收费。农村土地征收费主要包括土地补偿费、青苗补偿费、树木补偿费、地上附着物补偿费、安置补助费、新菜地开发建设基金、征地管理费、耕地占用税、征收费、其他费用等。城镇土地征收费主要包括地上建筑物、构筑物、附着物补偿费、搬家费、临时搬迁安置费、周转房摊销以及对于原用地单位停产停业补偿费、征收管理费、征收服务费、其他费用等。

②土地出让金。土地出让金是指各级政府自然资源管理部门将土地使用权出让给土地使用者，按规定向受让人收取的土地出让的全部价款（指土地出让的交易总额），或土地使用期满，土地使用者需要续期而向自然资源管理部门缴纳的续期土地出让价款，或原通过行政划拨获得土地使用权的土地使用者，将土地使用权有偿转让、出租、抵押、作价入股和投资，按规定补交的土地出让价款。

③土地转让费。土地转让是指土地使用人将土地使用权有偿或无偿地转移给他人的行为。土地转让费是土地在转让过程中产生的费用总和，包括转让费、土地增值税、印花税、企业所得税、工本费等。

④土地租用费。土地租用是指某一土地的所有者所有权与土地使用者使用权在一定时期内相分离，土地使用者在使用土地期间向土地所有者支付租金，期满后，土地使用者归还土地。土地租用费指土地租用过程中产生的费用总和。土地使用者之间土地租用也会产生租用费。

⑤土地投资折价。土地投资折价是指土地拥有者（一般是指土地使用者）把土地换算成人民币出售或者拿土地价值入股取得的收益。例如，现在房地产开发企业之间的合作开发以及国企与私企之间相互拿土地作价入股成立新公司等。

（2）房屋建筑成本。房屋建筑成本主要受以下因素的影响。

①基地开发费。基地开发费包括搬迁障碍费，自行过渡补贴费，临时房屋搭建费，临时接电、接水、接煤气费，平整土地费等。

②勘察设计费。勘察设计费即按照当地有关规定支付的居住区规划费、建筑设计费、地质勘察费及施工执照费等。

③房屋建筑安装工程费。房屋建筑安装工程费是指建筑基地上净得房屋建设中所支付的建筑安装工程费用，是房屋建筑成本的主要部分。

④街坊配套费。街坊配套费是指在建筑用地街坊范围内，按有关房地产建设市政公用设施配套标准支付的供水、供气、供电、道路、绿化等工程费用。

⑤管理费。管理费是指房屋建设中支付的各项管理费用，如开发公司员工的工资、办公费、差旅交通费、公证费、诉讼费等。

⑥贷款利息。贷款利息是指从银行取得用于该房屋建筑开发建设的贷款应付的利息。

（3）房地产开发利润。房地产开发利润一般是指开发房地产投资而产生的回报，业内认为房地产开发投资回报率应大于15%，否则该项目开发抗风险能力就较差。

（4）税金。税金包括土地增值税、土地使用税、城市维护建设费、教育税附加、契税、增值税、企业所得税等。我国的税种和税率经常调整，不同时期的税种和税率往往不同。

（5）其他附加费。其他附加费包括人防费和住宅建设市政基础设施大配套投资，即幼儿园、中小学、文化馆机关办公室、各类活动室等公共建筑、居住区内城市道路、上下水、煤气、供电等工程配建的建设费。

2）房地产价格的其他构成因素

（1）房屋装修费。随着房屋装修的逐渐普及，人们的房屋装修的要求也日益提高，房屋装修成为房地产价格的重要构成要素。房屋装修费是指超过正常标准的门、窗、地板、天花板、内墙面等高级装修费用。

（2）房屋设备费用。房屋设备一般指卫生、冷暖气、厨房设备以及网络设备等。如果这些设备没有列入房屋造价中，应按原价增加房屋设备费用。

（3）建筑地段、楼层和朝向差价。

①建筑地段差价一般是指同一地区的同类房地产,由于所处地段不同而引起的价格差异。

②楼层差价是指根据房屋的间距、总层数、光照时间、消费习惯等具体情况,确定标准价格楼层与其余各楼层的差价率,各楼层的差价率的代数和应趋近于零。

③朝向差价是指根据当地的气候、主风向和光照以及当地人们生活习惯等,确定标准房价和房屋朝向差价率。楼房朝向增减差价率的代数和应趋近于零。

（4）房地产的完好程度及折旧。房屋建成后,无论是使用还是闲置,都会发生自然的和人为的损耗,因此都需要考虑房屋的折旧。确定房屋的完好程度,要考虑自然损耗、房屋维修、保养爱护等方面的因素,同时还要考虑土地使用年限的折旧,从而进一步决定该房地产的价格。

5.3　房地产价格分类分析

与其他一般商品价格一样,在市场经济条件下,房地产价格是一个复杂的问题,对于不同类型的房地产,其价格往往是不同的,而且根据不同的需要,其价格称呼也是不同的,也是需要在实际工作中区分清楚的。

5.3.1　土地价格分类

土地是一种天然存在的自然物,并非人类劳动所创造,因而按马克思主义经济学的劳动价值论来判断,土地没有价格,所以不存在价值的货币表现形式的土地价格。但是由于土地的稀缺性,存在土地所有权和土地使用权的垄断,使土地权属关系成为一种经济关系。土地价格是土地的经济价值和实际效用在房地产市场交易中的货币表现,是土地所有权或使用权在经济上的体现或补偿。按照不同的作用和标准,可以划分出多种土地价格。

1. 交易价格

交易价格是指土地在市场交易中成交的买卖价格,又称为市场价格。土地市场交易价格可分为公平交易价格和非公平交易价格。公平交易价格是指交易双方正常情况下的交易价格。非公平交易价格是指在交易过程中受到许多非正常因素的影响,如一方资金困难急着卖地回笼资金,或一方不了解市场行情,信息不对称,或交易双方有某种利害关系等,从而导致的不正常交易价格。

根据交易的不同情形,可将交易价格细分以下几种。

（1）征收价格。征收价格是指政府征收土地时向土地所有者或使用者支付的价格。

（2）拍卖价格。拍卖价格是指采用拍卖方式形成的价格。

（3）协议价格。协议价格是指采用协议方式形成的价格。

（4）招标价格。招标价格是指采用招标方式形成的价格。

（5）转让价格。转让价格是指土地使用者将土地使用权转让给别人获取的价格。

2. 土地所有权价格和土地使用权价格

1）土地所有权价格

土地所有权价格是一种土地所有权转移的价格,也称为卖断价格,是无限期地租的折现值。在土地所有权价格评估中,土地所有权投资风险小于土地使用权投资,其土地还原利率小于土地使用权价格评估中还原利率。

2）土地使用权价格

土地使用权价格是一定年限内使用土地权利的价格，是一定年限内地租的折现值。土地使用权价格可以一次付清，也可以按年支付，按年支付的称为年地租。同一块土地的使用权价格，会因土地的用途、容积率、使用方式、使用权年限的变化而不同。

土地所有权价格和土地使用权价格在数量上的差异，会随土地使用权年限的增加而缩小。

目前，我国的征收价格就是土地所有权从集体转变到国家的过程中的一种土地所有权价格。土地出让费、转让费则属于土地使用权之间转移的价格。

3. 土地租赁价格、土地抵押价格、土地课税价格

1）土地租赁价格

土地租赁价格是指在一定时期内取得土地租赁权所形成的价格。我国目前征收的土地使用费就是一种土地租赁价格，即地租。

2）土地抵押价格

土地抵押价格是指以土地为担保物获取贷款时，贷款人或评估公司确定的土地抵押物价值。土地抵押价格一般比市场价值稍低，并随贷款比率（50％～60％）高低而变化，主要考虑抵押风险问题。

3）土地课税价格

土地课税价格是指政府课征与土地价值有关的税时确定的土地价格，现在一般通过第三方评估来确定。

特别说明：如果市场是完全竞争市场或完全公正、公平、公开评估，则以上三种价格趋于相同。但实际工作中，三种价格受各种因素影响而不同。

4. 评估价格

评估价格是根据一定的土地评估方法对土地所做的价格估计，一般有基准地价、标定地价和估定价格等三种。

1）基准地价

基准地价是指在某一城市的一定范围内，根据用途相似、地段相连、地价相近的原则划分地价区段，然后调查评估出各地价区段在某一时点的平均价格。基准地价是由国家和政府有关主管部门直接规定的土地价格，具有强制执行的法律效力。

2）标定地价

标定地价是指在一定时期和一定条件下，能代表不同区位、不同用途地价水平的标志性宗地的价格。标定地价一般在基准地价的基础上进行修正评估。

3）估定价格

估定价格是指国家或地方政府为了保证土地税，由评估人员估定的土地课税价格。

其中，基准地价和标定地价由政府部门牵头组织评估机构进行评估，并定期向社会公布，一般两年变更一次。

5. 土地总价格、土地单位价格、楼面地价

1）土地总价格

土地总价格是指某一特定面积的土地在特定时间、特定条件下的整体交易价格或评估价值。它是土地面积与单位面积价格(如每平方米、每亩价格)的乘积,反映了土地作为资产的整体市场价值。

2)土地单位价格

土地单位价格也称单位面积土地价格,是土地总价格与土地总面积的比值,简称土地单价。

3)楼面地价

楼面地价也称单位建筑面积地价,是平均到每单位建筑面积上的土地价格。它等于土地总价格除以建筑总面积,或等于土地单价除以容积率,即:楼面地价=总地价÷总建筑面积=单位地价÷容积率。在现实生活中,楼面地价往往比土地单价更能反映土地价格水平的高低。如地价100万元/亩(1亩约等于0.0667公顷)容积率为2.0的土地比地价200万元亩/亩容积率为5.0的土地的楼面地价高。

5.3.2 房地产价格分类

从一般意义上讲,房地产价格是建筑物连同其所占土地的价格,是人们合法地获得他人房地产所必须付出的代价。而在房地产估价上,一般认为房地产价格是房地产经济价值(交换价值)的货币表示。房地产价格可以根据不同分类方式进行划分。

1. 所有权价格、使用权价格和其他权益的价格

根据权益类别的不同,房地产价格可划分为所有权价格、使用权价格和其他权益的价格。

1)所有权价格

所有权价格即交易房地产所有权的价格,特指房地产市场上商品房买卖价格,包括新增商品房(增量房)买卖价格和存量房买卖价格,通过商品房买卖的所有权由卖方转移到买方,体现了房地产产权关系的变化,俗称产权价格。这类价格在商品房市场上占主导地位。

2)使用权价格

使用权价格即交易房地产使用权的价格,实际是租赁价格。以土地为例,目前我国有偿出让和转让的土地的价格都是土地使用权价格。从国家那里获得的土地使用权的价格,法定名称为出让金,但在现实中有各种转移变更价格,称为地价款。出让土地使用权的价格可根据用途及使用年限区分,如40年商业用地出让价格、50年工用土地出让价格、70年居住用地出让价格等。

3)其他权益的价格

其他权益的价格泛指所有权价格、使用权价格以外的各种房地产权益价格。其他权益的价格可细分为租赁权价格(通常称为租金)、抵押权价格、地上权价格、地役权价格、典权价格等,它们都是从房地产所有权价格派生出来并与之有密切联系的价格。

2. 土地价格、建筑物价格、房地价格

房地产总体的物质实体有三种物质形态,即单纯的土地、单独的建筑物、土地与建筑物合成一体的"房地"产。因此,房地产价格通常有土地价格、建筑物价格、房地价格之分。

1)土地价格

土地价格简称地价,如果是一块无地上建筑物的土地,土地价格即指该土地的价格;如果是一块附有建筑物的土地,土地价格则是指该房地产中单纯土地部分的价格。同一块土地,由于"生熟"条件不同,其价格也会不同。

2)建筑物价格

建筑物价格即纯建筑物部分的价格,不包含其占有的土地的价格。常说的房价,例如购买一套商品住房的价格,通常是含有该建筑物占用的土地的价格,与这里所说的建筑物价格的内涵不同。

3)房地价格

房地价格又称房地混合价,是指建筑物连同其占用的土地的价格,往往等同于人们平常说的房价。

对于同一宗房地产来说,房地价格=土地价格+建筑物价格。

此外,按房地产物质实体的种类或用途划分,还可以细分为商品住宅价格、工业厂房价格、商铺价格、办公楼价格、公寓价格等。由于其建造成本和用途不同,也存在着不同的房地产价格。

3. 市场价格、理论价格、评估价格

根据价格形成的方式不同,房地产价格可以划分为市场价格、理论价格、评估价格。

1)市场价格

市场价格又称市价或时价,是房地产交易双方在某一时点的实际成交价格。这种价格通常随着时间和供求关系的变化而变化。

2)理论价格

理论价格是经济学理论中认为的房地产市场价格波动的中心,是指如果将该房地产放到一个公平合理的市场上交易,它应该实现的价格。理论价格不是事实,但却是客观存在的,时常被称为房地产价值,也可称为基础价值。

3)评估价格

评估价格简称评估价,是房地产专业评估机构的评估人员根据一定的估价方法对房地产的市场价格所做的估计和推测。由于房地产缺乏完全市场,评估价格往往会成为市场参考价格。值得注意的是,由于估价人员的知识和经验等的不同,评估出来的价格是不完全相同的。

4. 自由市场价、政府指导价、政府确定价

从价格形成方式的角度进行划分,房地产价格可分为自由市场价、政府指导价、政府确定价三种类型。

1)自由市场价

自由市场价是指完全由市场自发调节并由房地产企业自主确定,通过市场竞争而形成的价格,商品房市场价格属于这种类型。

2)政府指导价

政府指导价是指依照《中华人民共和国价格法》规定,由政府价格主管部门或其他有关部门,按照定价权限和范围规定的基准价及其浮动幅度,指导经营者制定的价格。例如,专门供应给中低收入家庭的经济适用房的价格就属于这种类型。

3)政府确定价

政府确定价是指由政府物价部门按照定价权限和范围制定的价格。对于实行政府确定价的房地产,由开发商执行政府的确定价,现在市场上为限制房地产增长过快,土地拍卖时都附加限定了开发后的房地产的价格，即限价房。

5. 总价格、单位价格

根据价格的计价单位不同，房地产价格可分为总价格和单位价格。

1）总价格

总价格简称总价，是指某一宗或某一区域范围内的房地产整体的价格之和。根据情况的不同，房地产总价格也不同，因此，总价格一般不能说明房地产价格水平的高低。

2）单位价格

单位价格简称单价，是指单位土地面积或单位建筑物面积的价格，可以反映房地产价格水平的高低。

6. 拍卖价格、招标价格、挂牌价格和协议价格

按房地产交易（或出让）所采取的方式不同，房地产价格可分为拍卖价格、招标价格、挂牌价格和协议价格。

1）拍卖价格

拍卖价格是指通过拍卖方式成交的房地产价格。拍卖由专业拍卖机构主持，竞买人公开竞价，遵循价高者得原则，价格受房地产稀缺性、市场需求和竞买人竞争程度的影响。

2）招标价格

招标价格是指通过招标方式成交的房地产价格。出让方发布公告邀请投资者投标，投标者需在规定时间内提交标书，内容包含报价、开发方案等。招标价格取决于报价、开发规划、资金实力、建设周期等，常用于大型房地产项目。

3）挂牌价格

挂牌价格是指通过挂牌方式成交的房地产价格。出让方在指定场所或平台公示交易条件，在挂牌期接受竞买人报价申请并更新价格，价格受市场供需、挂牌时长和信息透明度影响。

4）协议价格

协议价格是指通过协议方式成交的房地产价格。由交易双方私下协商确定，价格取决于双方对房地产价值的判断、交易目的和谈判能力，常见于企业间战略合作的房地产交易。

7. 期房价、现房价

根据房地产市场状态或交易时间，房地产价格可分为期房价、现房价。

1）期房价

期房价也称预售价，是先付款后取得房地产的价格。

2）现房价

现房价是购买后可以直接交付（竣工验收）使用的房地产价格，是钱货两清的价格。

期房价和现房价的关系为

$$期房价 = 现房价 - 相应的投资利息 \pm 销售风险预期损益值。$$

8. 底价、期望价、补地价

根据价格形成机制或特定目的，房地产价格可分为底价、期望价、补地价。

1）底价

底价是政府、企业或私人出让出卖（尤其是拍卖）房地产时确定的最低价格，也称起叫价（简称起价），若低于这个价格则可不转让。底价一般是指所售商品房的最低价格，特殊情况下

着急转让的价格,通常不能真实反映所售商品房的价格水平。

2)期望价

期望价一般是指政府、企业或私人出让出卖房地产时希望达到的满意价格。如在底价的基础上上涨 20%,即可视为期望价。

3)补地价

补地价是指更改政府原出让土地使用权时规定的用途,或增加容积率,或转让、出租、抵押划拨土地使用权时需要交给政府的一笔地价款。对于改变用途来说,补地价的数额通常等于改变用途后与改变用途前的地价差额;对于增加容积率来说,补地价数额的计算公式为

$$补地价=[(增加后的容积率-原容积率)\div原容积率]\times原容积率时的地价$$

9. 标价、成交价、合同价和均价

根据房地产的交易过程和统计方式,房地产价格可分为标价、成交价、合同价和均价。

1)标价

标价又称报价、表格价,是指商品房出售者在其"价目表"上示注的不同楼层、朝向、户型、楼号的商品房的出售价格。

2)成交价

成交价是指商品房买卖双方的实际交易价格,通常包括房屋本身的价格,也可能包含附属设施、装修、税费等其他费用,也受市场供需关系、房屋条件、地理位置、交易时机等多种因素的综合影响。成交价是买卖双方协商后的最终结果,具有法律效力。

3)合同价

合同价是指根据合同规定卖方在正确地完成履行合同义务后买方应支付给卖方的房地产价格。

4)均价

均价是指销售商品房的平均价格,一般有标价的平均价格和成交价的平均价格两种。成交价的平均价格一般可以反映所销售商品房的总体价格水平。

10. 房屋租金价格

房屋租金价格简称房租,是指房屋租赁的价格,即承租人为了得到房屋的使用权,按契约(或合同)的规定,分期(每年或每季或每月)支付给房屋出租人一定数量的货币额。房租也指房屋租赁人付给房屋户主的房屋租金,通俗讲就是租住房屋需要付出的钱。

依房地产商品化程度划分,房屋租金可分以下几类。

1)商品租金

商品租金是指由折旧费、管理费、维修费、地租、保险费、税金、利息和利润八项因素构成的房屋租金。这种租金形式反映了房屋租赁成本及合理利润获取,是一种市场化的租金定价模式。

2)成本租金

成本租金是指由折旧费、管理费、维修费、利息和税金五项因素构成的房屋租金。这种租金形式确保了出租方投入的成本得以回收。在经济适用房以及单位自管房的租赁场景中应用较为普遍。

3)准成本租金

准成本租金是指由维修费、管理费和折旧费三项因素构成的房屋租金。这种租金形式维

持了房屋基本使用及日常管理的基础成本,租金水平较低。维修费确保房屋可正常使用,管理费保障日常管理需要,折旧费反映房屋价值损耗。

4)补贴租金

补贴租金是指住房改革过程中提租加补贴形成的过渡性租金形式。提高租金可体现房屋使用成本和市场价值,促进住房资源合理配置;发放补贴能缓解因租金上涨给居民带来的经济压力,确保改革平稳推进。补贴租金通常根据居民收入水平、住房面积等因素差异化补贴。

5.4 房地产价格关系分析

房地产价格是房地产市场体系的主要指标之一,其与房地产市场、金融市场关系密切,与地价、房租关系紧密,与利率、货币供应量、汇率、股票、期货、市场预期等指标都有很大的关联性。因此,分析清楚彼此间的关系是全面了解房地产价格的重要途径。

5.4.1 房地产价格与市场关系

1. 房地产价格与房地产市场的关系

价格通常与市场的供需相联系,价值决定价格,市场决定价格,市场并不是决定价格的唯一因素,但它却是影响价格的重要因素。房地产价格与房地产市场的关系也是如此,因此我们要从市场的供需角度来研究房地产价格与房地产市场之间的关系。房地产市场供需正常时,房地产价格与市场能较好地达到平衡;房地产供大于求时,价格低迷,市场不景气;房地产供小于求时,价格上涨,市场过热。因此,在房地产价格与市场之间做好房地产宏观调控是必须的。

2. 房地产价格与金融市场的关系

房地产是一种资本密集型产业,对金融市场有着高度的依赖性。随着我国房地产市场的不断发展,房地产市场供求关系和金融市场的关系不断发生变化,而房地产价格与金融市场的关系结构也渐渐发生了变化。金融市场对房地产价格带来了两方面的效应,即波及效应和财富效应。所谓波及效应,是指某一产业或是若干产业的价格变动会给其他产业带来变动,也会给其他产业的产品价格带来不同程度的影响。财富效应是指由于某种资产或是资产价格上涨或下跌,从而导致资产所有人财富的增加或是减少,进而可以促进或是抑制消费的增长,进而影响到短期的边际消费倾向,促进或是抑制经济增长的效应。

金融市场包括货币市场、股票市场和银行信贷市场等,研究房地产价格与金融市场之间的关系就必须研究各种金融市场对房地产价格的影响。我们将从这三个方面来阐述金融市场和房地产价格之间的关系。

1)房地产价格与货币市场的关系

房地产价格与货币市场的联系日益紧密,两个市场共同影响着国民经济的发展,在房地产市场的宏观调控中,应结合货币市场,严格执行货币政策、控制货币发行量,防止房地产价格在短期内剧烈波动。

2)房地产价格与股票市场的关系

随着我国经济的不断发展,房地产市场与股票市场之间的关系也日益紧密,两者之间有着动态相关性,房市和股市的泡沫可以通过市场机制相互放大,进而导致泡沫的增加。

3）房地产价格与银行信贷市场的关系

银行信贷市场是房地产产业发展的重要支柱，适度的信贷供给能够加快房地产的稳定发展，但过量的贷款反而将导致房地产价格的快速上涨，容易造成房地产增长过热；反之，则制约房地产市场的发展，导致市场活力不足，影响房地产价格。

5.4.2 房地产价格与地价、房租关系

1. 房地产价格与地价的关系

在房地产价格中，土地取得成本占其中相当大一部分，起到主要作用。土地价格是否合理不仅影响着土地资源的合理配置，还影响着房地产价格体系的建立及房地产产业的发展。要研究房地产价格，就必须研究房地产价格与地价之间的关系。

1）房地产价格与地价的异同

房地产是房产和地产的集合，从本质上说，这两者都是一种产权价格。地产可以单独存在，但房产不能离开地产单独存在，土地是房屋不可或缺的载体。在房地产市场上，对空地的需求往往表现在对房产的需求，而房屋的价格往往由建筑成本决定。土地是可以永远使用的，虽然有使用年限但可以反复使用，可能其使用价格越来越贵；但房屋会随着使用和年限而逐渐破损、侵蚀，变成危房直到被拆除，是有使用寿命的，时间越长、使用越久的房屋价格则越便宜。

2）房屋价值与土地价值不可分离

自人类历史发展以来，建筑作为人类的庇护所往往于土地有着无法分割的关系，土地是构成房屋的基本要素，房屋依赖于土地而存在，可土地却又依赖房屋的使用价值来表现它的经济效益并实现其价值。两者只有合在一起才能发挥巨大的经济价值和使用价值。

3）地价是房价的基础

房地产价格在市场上通常是通过建筑物单位面积的价格来呈现的，研究、分析房价时，首先，不仅要分析房屋的成本和平均利润，还必须通过核算因使用土地而必然带来的超额利润。比如闹区中的临街房屋能售出高价，这便是区位稀缺或垄断因素带来的利润变化。其次，不同的地价或地租同时也影响着房价或房租。从理论上讲，地价是按照年限地租来计算的，即购买房屋产权就会受到购买土地使用权年限的影响。就我国目前而言，土地使用制度实行双轨制，由于对租售对象的限制及权益限制，受到内外居民、用途等规定的制约，仍然采用不同的有偿用地制度，实行不同的地价、地租政策，从而形成了不同的房价，再将房屋出租就形成了不同的房租。

4）土地使用价值必须通过房屋价格体现出来

根据土地利用规划，一方面，要确定土地最佳用途，取得最大的经济和社会效益；另一方面，要确定房地产开发最佳的建筑方案，发挥最优的功能。随着土地使用制度改革的不断深入，为了提高土地的使用价值，土地的用途得到了不断的优化，对房屋进行最佳利用，增强了使用功能。对于新出让的土地，按照城市规划和土地利用计划，确定出让地块的用途和建筑方案，结合容积率评估确定"楼面价"，用经济的手段促进开发，以发挥土地的最大经济效益。而土地最终的使用价值还是通过商品房的价格来体现的。

2. 房地产价格与房租的关系

房租是指承租人为获得房屋的使用权，按契约或合同的规定，分期（每月或每季或每年）支

付给房屋出租人一定数量的货币额。

1）资本化率

租金和价格是通过资本化率联系起来的。资本化率是指房地产在未来某一年（通常采用第一年）的年收益与其价格的比值，是行业中绝大多数投资者所认同的最低期望投资收益率。资本化率用公式表示为

$$R = \frac{\text{NOI}}{V}$$

式中，V 为房地产价值，NOI（net operating income）为房地产未来第一年的净收益，R 为资本化率。

在不动产估价中，我们常常将不动产从物理要素的角度进行划分，即分为土地和建筑物两部分。根据这种划分，对应的资本化率就出现了土地资本化率 R_L，即土地的年净经营收益与土地价值的比率，以及建筑物资本化率 R_B，即建筑物的年净经营收益与建筑物价值的比率。从投资组合的角度来看，房地合一则构成综合资本化率 R_O，土地资本化率和建筑物资本化率以及综合资本化率之间的关系为

$$R_O = L \cdot R_L + B \cdot R_B$$

式中，L 为整个不动产价值中土地价值的百分比，B 为整个不动产价值中建筑物价值的百分比。

2）租售比

租售比是指同一房屋商品的租赁价格与购买价格的比例关系，即每平方米的建筑面积的月租金与每平方米建筑面积的房价之间的比值，用公式表示为

$$房屋租售比 = \frac{每平方米建筑面积的月租金}{每平方米建筑面积的房价} = \frac{月租金}{房价}$$

租售比通常用于衡量区域房地产市场运行状况是否良好。一般在国际上，当租售比为 $1:200 \sim 1:300$ 时，即界定为运行状况良好。若租售比高于 $1:300$，则意味着房地产投资回收期长，投资价值相对减少，房地产泡沫已经显现；若租售比低于 $1:200$，则表明这一区域房地产投资潜力相对较大，租金回报率较高，投资收回时间较短，后市看好。

租售比很好地解决了房地产供需关系的干扰问题，是判断房地产炒作程度的有效试金石。即在经济发展速度相同的地区，无论城市大还是小，租售比都应该接近，否则就存在不合理的炒作因素。

5.4.3 房地产价格与利率、货币供应量、通货膨胀、汇率

1. 房地产价格与利率

利率是指一定时期内利息额与借贷资本总额的比率，是单位货币在单位时间内的利息水平，用来表明利息的多少，是宏观经济调控的一种重要工具。影响利率的主要因素包括资本的边际生产力、资本的供求关系、承诺交付货币的时间长度及所需承担风险的程度等。利率的本质是借款人必须为所借金钱而支付的代价，也是放款人延迟其消费，借给借款人需获得的回报。

房地产价格与利率的关系在理论上呈现一种负相关，即利率上升，房地产价格就会下降；利率下降，房地产价格就会上升。利率主要从以下几个方面来影响房地产价格的变化。

1)从投资角度看,利率影响房地产投资资金的进出

房地产作为一种重要的投资品,当利率下降时,资金存入银行的吸引力会相对减弱,流动资金及抵押贷款将会快速进入房地产市场。此时,房地产需求者的融资成本也会降低,从而导致投资需求上升,推动房地产价格上涨;反之亦然。

2)从消费角度看,利率是房地产消费的重要成本

房地产消费一般需要贷款融资,房地产抵押贷款利率构成房地产消费的重要成本。若政府采取紧缩性的货币政策,银行利率将会提高,房地产抵押贷款的成本也会相应提高,这将抑制房地产消费,减少市场需求,导致房地产价格下降;反之亦然。

3)从价值角度看,利率影响房地产价值的变化

房地产价值是房地产未来预期收入的现值之和,所以房地产价值与折现率体现一种负相关关系。而折现率又与利率呈正相关关系,所以,利率的上升会导致房地产价值下降,可能会导致房地产价格的下降。

总而言之,房地产价格与利率的关系由各种因素共同作用而决定,现实经济中利率的变化是多样化的。真实利率的变化常常伴随着其他经济变量的变化,并且这些变量之间相互影响,使得利率与房价之间的关系变得更加错综复杂。

2. 房地产价格与货币供应量

房地产市场的发展通常需要土地和资金的双重支持,因此,货币供应量对房地产需求的影响显得尤其重要。

1)货币供应量增加对房地产价格的影响

当一国央行不断增加货币供应量,且超过正常实体经济的增长速度时,实体经济中的资金就可能充足甚至是过量,这些多余的资金必将寻求投资获利的机会,而房地产市场往往充当了这个载体。多余货币供应量通常会进入房地产市场,这必将带来两种后果:一种是经济繁荣,收入提高,房地产的需求进一步增长;另一种是贷款过剩,价格增长过快,市场风险增加。

2)货币供应量减少对房地产价格的影响

央行货币供应量的减少会导致房地产需求的缩减,进入房地产市场的资金减少,房地产市场缺乏开发贷和消费贷资金,市场活力不足,进而导致房地产价格下降。

3. 房地产价格与通货膨胀

通货膨胀一般会助推房地产价格的上涨。弗里德曼在货币理论论述中指出央行货币超发必然会带来通货膨胀的风险。当房地产市场中的需求者预期到通货膨胀正在发生,持币在手或存入银行都会因货币贬值而导致财富缩水时,就必然会寻求保值较好的投资机会。房地产是相对具有保值、增值性能的投资产品,因此市场供需双方对于房地产市场更加看好,这会吸引更多的投资者进入房地产市场,进而会预防通货膨胀带来的货币贬值损失,推动房地产价格进一步高涨。

4. 房地产价格与汇率

汇率又称外汇利率、外汇汇率或外汇行市,是指一国货币与另一国货币的比率或比价,或者说是用一国货币表示的另一国货币的价格。由于世界各国货币名称不同、币值不一,所以一国货币在兑换为其他国家的货币时会规定一个兑换率,这就是汇率。

在宏观经济学看来,本国货币相对于外国货币的升值会引起国内资产价格的上涨和国外

资产价格的下跌,在房地产领域也同样如此。房地产价格不仅受其自身供需因素、成本构成的影响,也受国际汇率变动的影响。

1)汇率变动的流动性效应与预期效应

汇率变动有可能引起境外投机性资金冲击本国的房地产市场,影响本国房地产价格。当一国货币具有升值预期时,国际投资者就可能把外币换成本国货币并在本国购置房地产,产生流动性效应与预期效应,待本国货币升值后,国际投资者就会将购置的房地产资产以升值的价格出售,并兑换为外币,使本国货币、房地产价格获得双重增长。而房地产供给在短期内是刚性的,这种国际投机需求会拉动房地产价格上涨。反之,货币贬值将降低国际投资者的预期,他们将抛售房地产,令资本流出本国,这会相对增加房地产供给,最后导致房地产价格下跌。

2)汇率变动的财富效应与挤出效应

国内货币升值意味着进口商品的价格下降,这会带来进口商品的增加,进而带动国内一般消费品价格下跌,货币购买力慢慢增加,产生财富效应,而多余的购买力可能将转入房地产领域,带来房地产需求上涨及价格上升。相反,如果货币贬值,则货币的购买力会随之下降,国内消费者不得不将更多货币用于国内一般消费品的消费,产生挤出效应,这可能会让消费者减少对房地产的需求,导致房地产价格下降。

总之,汇率变动与房地产价格变之间存在一定的相关性,汇率通过相关经济变量之间的传导会不断地影响房地产价格。

5.4.4 房地产价格与股票、期货、市场预期

1. 房地产价格与股票

从资产属性来看,房地产既是消费品又是投资品,而股票只是投资品。股票价格变动对房地产价格的影响非常复杂,两者之间存在多种传导途径。从统计数据来看,股票价格走势与房地产价格走势之间并不存在确定的规律,但两者之间存在若干互动和竞争关系。

1)挤出效应

股票价格上涨会导致风险资产在个人总资产中所占比例增加,考虑资金风险,部分股票投资者可能会减少股票投资,不会把鸡蛋放在一个篮子里,而会将资金投入到其他保值资产中,房地产就成了较好的选择。因此,股价上涨到一定程度,可能因挤出效应带来房地产价格上涨。

2)替代效应

由于股票与房地产都是重要的资产投资产品,因此在总资产一定情况下,两者是一种竞争替代的关系。如果资产的相对收益发生变化,如房地产价格相对股票价格上涨更快,就将产生互相替代,即资金从相对收益低的股票转移到相对收益高的房地产中;反之亦然。

2. 房地产价格与期货

期货是与现货相反的概念,现货是指可供出货、储存和制造业使用的实物商品,是期货的对称。期货是一种跨越时间的交易方式,买卖双方通过签订合约,同意按指定的时间、价格与其他交易条件,交收指定数量的现货。期货可分为商品期货(如黄金、原油、农产品)与金融期货(如股票、债券)两大类。买卖期货的合同和协议称为期货合约,买卖期货的场所称为期货市场。

1)房地产指数期货对房地产价格的止损作用

房地产指数期货是与未来某个时点的房地产价格指数挂钩的标准化合约交易,其主要为房地产市场的主体提供规避房地产价格风险的手段。金融机构或开发商若是希望避免房地产价格下跌,可以通过卖出房地产价格指数期货来解决,一旦房价真的下跌,他们便能以低价抛出持有的期货合约,他们在期货交易中的获利可以部分或全部弥补其在房地产贷款和开发中的损失,起到止损作用。

2)房地产指数期货对房地产价格的预测作用

房地产指数期货合约的交易价格通常反映了市场对房地产未来价格总体水平的预期,由于房地产开发周期长,开发商常面临着投资期与销售期之间时间差带来的价格风险。房地产指数期货提供的未来房地产价格信息可以帮助开发商做出更加科学合理的投资决策,还能帮助银行评价房地产贷款的潜在风险,提高风险管控能力。政府部门也能根据房地产指数期货走势指导房地产投资和预测价格。房地产指数期货能起到多方面预测房地产价格的作用,有利于房地产市场的平稳发展。

3. 房地产价格与市场预期

预期是对未来不确定因素(如未来利率、价格或税率)的估计、看法或意见。市场预期是指经济活动者为追求个人利益的最大化,对与档期决策有关的经济变量(如价格、收入、利率、利润等)在未来的变化方向和变化幅度进行估计。在房地产市场中,消费者与开发商根据各种宏微观因素对未来房价的走势进行判断,然后各自做出消费选择和投资决策,进而对房地产市场供需产生影响,引起房价的波动。

1)消费者对房地产价格的预期决策

(1)对消费者而言,如果他对预期未来房屋价格走高,那么他将会增加现期的购买与囤积,以避免支付更高的购买成本或以更高的价格抛出赚取利润。事实上,交易行为若已超出原有的预算,尽快购买也将是最合理的选择。

(2)在从众心理的影响下,大部分消费者会因大多数人的购买而竞相购买,导致了市场中购房需求大量释放,需求总量不断增加。而需求的增加造成了市场"繁荣"的表象,在供需相对平衡的条件下会导致价格的上涨,进而形成进一步涨价的预期,由此产生的一系列循环作用,使得房价不断上涨。

2)开发商对房地产价格的预期决策

对开发商而言,如果其过去对市场趋势看好,预期房价将上升,一方面会囤积手中的房地产,另一方面也会加大土地和房屋建设力度,等价格上涨时出售,以获取更多的利润。然而,现实中开发商的供给决策模式要复杂得多,往往在价格上涨时会出现捂盘惜售违规现象,人为造成市场上房地产供给量减少,最后推动房价上涨,这种行为不利市场发展。

由此可见,一旦消费者与开发商对未来房地产价格做出某种预期,就会改变房地产市场供需结构,引发未来房价波动。而房价波动又会促使市场主体调整消费和开发决策,产生新的预期,引发新的价格波动。如此循环往复,形成了房地产预期与价格间之间的相互作用机制。

📚 **知识归纳**

1.土地价格是指地租的购买价格,是地租的资本化,是土地的经济价值和实际效用在市场交易中的货币表现,是土地所有权或使用权在经济上的体现或补偿。房地产价格是指在房地产开发、建设、经营、服务过程中,所形成的房屋价值与土地价格(一般是使用权价格)综合的货币表现,是在特定时间段内建筑物连同其所占土地的价格。即:房地产价格＝土地价格＋建筑物价格。

2.土地价格构成具有双源性,这是土地价格不同于一般商品的最主要特征;土地价格具有区位性、权益性、市场性、增值性、非成本性和虚拟性。房地产价格具有区域性、单件性、高位性、计划性、扩散效应性、趋升性,其实体具有双重性。

3.土地价格是土地经济价值的反映,是提高土地利用率的指示器,是国家宏观管理土地的重要杠杆。其运行规律是:土地价格呈现周期性特征,具有总体上升趋势,有明显的地域性并受到政府政策的控制。房地产价格的运行规律是:房地产价格是关于房地产权利利益的价格,它在长期综合考虑中形成,存在较大的国民差异性、地区差异性,具有明显的上升趋势。

4.土地价格由土地征收费、前期费用、土地开发费、管理费、财务费用、销售费用、应纳税费和不可预见费等决定。房地产价格主要由总成本决定,其主要构成因素有土地价格、房屋建设成本、建筑房屋的利润、税金、其他附加费和土地使用税(费)等,其他构成因素有房屋装修费、房屋设备费用、建筑地段、楼层和朝向的差价、房屋的折旧及完好程度等。土地价格用公式表示为:土地价格＝地租/利率。

5.按照不同的作用和标准,土地价格可分为交易价格,土地所有权价格和土地使用权价格,租赁价格、抵押价格、课税价格、评估价格等。根据不同的分类方式,房地产价格可分为所有权价格、使用权价格和其他权益价格,土地价格、建筑物价格和房地价格,市场价格、理论价格和评估价格,总价格、单位价格和楼面地价,拍卖价格、招标价格和协议价格,期房价和现房价,底价、期望价和补地价,起价、标价、成交价和均价等。房屋租金分为商品租金、成本租金、准成本租金、补贴租金。

6.房地产价格与金融市场(包括银行信贷市场、货币市场和股票市场等),地价和房租,利率、货币供应量和汇率,股票、期货和市场预期等均有密切联系。

7.资本化率用公式表示为:$R=NOI/V$;土地资本化率和建筑物资本化率以及综合资本化率之间的关系为:$R_O=L\cdot R_L+B\cdot R_B$。

8.房屋租售比用公式表示为:房屋租售比$=\dfrac{每平方米建筑面积的月租金}{每平方米建筑面积的房价}=\dfrac{月租金}{房价}$。

思考题

1.简述土地价格和房地产价格的含义。
2.房地产价格的构成包括哪些要素?
3.土地价格的构成包括哪些要素?
4.简述土地价格和房地产价格的分类。
5.简述房地产价格与地价和房租的关系。
6.简述房地产价格与货币供应量的关系。

第6章 房地产金融

内容提要

　　房地产业与金融业的密切联系产生了房地产金融业,房地产金融最基本的任务就是用有效的方式、方法和工具向社会筹集资金,用于房地产开发、经营、消费、投资等方面,起到促进房地产业发展的作用。总的来说,房地产金融是提供资金筹集、融通、清算等一系列为房地产服务的金融业务,房地产金融是随着房地产业的发展而产生的。

能力要求

　　通过本章学习,学生应充分了解房地产金融的含义、特征、方式和功能,清楚房地产传统融资的含义和特点,掌握房地产抵押贷款利率的计算方法和过程,掌握资本市场房地产融资的分类、特点等,了解房地产股票与债券、抵押贷款证券化、投资信托融资的概念、分类等内容。

思政目标

　　培养学生对房地产金融领域的正确价值观,认识到房地产金融不仅是经济活动,更是关系到社会公平、民生福祉和国家稳定的重要领域。培养学生的风险意识,让他们了解房地产金融活动中存在的各种风险,学会合理评估和应对风险,保障个人和社会的金融稳定。

6.1 房地产金融概述

　　由于房地产开发投资及消费投资都需要大量资金,因此房地产业离不开金融的大力支持。了解和掌握房地产金融相关内容极为重要,可让学生从房地产金融基本理论、房地产金融功能、房地产金融市场等方面进行全面理解与掌握。

6.1.1 房地产金融基本理论

1.房地产金融的含义

　　金融,顾名思义,指的是资金的融通,也就是有关货币资金融通的一系列经济活动。通过金融活动,可实现社会再生产过程中的资金融通、调剂和分配,从而达到推动社会生产力发展的目的。

　　房地产金融是指在房地产经济活动中,通过各种金融方式、方法及工具,为房地产及相关部门融通资金的行为。房地产金融是伴随房地产业的产生和发展而产生和发展起来的。简单来说,房地产金融是专门围绕房地产而进行的金融活动,是围绕房地产生产、流通和消费、投资过程所进行的货币流通、信用活动以及一切有关经济活动的总称。房地产金融包括房地产筹资、融资、保险及有价证券的发行和转让等相关的金融活动。

房地产金融有时也被称为房地产融资,二者并无本质差别,但融资更偏重于房地产企业的资金融通,侧重于房地产开发建设资金的筹措。房地产金融的基本职能是为房地产的生产、流通、消费、筹集资金和分配资金。由于在房地产金融中,住房是房地产主要类型、业务和民生工程,所以住房融资是房地产金融的主要板块,有时人们也将房地产金融统称为住房金融。

2. 房地产金融的特征

1)资金来源的短期性和资金运用的长期性

房地产金融的资金来源很多,有各级政府、企事业单位和个人等多种渠道,资金比较分散,流动性也较强,大部分都属于短期资金。而房地产开发经营生产周期长,所需资金多,且由于房地产商品具有价值大、使用周期长的特点,人们一般都无法一次结清所有款项,大部分人都选择采用分期付款和按揭贷款的方式,付款和还款年限一般较长,所以房地产金融具有长期性的特点。

2)资金来源的固定性和资金运用的特定性

建立和拓宽稳定的房地产资金来源渠道,保证资金专款专用,增加资金总量,这是发展房地产业的重要保证,政府需制定各种政策和措施来缓解和解决房地产金融活动中资金来源不足的问题,我国已建立了城镇、企事业单位和个人三级住房公积金体系,但缴集面有待拓宽。同时政府应该建立和发展住房储蓄银行,保证住房资金需求。通过这些措施,建立相对稳定的资金渠道,增加投入,保证专款专用,这些都体现了房地产金融中资金来源固定性和资金运用特定性等特点。

3)房地产金融的运行复杂性

房地产经济中,资金筹措、利用、周转及运动条件和环境的复杂性,决定了房地产金融的运行复杂性。房地产金融是将社会货币信用融通与房地产经济实体运动连接起来的资金中介,是金融业和房地产业的特殊结合体。房地产金融与一般金融主体不同,它有着自己特殊的运行规律和方式,不仅涉及房地产经济关系的变动,而且还涉及房地产产权等关系的变动,如已抵押房地产的处置、带租赁房地产的出售等都涉及各方变动。所以,房地产金融在其运动中都面临极其复杂的经济关系和产权关系。

4)房地产金融受宏观经济环境和政策影响

房地产金融受宏观经济影响较大,在经济发展期,房地产业预期收益高、风险小、消费多,房地产融资较为容易,这时房地产产业增长率一般高于国民经济增长率;在经济衰退期,由于消费萎缩,一些开发商因资金链破裂而破产,房地产价格下降,预期收益差、风险大,房地产融资的难度也变得大于其他产业。房地产金融受政策影响也较大,国家推行的限制房地产证券的规模和流通渠道、限购限贷限售政策、调整房地产信贷利率、改变行业贷款投向政策等措施,都对房地产金融产生很大的影响。

5)房地产金融服务具有全过程的特征

房地产业并不是一个单独的存在,而是长过程、全面化的生产经营消费投资活动,包括土地的开发、招拍挂,房屋开发、建设、销售、租赁和土地使用权的有偿转让等各方面。房地产金融涉及房地产的生产、流通、交换和消费等各个环节,所以房地产金融活动所涉及的范围相当大,资金流通贯穿各个环节,资金需求服务房地产开发全过程,作用巨大。

3. 房地产融资方式

1)房地产融资与土地融资

(1)房地产融资是指为房屋再生产融通资金,并为个人和单位购买、租赁和建造房屋融通资金的行为。在房地产经济活动中,各要素是高度流动的,正是这种高度流动性,才为市场机制自觉地实现房地产资源高效配置奠定了客观基础。房地产融资是集抵押业务与产业发展为一体的行为,在提高居民居住水平、推动政府房地产政策、加快城市建设等方面都起到了推动作用。

(2)土地融资是指利用土地作为信用保证而融通资金的行为。按照土地用途不同,土地融资可以分为农地融资和市地融资两大类。农地融资是指将农村的土地作为抵押品,从而融通资金的行为。城市土地价格高,单位面积收益水平也高,所以城市土地抵押容易获得贷款,并且资金回收也较安全,这样市地融资形成了不同于农地融资的特点,风险较小,盈利相对较高。

2)直接融资与间接融资

(1)直接融资是指资金的供需双方,包括政府、企事业单位和居民个人,在房地产融资过程中,直接进行票据(汇票、本票、支票等)和证券(债券、股票、国库券)的买卖和货币借贷。直接融资一般需要资金的开发企业发行房地产债券和股票等金融商品,通过房地产金融市场出售而取得资金,而有闲置资金的单位和个人通过购买这些房地产票据和证券提供资金,货币资金需求者(使用者)自身直接提供融资凭证给货币资金供给者,证券商、经纪人等中间人的作用只是牵线搭桥并收取佣金。

(2)间接融资与直接融资正好相反,它由资金供应者将资金交给房地产金融机构,而再由房地产金融机构以一定的方式,通常以房地产抵押贷款的方法,将资金提供给房地产开发企业,房地产金融机构只起着中介作用。这时金融中介自身发行间接债务凭证,将货币资金供给者的货币引向货币资金需求者(使用者)。

3)权益性融资与债务性融资

按房地产开发企业融资者所承担的责任和义务,可以将房地产融资分为权益性融资和债务性融资。

权益性融资是指融资者以出让一部分利润为条件向出资者融资的行为,主要指股票融资,融入的是自有资金,要分红利。其特点是:①融入资金是企业永久性资本,其使用方向符合公司宗旨即可;②出资者和融资者共同承担股权风险;③出资者共同参与利润分配和承担风险;④融资程序较复杂,融资成本相对较高。

债务性融资是指融资者以还本付息为条件向出资者融资的行为,主要指银行贷款、发行债券、应付票据、应付账款等。债务性融资分为直接债务融资和间接债务融资。直接债务融资是指开发企业直接与债权人建立债权债务关系而获得资金的行为,包括商业信用、金融租赁和发行房地产债券等。间接债务融资是指开发企业通过各种房地产金融机构融入资金的行为,如通过抵押、质押等担保形式的借款。债务性融资的特点是:①所融入资金不能永久使用,需按期归还本金并支付利息;②债权人不参与企业利润分配,按约收回本金和取得借款利息;③所融资金的使用方向上受大多数债权人限制甚至监管;④融资程序简便,融资成本相对较低。

6.1.2 房地产金融的功能

房地产金融的功能是金融功能在房地产业的具体表现,主要表现在以下几个方面。

1. 筹资功能

房地产业是一个资金占用量较大、运行周期长的产业。房改制度以前,我国实行低价住房实物分配和低租金租用公有住房的制度,住房建设资金由国家财政负担,房地产业资金很难实现良性循环,房地产投资严重缺乏,财政压力重重。而且房地产总供应量大大滞后于总需求量,并长期得不到有效解决。与此同时,房地产市场的发展也面临困难,土地也得不到更加合理的开发和利用,政府也无法从中获取更多的收益。住房制度改革后,我国进行房地产市场商品化,但主要矛盾集中表现为资金的短缺,因此需要得到房地产金融的支持,而金融业则可以利用其经营货币资金的职能,结合房地产商品化的特点,充分运用多种金融信用工具,筹集各种闲散的货币资金,为房地产业的发展注入新的动力。

2. 融资功能

房地产商品化以来,房地产业对金融业的依赖突出表现在对融资的依赖上。房地产业属资金密集型产业,仅靠企业自有资金是远远不够的,必须进行适度的负债经营和消费。房地产融资的来源和渠道制约着房地产业的发展,也影响着房地产的梯度消费。因此,为房地产业提供更多的资金融通服务是发展的关键。房地产融资主要是通过贷款、投资等融资方式,增加对房地产资金的投入,支持房地产开发建设,促进房地产流通,提高消费者消费能力,逐步实现市场的健康平稳发展。

3. 调节功能

根据国家房地产业政策,金融业可利用信贷、利率等金融杠杆,对房地产业的发展进行合理调节,对于国家支持发展的房地产领域,金融业以优惠的信贷和利率政策予以融资支持,而对于国家限制发展的房地产领域,则提高融资成本,限制或停止贷款。房地产经济过热和低迷时,政府部门都可以施以不同的金融杠杆政策。我国住房制度改革的推进离不开金融业的大力支持,金融业为住房基金的建立和管理提供金融服务,即为城市单位和个人住房基金的归集、运用和管理、服务提供大量金融服务。为各地房改房的出售提供个人住房贷款,为集资建房提供建设资金,为经济适用房、廉租房、公租房等保障房建设提供配套金融资金,有效地支持了我国住房保障政策。同样,对房地产价格增长过快的市场采取因城施策政策,通过限贷、提高首付比例、提高贷款利率等金融手段进行调节,都起到了较好的调控作用。

6.1.3 房地产金融市场

1. 房地产金融市场的概念

房地产金融市场是指从事与房地产活动相关的金融商品和金融工具(金融资产)的交易活动的总和,也是指房地产资金供求双方运用金融工具进行各类房地产资金交易的总和,包括各类房地产消费存款和贷款、房地产开发贷款、房地产信托、房地产保险、房地产证券、房地产典当等。它可以是一个固定的场所,也可以是无形的交易方式。

2. 房地产金融市场的地位

房地产金融市场是房地产市场的子市场,其在房地产市场体系中的地位是:房地产市场的内部协调和均衡必须借助于房地产金融市场,房地产市场中各子市场之间的协调也离不开金融市场,房地产金融市场本身是房地产市场的一部分,其发展离不开房地产市场的基础发展。

3. 房地产金融市场的主体和客体

房地产金融市场的主体是房地产开发企业(向金融机构存款或贷款,发行股票或债券)、居民个人及其他金融消费者。金融机构有银行与非银行机构。特定主体包括政府、住房公积金中心、其他金融中介等。

房地产金融市场的客体是指在房地产金融市场上可以同货币交易的各种金融契约,如股票、债券等。

4. 房地产金融市场的划分

房地产金融市场按融资工具的不同可分为房地产抵押贷款市场、房地产有价证券市场、房地产保险市场、房地产信托投资市场等。

6.2 房地产传统融资

与新型融资相比,房地产传统融资发展早,一直充当着重要角色,在房地产发展中起着关键作用。

6.2.1 住房储蓄体系

1. 储蓄

储蓄概念有广义和狭义之分。广义的储蓄在当代西方宏观经济学中定义为国民收入中扣除消费的剩余部分。狭义的储蓄是指居民、企业将暂时不用的钱存放于金融机构,把货币的使用权有条件地让渡给金融机构,并从金融机构取得利息的信用行为。我们日常说的储蓄一般是从狭义的角度去理解的。

2. 住房储蓄

住房储蓄是银行为了支持住房开发建设,为居民个人购房提供住房消费信贷而开办的一项储蓄业务,它有指定用途,筹集的储蓄资金集中用于住房消费贷款,专款专用,是住房消费融资的重要渠道。

与普通储蓄相比,住房储蓄对整个房地产业来说,能对过度的消费膨胀进行引导分流,起到缩减超前消费的引导作用,而且通过金融机构资金融通,可将存储的消费资金借用于房地产开发资金,实现存储资金的循环借贷,满足社会对建房购房的总体需求,体现了储蓄"取之于民,用之于民"的政策。

对于居民个人来说,个人住房储蓄实质上是消费住房信用,存款的目的是为了将来购房需要,购房资金不足时还可以从银行优先获得住房贷款。我国从 20 世纪 80 年代开始住房储蓄业务,主要以城镇居民为对象,实行"存款自愿,取款自由,先存后贷,存贷结合"的原则。个人住房储蓄受到法律保护,它是一种国家规定的有计划的储蓄形式,而且储蓄存款利率是固定的,不受市场利率波动和资金供需影响。因此,住房储蓄具有积累性、稳定性、长期性和存贷结合的特点。

1)积累性

住房存储起因是为个人积累住房消费资金,以备购买住房时有足够的货币支出,同时通过融资又可为住房开发积累建设资金。居民个人购买房地产需大量资金,依靠平时不断的积攒;

银行通过存储把居民闲散的资金积累起来,也可集中用于住房消费贷款和开发贷款。当居民住房储蓄积累到一定程度时,便可运用这一资金与银行住房贷款相结合,购买开发出的住房,从而体现了双重积累的特征。

2)稳定性

住房储蓄是以实现住房消费为目的的专项储蓄,专款专用。消费者为了购买住房,需积累到足够的资金进行购房,必须要定期进行储蓄积累,在积累过程中,除非发生重大的、不可抗的变故,一般不得随意支用储蓄存款。保证了住房存储资金来源的相对稳定性。

3)长期性

住房是人们生活中价值较大的耐用消费商品,价格高、使用年限长,一般收入家庭购买率较低,因此,购买价值大的住房与消费者的有限消费,必须有一个相对较长时间的储蓄才能具备消费能力。

4)存贷结合

住房存储存款人在存款到达一定金额和期限时,才可能申请获得一定的购房消费贷款。住房储蓄把提供信贷支持与居民储蓄有机地结合起来,形成以贷吸存、先存后贷和存贷结合的住房资金良性循环。

6.2.2 房地产抵押贷款

抵押是债务人在法律上把其财产所有权抵押给债权人,而债权人并不占有财产的一种担保形式,是在债务人和债权人都认为比较公平合理前提下,为确保债务履行并按时清偿而实行的一种有价担保行为。

房地产抵押是指抵押人将其合法的房地产以不转移占有的方式向抵押权人提供债务履行担保的行为。房屋在抵押期间内,不需要房屋产权人交出房屋,而是限制其产权转移,房屋仍归原产权人使用。房地产抵押是各金融机构对房地产企业及消费者普遍采用的借贷方式,是金融机构要求借款人提供房地产及相关权益凭证作为担保而发放的贷款,预售房的抵押贷款也叫按揭贷款。房地产设定抵押后,其支配权在法律上归债权人所有,如果债务人到期不能依约归还借款,作为债权人的金融机构有权以拍卖等方式处理该抵押的房地产,以抵偿所欠债务。

1.房地产抵押贷款价格

1)抵押贷款价格的确定

房地产抵押贷款是一种金融商品,它的价格表现为抵押贷款利率。利率是指单位时间所产生的利息与所贷资金额的比率。

在市场经济环境下,贷款利率一般由市场供求决定,但有时国家因宏观调控原因可以限定利率。贷款利率总体上是由贷款机构的融资成本、管理成本以及违约风险和利率风险等风险补偿因素决定的。

决定房地产抵押贷款利率的因素包括融资成本、贷款条件、借贷双方的信贷关系和服务费等。在实际测算中,抵押贷款利率等于市场实际利率、预期通货膨胀率、各种风险补偿率之和。抵押贷款利率的计算公式为

$$i = r + f + p$$

式中,i 为抵押贷款利率,r 为市场实际利率,f 为预期通货膨胀率,p 为各种风险补偿率。

2）市场实际利率

市场实际利率是根据市场价格水平的变动，对名义利率进行调整之后得到的利率。与名义利率相比，它能更精确地反映金融借贷的真实成本。最基本的和最低的实际利率标准，就是所谓的真实利率和纯粹利率，即无通货膨胀时或低通货膨胀时的短期国债利率。

3）预期通货膨胀率

预期通货膨胀率是指未来物价水平变动的比率，是对未来的实际通货膨胀的估计。预期通货膨胀率对贷款收益至关重要，因为房地产抵押特点是贷款期限长，有达 30 年的，在贷款未清偿期间，若通货膨胀率持续上升，会使贷款的实际利率减小，贷款方预期收益减少了，甚至造成损失。为防止通货膨胀造成损失，金融机构在确定贷款利率时，要考虑通货膨胀因素，保证贷款利率高于通货膨胀率，如 100 万元贷款按 10％的名义利率计算，贷款方的年收入应该是 110 万元，当通货膨胀率为 6％，贷款方的实际收入为 110 万元÷1.06＝103.77 万元。受通货膨胀率影响，这笔贷款名义利率为 10％，而实际利率还不到 4％，贷款方要获得 4％以上的投资收益，应考虑通货膨胀因素，即名义利率应大于 10％。

4）各种风险补偿率

各种风险补偿率是指弥补金融机构在房地产抵押贷款中各种风险而要求的补偿利率，对房地产抵押贷款来说，主要的风险补偿是违约风险和利率风险补偿。

违约风险是指抵押贷款债务人不能履行协议按期清偿贷款面出现拖欠贷款和终止贷款的现象。如借款人收入水平降低、失业和房地产价格猛降等，都有可能导致债务人违约。为防止违约风险给金融机构造成损失，金融机构除进行严格的贷款资信审查外，在确定贷款利率时还要加上违约风险系数。

利率风险是指金融市场上利率的变化对抵押贷款利率的影响，是市场利率变动的不确定性给金融机构造成损失的可能性。市场经济中资金的供给和通货膨胀等都会发生变化，这些不确定因素的变化都会引起金融市场上的利率变化。市场利率的变化改变了借贷条件，会使债务人做出提前还贷或清偿贷款的决定，贷款方会因此遭受损失，形成利率风险。除此之外，还要考虑流动性风险、提前还款风险、政策风险等补偿因素。

然而，仅仅考虑上述因素，还不能最终确定房地产抵押贷款的价格，还需考虑抵押贷款年限因素。对于一年期的抵押贷款利率，可根据一年内实际利率、各种风险的保险系数和通货膨胀率确定，其计算公式为

$$i_1 = r_1 + f_1 + p_1$$

对于长期抵押贷款的利率，则要依据未清偿贷款期限内的各种因素而定。假定贷款利率（即综合利率）为 i，贷款金额 100 万元，下一期可以收回 $100(1+i)$ 万元，如果贷款期限为 n 年，那么 n 年抵押贷款的利率可用公式表示为

$$(1+i)^n = (1+i_1)(1+i_2)(1+i_3)\cdots(1+i_n)$$

以抵押贷款期限四年为例，如果第一年利率为 9％，第二年利率为 10％，第三年利率为 12％，第四年利率为 11％，那么四年期抵押贷款的综合利率 i 为

$$(1+i)^4 = (1+0.09)(1+0.10)(1+0.12)(1+0.11) = 1.4906$$

则 $i = \sqrt[4]{1.4906} - 1 = 0.10490$，即综合利率 i 为 10.49％。

6.2.3 住房公积金

公积金制度始于新加坡，它是国家公民的一种义务性的长期储金。住房公积金是以强制

性缴纳为原则,具有专用性、强制性和政策性等特点。1991 年,我国在上海市率先实施公积金制度,30 多年来这项制度不断完善,覆盖范围越来越广,保障力度越来越大,住房公积金已成为一项基本覆盖全国的住房保障服务。

公积金制度基本内容是:职工个人缴存一定比例的住房公积金和职工所在单位为职工缴存一定比例的住房公积金,两者均归职工个人所有,存入银行,归属住房公积金管理部门管理,定向用于职工住房购建、维修方面的支出,专款专用,以达到改善职工住房条件的目的。

我国住房公积金参与者是城镇在职职工,用途只限于住房消费方面,目前缴集面还有待拓宽。住房公积金实行"低存低贷"的政策,按照规定,职工个人住房公积金存款一般按法定半年期定期存款利率计息。职工住房公积金按月缴存,缴存额为职工本人上一年度月平均工资乘以职工住房公积金缴存比例。单位为职工缴存的住房公积金的月缴存额为职工本人上一年度月平均工资乘以单位住房公积金缴存比例。职工和单位住房公积金的缴存比例一般均不得低于职工上一年度月平均工资的 5%,有条件的单位可适当提高缴存比例,但原则上不高于 12%。公积金亟待增缴扩面,面向更多的城镇居民及在城市工作的各类入城劳动工作人员等。

6.3　资本市场房地产融资

金融市场包括货币市场和资本市场两个部分,货币市场交易的是短期的资金借贷(期限在一年以内),而资本市场交易的是长期的资金借贷(期限在一年以上)。房地产的特点导致房地产融资更需要资本市场的支持。资本市场房地产融资一般有房地产股票与债券融资、房地产抵押贷款证券化、房地产投资信托等。

6.3.1　房地产股票与债券融资

1. 房地产股票融资的含义、特点和基本方式

1)房地产股票融资的含义

房地产股票融资是指房地产开发企业通过发行股票获得资金或者借壳上市后再进行增发或者配股从而获得房地产开发资金的一种融资过程。房地产股票融资有两种:一种是直接上市融资,即房地产开发企业首次发行上市(IPO)获得资金。IPO 的筹资地点又分为国内 A 股上市和海外上市两种。另一种是买壳上市,即非上市房地产企业通过购买上市公司的股权来取得上市融资。买壳上市的目的是通过注入自己开发企业的资产和相关业务,达到证监会规定的扩股要求,从而实现在证券市场上的融资。

2)房地产股票融资的特点

(1)使企业得到股权资金,解决资金需求。房地产开发企业因其投资额巨大,收益也较高,有政策保障,筹集资金量较大,与社会生活生产关联紧密,因而其股票很有吸引力,所以房地产开发企业发行股票一般都能实现筹资目的,投资者(及投机者)购买房地产开发企业股票,就等于拥有了开发企业部分权益和产权。房地产开发企业一旦发行了股票,就可将其所筹资金作为注册资本股权资金永久使用,有利于公司提高其总体价值,进而实现股东财富的最大化。

(2)利用股票融资对企业具有分散风险的益处。上市融资可提高开发企业自有资本比率,改善企业财务结构,提高企业经营安全程度和竞争力,降低风险。因发行股票后企业资金由投资者共筹,企业经营风险由投资者(及投机者)共担,投资者购买股票后,就成为企业的股东,企

业经营成果、收益、风险由股东们按其股份共担,股份的分散自然有利于原有股东承担风险的分散,就可分散房地产开发企业的经营风险,减轻了房地产开发企业的市场抗风险压力。

(3)可促使企业改善管理,提高经营效率。房地产开发企业股票公开发行并上市交易后,有利于督促企业股份制改造,以保证企业经营业绩,因企业的经营状况时时刻刻反映在股票市场上,企业经营得好,其股票价格就上升,企业信誉就会提高,知名度就会扩大,就会进一步促进企业的开发和销售,今后若想发行新股票进行控股增资也会更顺利。相反,如果房地产开发企业经营得不好或出现什么问题,其股票价格则会下降,企业信誉也会一落千丈,知名度也会受损,进而影响企业的开发和销售活动,企业今后若想再发行股票也会困难重重。

3)房地产类股票融资基本方式

(1)筹募股东资本。筹募股东资本是股票融资最基本的方式,并非所有的股东资本都可以称为股票融资。在目前常见的股份融资股本结构中,国家股和法人股的发起人作为股份公司筹募资本以前就有的部分,不能算作股票融资;只有社会法人股和社会个人股(含内部职工股)持有的股东资本才是通过股票融资获得的股东资本,个别企业的外资股(B股)资本也包括在内,这部分资本在各股份企业的股本结构中所占比例都不等,需根据有关规定和筹募实际情况来确定。

(2)增资配股。增资配股是上市企业为资金需要而进行的另一种筹集资金方式。根据发行对象不同,增资配股分为股东配股、第三者配股和公开招股三种方式。股东配股是以原来的股东为发行对象,它按股东原持股票比例分配。第三者配股是向与企业有特定关系的第三者发行股票,一般是公司遇到困难时与第三者合作时所采取的一种方式。公开招股是以公众为发行对象的一种发行方式。

(3)有偿转让股权。有偿转让股权是以国家股股东出让所持有股份,向企业个人股股东有偿转让而发生的股票融资行为,这实际是将公积金转化为资本金的过程,这种转化被称为"送股"。有偿转让股权是一种常见的却容易被忽视的股票融资方式,与前述的增资配股实质相同,但配股需股东追加资本,而送股则将应派给股东的现金以派红股的方式继续使用。

除上面三种方式外,还有招募外资股,即直接向国外资本市场进行股票融资等方式。

2. 债券融资的基本方式和特点

债券融资与股票融资一样,同属于直接融资,融资双方存在直接的对应关系;其作为一种政府、公司向社会公众筹措资金而发行的具有固定收益的有价证券,所表明的是一种债权债务关系。债券到期时,债券持有人可以要求发行者偿还本金和利息,债券上载有发行单位、面额、利率和偿还期限等内容。

1)债券融资的基本方式

利用债券融资是房地产金融的主要渠道之一。房地产债券融资有多种方式,按发行主体不同,可分为政府债券、金融债券和公司债券三种。

(1)政府债券是指政府为发展房地产业而向社会发行的债券,体现了在资本市场上与企业债券的区别。政府债券的类型包括中央政府、地方政府和政府机构面向社会发行的债券,它建立在国家信用之上。

(2)金融债券是指金融机构为筹集资金而发行的债券,是房地产债券的一种。金融债券的发行主体通常是银行或其他金融机构,这些机构具有较高的信用等级和较低的违约风险。

(3)公司债券是指企业为筹集资金而发行的债券,是房地产债券的重要组成部分。公司债券按是否公开发行,可分为公募和私募两种;按是否委托证券发行中介机构,可分为直接发行和间接发行两种。

2)债券融资特点

(1)固定收益。债券通常有固定利率,投资者能够定期获得利息,到期收回本金。

(2)期限多样。债券期限从短期(1年以内)到长期(10年以上)不等,能够满足不同融资方式对资金的具体需求。

(3)优先求偿权。债券持有人优先于股东获得偿付,风险相对较低。

(4)税收优惠。债券利息通常可以在税前扣除,它能够降低融资成本。

(5)杠杆效应。通过债券融资可放大股东收益,产生财务杠杆作用,但也会增加财务风险。

(6)市场流动性。公开发行的债券能够在二级市场交易,相对流动性较高。

(7)信用评级。债券通常接受信用评级,反映了发行人的信用状况,从而影响债券利率和投资者决策。

6.3.2 房地产抵押贷款证券化

房地产抵押贷款证券化是近几十年房地产金融领域的重要金融创新成果,是指以房地产抵押贷款为担保,发行可在金融市场上流通买卖的证券。

1.房地产抵押贷款支持证券

房地产抵押贷款支持证券是指发行人将房地产抵押贷款债权汇成一个资产池,然后以该资产池所产生的现金流为基础所发行的证券(主要是定期还本付息的债券)。贷款所产生的现金流(包括本息偿还款、提前偿还款等)每个月由负责收取现金流的服务机构在扣除相关费用后,按比例分配给投资者。因此,购房者定期缴纳的月供是偿付房地产抵押贷款支持证券本息的基础。抵押支持证券一般有三种,即抵押转递证券、剥离式抵押担保证券以及担保抵押债券。

1)抵押转递证券

抵押转递证券是指将抵押贷款组成抵押贷款组合,然后运用该抵押贷款组合作为担保发行证券。

2)剥离式抵押担保证券

剥离式抵押担保证券是一种将抵押贷款支持证券的本金和利息现金流分离并重新打包的金融衍生工具。其核心原理是通过对基础资产现金流的"切割",形成两类不同风险收益特征的证券,满足投资者对利率波动和现金流稳定性的差异化需求。

3)抵押担保债券

抵押担保债券是一种综合体现了分期支付证券和分级支付证券特点的多层次的转付证券。一个典型的抵押担保债券一般包含数个"正规级"债券和一个"剩余级"债券,其中,"正规级"债券的最后一级又称为"Z级"债券。除"Z级"债券以外的每级"正规级"债券于发行后都同时计付利息,但本金按级别优劣依次偿付;而"Z级"债券利息只计不付,累计复利,只有在前几级"正规级"债券偿付完毕后,"Z级"债券才开始清偿本息。在所有"正规级"债券都得到本息偿付后,剩余资产的收入将全部支付给"剩余级"债券所有人。

2.房地产抵押贷款证券化的分类

根据房地产基础资产类型和风险-收益特征,房地产抵押贷款证券一般分为住房抵押贷支持证券(RMBS)和商业房地产抵押贷款支持证券(CMBS)。

住房抵押贷款证券化是指金融机构（主要是商业银行）把自己所持有的流动性较差但具有未来现金收入流的住房抵押贷款汇聚重组为抵押贷款群组。由证券化机构以现金方式购入,经过担保或信用增级后以证券的形式出售给投资者的融资过程。

上面过程将原先不易被出售给投资者的缺乏流动性但能够产生可预见性现金流入的资产,转换成可以在市场上流动的证券。

商业房地产抵押贷款证券化是指金融机构（主要是商业银行)把自己所持有的流动性较差但具有未来现金收入流的商业房地产抵押贷款汇聚重组为抵押贷款群组。由证券化机构以现金方式购入,经过担保或信用增级后以证券的形式出售给投资者的融资过程。

这里的抵押物为商业房地产,但由于商业房地产抵押违约发生率远远高于优质住房抵押贷款,因此信用评级对商业房地产抵押贷款证券化所必须提供的信用支持要远高于其对住房抵押贷款证券化所提供的支持。

3. 我国发展住房抵押贷款证券化的意义

住房抵押贷款证券化于 20 世纪 60 年代末到 70 年代初起源于美国。当时为解决高通胀波动期储蓄机构的流动性风险与利率风险,美国设立了三大（准）政府机构来推动住房抵押贷款二级市场的发展,从而建立起目前世界上最发达的抵押贷款证券化市场。

2005 年 3 月,我国央行批准建行作为资产证券化的试点单位,这意味着我国住房抵押贷款证券化工作开始起步。2005 年建设银行发行名为"建元 2005 第一期个人住房抵押贷款支持证券",随后浦发银行、工商银行、兴业银行等均发行了个人住房抵押贷款支持证券。住房抵押贷款证券化对我国房地产金融市场发展具有重要意义。

1)盘活抵押贷款资产并提高其流动性

推行房地产抵押贷款证券化,可以降低由房地产贷款期限长期性给银行资金流动带来的影响,帮助解决金融机构长期现金流问题,满足其流动性需求,盘活沉淀在资金池的贷款资产。

2)改善金融机构的资产负债结构

房地产抵押贷款期限长、流动性差,还存在提前还贷或拖欠贷款改变现金流的情况,金融机构很难在短期内对负债结构做出相应调整,这常使金融机构被迫承受资产负债不匹配、利率倒挂等风险。而抵押贷款证券化为金融机构根据市场变化及时调整资产负债结构提供了有效方法。

3)提高金融机构的资本利用率

金融机构需在资产风险等级加权平均的基础上,确定其资本结构比例,建立风险资本储备金,这意味着金融机构的资本金需要相应提高。抵押贷款证券化能够使金融机构通过出售高风险资产,降低资产结构中高风险资产的比例,提高资本杠杆效应。

4)促进金融证券市场的发展

以房地产抵押贷款为担保发行的证券,凭借其风险小、品种多、流动性强、收益高等特点,引来众多投资者的青睐。因此,房地产抵押贷款证券化促进了证券市场及金融市场的发展。

5)促进资金跨地域流动

房地产市场具有区域性特征,限制了资金的流动。房地产抵押贷款证券化将区域房地产市场与资本市场充分联系,改善金融机构的资产负债结构,增强金融机构抗风险能力,促进资金跨区域流动,弥补区域间的资金余缺。

6.3.3　房地产投资信托

1.房地产投资信托的概念

房地产投资信托资金是一种证券化的产业资金,通过发行收益凭证来吸收投资者的资金,用以购买房地产项目,委托专门从事房地产经营活动的投资信托企业进行经营管理,并且将投资收入通过派息的方式分配给投资者。收益凭证投资者可长期持有,也可在证券市场上转让。

房地产投资信托是指致力于持有,并在大多数情况下经营收益型房地产(如商业用房、公寓、办公楼、酒店、工业厂房和仓库)的企业。信托是将金融资本与产业资本相结合的产物,代表了金融业与房地产业相互渗透的趋势,信托不仅为房地产市场发展提供了大量的资金,同时又促进了信托行业自身的长足发展。

2.房地产投资信托的分类

房地产投资信托按照资金投向分为权益型、按揭型和混合型。

(1)权益型房地产投资信托拥有经营收益型房地产,其业务包括房地产出租、开发和租户服务。

(2)按揭型房地产投资信托直接贷款给房地产业主和经营者,或通过收购贷款和由按揭支持的证券来间接地发放信贷。

(3)混合型房地产投资信托既拥有房地产物业,又提供信贷,是以上两种业务的结合。

📖 知识归纳

1.房地产投资具有投资量大、周期长和周转慢等特点。

2.房地产金融的基本职能是为房地产的生产、流通、消费筹集资金和分配资金。

3.房地产金融特征有资金来源的短期性和资金运用的长期性,资金来源的固定性和资金运用的特定性、复杂性、政策性、服务性的特征。

4.房地产金融功能包括筹资功能、融资功能和调节功能等。

5.房地产金融市场是指从事与房地产活动相关的金融商品和金融工具(金融资产)的交易活动的总和,也是指房地产资金供求双方运用金融工具进行各类房地产资金交易的总和。

6.实际利率是根据价格水平的变动,对名义利率进行调整之后得到的利率。与名义利率相比,它能更精确地反映借贷的真实成本。

7.房地产投资信托按照资金投向分为权益性、按揭型和混合型。

🤔 思考题

1.房地产金融的含义是什么?房地产金融的特征有哪些?

2.房地产金融的功能包括哪些?

3.房地产传统融资方式有哪些?

4.房地产股票融资的特点有哪些?

5.我国房地产类股份公司股票融资的基本方式有哪些?

6.简述房地产投资信托的分类。

第7章 房地产周期与泡沫

内容提要

本章主要内容为经济周期的含义、类型及其成因理论；房地产周期的含义、类型、阶段表现、特征以及房地产经济波动原理；房地产周期影响因素、形成动因、测度与影响、房地产周期与宏观经济周期的关系等；房地产泡沫的含义、特征、衡量、预警及其带来的影响；如何防范房地产泡沫，房地产泡沫与周期的关系等。

能力要求

通过本章学习，学生应了解经济周期与房地产周期的含义和类型，掌握房地产周期波动各阶段的表现、特征及其波动原理，熟悉房地产周期影响因素、形成动因及其测度与影响；了解房地产泡沫的含义、识别标准和预警，并掌握房地产泡沫的衡量和它所带来的影响，认识房地产泡沫与周期之间的关系。

思政目标

引导学生树立正确的经济观，认识到房地产周期与泡沫现象是经济运行中的一部分，既要理性看待经济发展中的波动，又要警惕过度投机带来的危害。引导学生要看到周期是事物发展内外因共同作用的结果，内因是变化的决定性因素，外因是变化的条件。

7.1 房地产周期概述

房地产周期概念来源于经济周期理论，正确认识和理解房地产周期相关概念，首先需要了解经济周期理论。在国民经济运行中存在着多种导致各项经济指标上升或下降的内外因素，各种因素相互作用，导致经济增长呈现出波动的运行特征，经济波动是形成经济周期的主要原因。

7.1.1 房地产周期基本理论

1. 经济周期

1）经济周期的含义

经济周期是经济长期增长过程中，在一系列内外因素冲击下，国民总产出、就业量和价格总水平等宏观经济变量的短期波动。按照发展阶段，经济周期一般可划分为复苏、繁荣（波峰）、衰退和萧条（波谷）四个阶段，或者合并为高涨和低落两个阶段。

通常，经济周期是指国民经济整体经济活动随着时间的不断变化而呈现出的扩张和收缩交替反复运动的过程,也称国民经济周期。在经济周期波动中,大多数宏观经济变量(如房地产各项市场指标)几乎同时波动。关于经济周期波动的含义有两种理解:一种是"古典周期",西方经济学家把包含经济总体水平的波动出现负增长的经济周期称为"古典周期",在二战前曾经出现过这种现象;另一种是"增长周期",即在这个周期内经济变量增长率上下变动,但经济活动水平并没有绝对下降,在二战后这种经济现象较为普遍。

在众多关于经济周期的定义中,美国全国经济研究局(NBER)创始人米切尔和伯恩斯在1946年为经济周期所下的定义认为"经济周期是在主要以商业企业组织活动的国家的总体经济活动中所看到的一个波动;一个周期包括同时发生在许多经济活动中的扩张,接下来是同样普遍的衰退、收缩和复苏,复苏又融入下一个周期的扩张之中;这一系列的变化是周期性的,但不是定期的,在持续时间上各个周期不同,从一年到十年或二十年不等;它们不能被分为更短的具有相同特征的周期"。

2)经济周期的成因理论

(1)乘数-加速数原理。乘数原理是指在一定的消费需求下,投资的增加可直接或间接地导致国民收入和就业呈现若干倍于投资增量的增加;加速原理则是指当国民收入(产量)与上年比较相对量增长时,会引起投资加速增长。

(2)消费不足周期理论。该理论认为经济中出现萧条与危机是因为社会对消费品的需求赶不上消费品的增长。而消费品需求不足将引起资本品需求不足,进而使整个经济出现生产过剩性危机。这种理论主要用于解释经济周期中危机阶段的出现以及生产过剩的原因,并没有解释经济周期的整个过程,是一种把经济危机原因归结为消费品的生产超过了人们对消费品需求的理论。

(3)非货币投资过度论。这种理论认为经济周期波动是一种生产的结构严重失调状态,是资本品生产与消费品生产相比之后资本品生产相对过度的结果。强调资本品生产过度投资行为的作用,强调非货币因素在经济周期形成中的作用,将引起整个经济的活跃、繁荣和扩张,而一旦停止投资则会引起经济的相反运动。

(4)纯货币理论。该理论基本特征是把经济周期和危机说成纯粹的货币现象。不仅认为资本主义经济周期性波动的唯一原因在于银行体系周期性地扩张和紧缩信用,而且认为危机的产生完全是由于繁荣后期银行采取的紧缩信用政策而造成的。认为货币供应量、货币流通速度直接决定了名义国民收入的波动,尤其是短期利率起着重要的作用。

另外,解释经济周期的相关成因理论还包括心理因素理论、外部力量理论、太阳黑子论、政治的经济周期理论和供给学派的经济周期理论等。

3)经济周期的类型

按照经济周期的长短进行经济周期的分类,可分为如下几种类型。

(1)农业经济周期(蛛网周期)。受自然和社会经济诸因素的影响,农业产品实物量常常出现增产或减产的现象,这种周期的长度取决于生产新一轮庄稼和家畜所需的过程和时间。农业经济的不稳定性就在于农业经济周期的作用,需要区别不同情况,采取相应的反周期措施,以保证农业经济的持续发展。

(2)基钦周期(存货周期)。美国经济学家基钦研究发现,经济活动中有一种有规律的短期波动,其持续期间大约为四十个月,这种波动同商业库存的变化有关。目前,由于信息化和物流的影响,周期的长度受到一定程度的影响。一般来说,这种周期的平均长度约为三年一次。

（3）朱格拉周期（固定投资周期）。朱格拉周期主要是工商业固定投资变动起主导作用时引发的经济周期，一般可以从设备投资占 GDP 的比例中得知。二战前，朱格拉周期一般长度平均为十年一次左右，二战后约为十五年一次左右，这种周期也称中周期。

（4）库兹涅茨周期（建筑周期）。美国经济学家库兹涅茨发现，存在 15～25 年的中长期周期循环，该周期主要是以建筑业的兴旺和衰落、扩张和收缩这一周期性波动现象为标志加以划分的，所以这种周期也被称为"建筑周期"。

（5）康德拉季耶夫周期（技术周期）。康德拉季耶夫周期是根据生产、利率、工资、外贸与价格运动关系变化现象提出的一种以 50～60 年为一个周期的经济现象。而各时期的主要发明、新资源的开发利用等所引起的技术进步与革新被认为是该周期产生的原因。强调将经济长期波动归因于主要固定资本产品的更新换代引起的经济平衡的破坏与恢复。

2. 房地产周期的含义及类型

1）房地产周期的含义

随着研究的深入，房地产周期的含义不断变化发展，不同的学者有不同的观点，主要的观点有以下几种。

（1）房地产周期说。这种观点认为房地产业发展是在一系列因素冲击下，随着时间的变化而出现的扩张与收缩交替反复运动的过程。此含义是直接从经济周期的含义演变而来的，它不仅同宏观经济总的发展态势密切相关，还同相关行业经济与宏观经济的协调程度密切相关。

（2）房地产景气循环说。英国皇家测量师协会（RICS）在 1994 年的《理解房地产景气循环》一书中给出房地产景气循环说的定义，"房地产景气循环是指所有类型房地产的总收益率的重复性但不固定的变动"。在这里，"房地产景气循环"可以通过价格、租金、吸纳率、空置率和建筑活动等房地产景气指标体现出来。

（3）房地产市场周期说。房地产市场周期是指受社会经济发展变化影响的房地产市场扩张和收缩的波动交替状态，它是房地产业发展规律的客观反映。房地产市场周期主要是由市场供求关系决定的一种价格波动周期。

（4）不动产经济周期说。不动产经济周期说是指在一般市场经济的前提下，由不动产总供给和总需求的波动、总供给需求相互作用而产生的不动产经济波动呈现出来的周期性波动的特征，从而形成不动产经济周期。不动产经济周期一般分为五个阶段，即不动产供求失衡、市场趋于活跃、繁荣、紧缩、萧条。

（5）房地产生命周期说。房地产生命周期说是指由投资、生产、交易和使用这四个阶段不断循环重复而产生的过程。值得一提的是，由于房地产生命周期较一般产品更长，各阶段之间存在着时差（也称为时滞）现象。

（6）房地产经济运行周期说。这种观点认为房地产经济在不断循环运动的一个周期内经过了各阶段和环节，主要的环节和流程有房地产开发、房屋建设、房地产营销、使用、维修与服务以及废弃等。

2）房地产周期的类型

（1）根据物业类型不同，房地产周期划分为住宅周期、仓库周期、工厂周期、写字楼周期、商业用房周期、其他用房周期等。

（2）根据经营类别不同，房地产周期划分为房地产租赁市场周期、房地产销售市场周期等。

（3）根据经济增长率，房地产周期划分为"古典周期"和"增长周期"，在前面的经济周期概念中有对这两种周期介绍。

(4)根据时间长短,房地产周期划分为短周期(40个月)、中周期(9~10年)、长周期(15~20年)、特长周期(20年以上)。

(5)根据波动的剧烈程度,房地产周期划分为正常的房地产周期波动、活跃的房地产周期波动、剧烈的房地产周期波动。

经济活动具有周期性,导致对空间需求也呈现出周期性波动。由于建筑时滞等原因,供给往往落后于需求的变化,因而空置率和价格、租金、租售比等变化都会产生波动。同宏观经济周期一样,房地产周期也通常被分为两个过程和四个阶段,即扩张过程、收缩过程,复苏、扩张、收缩和衰退四个阶段。

3. 房地产周期的阶段表现及特征

尽管每个房地产周期波动的长度与深度不同,循环模式也有差异,但从周期波动的展开过程来分析,与经济周期的波动形态一样,房地产周期也可以分为扩张和收缩两个阶段,扩张阶段包括复苏增长、繁荣(波峰)两个阶段,收缩阶段包括衰退、萧条(波谷)两个阶段。完成这四个阶段所需要的时间就是一个完整的房地产周期的长度,在一定时期内,房地产周期平均经历的时间长度为房地产周期平均长度。下面我们将对这四个阶段进行详细分析。

1)复苏阶段

在循环的最低点,也是起始阶段,空置率达到最高值,然后进入复苏阶段,该阶段持续的时间较长,根据宏观经济复苏反弹的快慢而定。在复苏阶段初期,房地产供给仍大于需求,价格和租金依然处于较低水平,但是,房地产价格已经停止继续跌落并且开始缓慢回升;在复苏阶段中期,房地产需求增大,现房购买者增多,并带动市场销售量增长,也导致房地产投资活动增加;在复苏阶段后期,宏观经济复苏加快,土地市场开始活跃,房地产市场进一步回暖,金融和投资机构加大对房地产投资力度,并带动其他产业的投资机构也进入房地产领域,对消费投资也开始加大支持力度,房地产价格开始反弹。

这一阶段的主要特征为:①交易量开始回升,购房者开始增多,新房地产项目开工增加,消费者开始密切关注市场变化,投资倾向开始增加,但购房者基本上以自用为目的;②需求增加,刺激房地产价格开始缓慢回暖回升,初步呈现出持续增长态势,期房价格低于现房价格;③土地市场交易增加,房地产开发数量上升,投资增加,新开工项目增加,开发速度逐渐加快;④房地产市场开始加速回暖回升,市场人气增加,形势看好,部分炒家开始活动并逐渐进入市场,市场交易活跃。

2)扩张阶段

复苏阶段后房地产进入了扩张阶段,也就是平常说的发展周期中的波峰,需求继续增大,该阶段持续时间较短。扩张阶段前期,宏观经济继续扩张,企业效益提高,消费需求增加,房地产市场繁荣高涨,交易量增加,市场人气进一步活跃;扩张阶段中期,房地产投资投机行为大量加入,超过了购房者自住数量,投机行为日益增加,各地政府开始出台一系列调控政策;扩张阶段顶峰,房价进一步高涨,达到波峰,自用购房者开始观望市场,投资者依然买进,但销售量开始下降,拐点出现,部分市场出现有价无市的局面;扩张阶段后期,政府的紧缩政策效果明显,新增房地产数量呈现下降趋势,投资总量开始回落下跌。

这一阶段的主要特征如下:①开发规模加大,交易量急剧上升,市场人气活跃;②房价攀升,开始达到顶点,市场投资投机活跃,自用购房者先大量增加后慢慢较少;③房地产开发商利润畸高,房地产开发新项目剧增,开发过度、产业及产品结构不合理,房地产供给量逐渐超过需求量,市场开始出现供大于求的迹象。

3) 收缩阶段

收缩阶段初期,房地产市场交易价格下降且交易数量出现萎缩现象,房地产泡沫问题开始凸现;收缩阶段中期,市场行情及口碑下降,观望气息加重,房地产价格开始急剧下降,出现了有价无市的现象;收缩阶段后期,价格和交易量都开始锐减,开发商利润大幅降低,部分实力较差的企业宣布破产,并在行业内产生负面的连锁反应。

这一阶段的主要特征如下:①房价开始先升后降,涨幅明显放缓并出现下跌迹象,市场出现疲软现象;②交易量明显减少或锐减,市场出现供大于求,呈现有价无市的状态;③开发商开始面临危机,一些实力较差、抗风险能力较弱的开发商因为资金链等问题而难以为继,部分项目难以顺利交房。

4) 衰退阶段

收缩期过后,房地产市场开始进入持续时间较长的衰退阶段,也就是平常说的波谷。衰退阶段初期,政府实施的宏观调控政策进一步发挥作用,整体房地产经济规模缩减;衰退阶段中期,价格暴跌,成交萎缩,房地产纠纷大量出现,一些实力雄厚的开发商也面临破产危机;衰退阶段后期,市场萎靡萧条,房地产总体水平加剧下滑,房地产泡沫被挤压出来,房地产开发成本和正常需求开始向正常水平恢复,房地产波动趋于波谷和平稳,拐点呈现。

这一阶段的主要特征如下:①房价跌势继续,大多物业只跌不起,甚至跌破物业原值,期房价格加速下降而大大低于现房价格;②房地产交易量锐减,消费者投资者全面观望,市场人气严重不足,市场落入低谷;③部分房地产开发商进一步面临困境,破产现象更加普遍,保交房问题突出,政府开始出台救市扶持政策。

4. 房地产经济波动原理

房地产经济波动基本原理可以从内在传导机制和外在冲击机制两个方面分析。外因必须通过内因发挥作用,外因只改变房地产的周期波动形式,由外生因素引起的周期波动现象是次要的,由内生因素引起的周期波动现象才是主要的。内在传导机制是指经济体系中的主要内生因素,以其自身规律发生周期性变化而又相互作用,从而使经济波动呈现周期性变化。内在传导机制主要包括利益驱动机制、竞争机制、供求机制、价格机制、乘数-加速数机制、产业关联机制和经济增长制约机制等。

1) 利益驱动机制

房地产开发商有利可图时,将会加大对房地产项目的投入,供应量对应增加;反之,当房地产开发商发现无利可图时,对房地产项目的投入就会减少,供应量对应缩减。

2) 竞争机制

房地产开发商间的竞争主要反映在产品、产品结构、产品价格、供应量、企业兼并等各个方面,在竞争的过程中,这些因素相互作用、相互竞争会造成房地产经济的周期波动。

3) 供求机制和价格机制

房地产需求在短期内会受消费者、投资者收入上升或乐观预期的影响而增加,房地产的供给刚性保持不变,此时市场上暂时出现供小于求的现象,进而导致价格上升,刺激供给增加,抑制价格上涨,直至供需再次均衡。

4) 乘数-加速数机制

房地产投资的增加,必然通过乘数作用来增加产出,产出的增加又会在加速数的作用下带动投资,如此循环;反之,投资减少,通过乘数作用,导致产出减少,在加速数作用下进一步抑制投资。

5) 产业关联机制

房地产业是关联性非常强的产业,对于房地产经济体系来说,政府部门、投资部门、建设部门、中介部门以及消费者和投资者相互间的利益关系、结构关系等关联机制,成为房地产体系的内部传导机制。

6) 经济增长制约机制

房地产经济扩张会受到诸多因素的约束,如土地要素、当地经济、人力资源、消费结构以及资金的约束。同样,房地产经济的收缩也存在各种资源下限的约束等。

7.1.2 房地产周期影响因素

分析房地产周期影响因素是研究房地产周期指标的基础与建立房地产周期研究模型的前提。影响房地产周期波动的因素可分为内生因素和外生因素两大类。内生因素是指房地产经济体系本身的内部因素,如收益率、回收周期、投资回报、市场特征、房地产价格预期等;外生因素是指房地产经济体系以外的、对房地产经济活动产生外部冲击的影响因素。外生因素通过内生因素而发挥作用,是推动房地产经济周期波动的外部力量。在每一次扩张时,给衰退和收缩创造机会和条件;在每一次收缩时,又为复苏和扩张创造机会和条件。因此,房地产周期是由内生因素与外生因素共同发力、共同牵制、共同作用的结果。

1. 影响房地产周期的内生因素

1) 收益率

收益率是指房地产开发获取的净收益与房地产投资额的比率,即投资回报率。当房地产开发商的预期收益率不断提高时,开发商就会增加投资和扩大开发规模;当预期收益率不断下降时,开发商的投资行为将变得谨慎,甚至可能选择不进行投资。市场竞争始终存在,任何一个开发商不可能长久地获得超额利润。只要存在超额利润,就会不断有新的投资者进入房地产开发行列。随着新投资者的进入,市场上的商品房供给就会增加,市场竞争就会加剧,这将导致房地产开发收益率逐渐回落到社会平均水平。此时,新投资者不再进入,可能原有部分投资者还会及时退出,此时市场上新增房地产供给开始减少。而当房地产消费和投资需求增加时,过量的供给将被市场吸纳和去化,开发商盈利状况开始回升,回升到一定水平又会有吸引新的投资者进入。房地产市场就这样周而复始地运动,形成了房地产经济周期。收益率就是通过上面的作用来影响房地产周期的。

2) 回收周期

回收周期亦称"投资回收年限""投资回收周期"。房地产投资项目投产后获得的收益总额达到该投资项目投入的投资总额所需要的时间(年限)。一般投资回收期的计算有多种方法:按回收投资的起点时间不同,有从项目投产之日起计算和从投资开始使用之日起计算两种;按回收投资的主体不同,有社会投资回收期和企业投资回收期;按回收投资的收入构成不同,有盈利回收投资期和收益投资回收期。房地产回收周期用的最多的是静态投资回收期和动态投资回收期。静态投资回收期是指在不考虑资金时间价值的条件下,以房地产项目的净收益回收其全部投资所需要的时间。投资回收期可自房地产项目开发开始年算起。动态投资回收期是指把房地产投资项目各年的净现金流量按基准收益率折成现值之后,再来推算投资回收期,这就是它与静态投资回收期的基本区别,动态投资回收期就是净现金流量累计现值等于零时的年份。回收周期直接影响房地产开发商的投资频率,现在房地产开发商追求"高周转""短平快"都是对回收周期情况的反映,开发商大都希望投资回收期越短越好,这样开发商才能提高资金的使用率和周转率,加快开发速度,相应地引起房地产周期的波动。

3)投资回报

在房地产经济活动中,投资回报是房地产业发展至关重要的推动因素。投资回报越高,投资就越频繁,波动就越大,因此房地产投资的波动常常被看作是房地产周期波动的引擎。从理论上说,投资回报高会促进投资,房地产投资会增加,这将会引起房地产业的扩张和发展,房地产市场进入繁荣阶段;投资回报低会抑制投资,房地产投资会减少,房地产市场进入萧条阶段。也就是说,房地产投资增减变动直接影响房地产周期变动,两者几乎是同频率震动,属同向共振;但从波幅来看,房地产投资波动往往显得更为活跃。由此可见,房地产周期直接受到房地产投资回报的作用和影响。

4)市场特征

房地产商品具有价值大、异质性、区域性、不可移动性、耐久性、需求双重性、消费层次性等特点,这使得房地产市场具有不同的市场特征,区域性、不完全竞争性、与金融高度关联性、供给缺乏弹性、易受政府干预调控等对房地产周期波动都有显著影响。如房地产市场的不完全竞争性,对需求者而言,信息不完备会产生搜寻成本和交易费用,需求不能立即实现或实现得不够理想;对供给者来说,往往能形成市场力量,对市场形成垄断定价和控盘能力,当交易信息等情况不能完全真实反映市场供需情况时,就会引起房地产周期波动。一方面,房地产市场区域性特征使得不同区域房地产业有不同的周期波动特点;另一方面,通过所谓传染机制对其他区域也形成波及效应。国家宏观调控政策和地方性政策对房地产业波动有很多的干预作用,调控政策运用得当是有利于减少波动的。

5)房地产价格预期

参与房地产市场的各种主体对房地产价格的预期判断是房地产波动的主要原因之一,对购房消费者来说,预期房地产价格涨跌会直接影响购房消费者的购买行为;而对房地产投资开发商而言,若预期未来的房地产经济形势不乐观,市场上对土地的需求量就会减少,但如果预期未来的房地产经济发展态势良好,则市场对土地的需求量就会增加,甚至各地会频频出现"地王"现象,进而会出现土地需求紧缺现象,从而引起市场波动。

2. 影响房地产周期的外生因素

1)经济因素

(1)国民收入和消费水平。国民收入是一个国家在一定时期投入生产资源所生产出来的劳务和产品的价值,或由此形成的收入水平。国民收入的变动对投资和消费需求产生影响,主要体现在两个方面:从实际购买力来看,收入变动影响消费者对房地产商品的支付水平;从财富累积预期来看,收入水平的变动影响消费者对房地产财富累积的预期,从而影响房地产的整体需求水平。一般来说,随着国民收入的增加、消费水平的提高,人们有更多的支出用于房地产投资和消费,进而促进了房地产市场的繁荣,对房地产周期产生了积极的影响。

(2)通货膨胀率。在经济发展过程中,通货膨胀与通货紧缩交替变化对房地产投资的预期收益率产生周期性的影响,从而导致房地产周期波动。首先,在成熟的房地产市场中,长期租金与通货膨胀率挂钩,通货膨胀率上升会直接导致长期名义租金上升;长期名义租金不仅与通货膨胀率有关,还受到房地产供求关系的影响。其次,通货膨胀使房地产商品的保值和升值功能得以增强,进而影响房地产经济运行。最后,通货膨胀率的变化还会引起房地产开发建设成本、经营成本、财务成本、利率成本等的变化,进而影响房地产投资回报和收益率。

(3)经济增长方式的转变。经济增长方式不同,导致各行各业对房地产需求的数量和结构有很大差别。粗放型增长方式依靠规模扩大实现增长,对土地、工厂、仓库等不动产的需求很大,当经济增长方式由粗放型转向集约型增长时,由于科技含量的提高,房地产需求会发生较大改变,从而影响房地产市场的转型发展和升级发展。如果这种转变在较短时间内发生,则对房地产周期波动效果较为明显;如果在较长时间内缓慢发生,则对房地产周期波动的性质产生深远的影响,主要表现为房地产产业结构的调整和变化。

(4)产业结构。不同时期的产业结构有着不同的特征,也会有不同的房地产周期波动形态,房地产周期波动形态特征也受产业结构演进的作用和影响。发达国家经济发展史表明,在工业初期和中期,制造业迅猛发展,对工业用地需求剧增,工业地价的涨幅一般大于其他类型用地和平均地价的涨幅。在工业化后期,第三产业的快速发展,导致房地产业整体规模变大,进一步提高了其在国民经济中的地位,相关服务性质的房地产得以迅速发展,对国民经济周期变化的影响越来越大。同时房地产业与金融业的关系也愈加紧密,房地产周期波动受金融市场波动影响日趋加深。

(5)利息率。通常情况下,利息率的变动与房地产经济周期波动呈反方向变化,银行的利率下降时,导致房地产开发贷款和消费贷款的融资成本降低,开发商的开发成本下降,购房者贷款成本降低,促进了房地产市场的繁荣和发展,进而影响了房地产周期;但是当银行利率上升时,房地产开发企业的利息负担就会加重,开发成本就会升高,同样购房者消费贷款成本也会随之增高,这会降低人们对房地产的需求,进而影响房地产市场的发展和周期的变化。

2)社会因素

(1)社会和文化发展。影响房地产市场发展的社会和文化发展因素有:传统置业观念及消费心理、社会福利水平、人口构成、家庭户数与规模、家庭生命周期、地区喜好、生活工作习惯等。一方面,我国传统的文化思想影响住房消费观念和行为,人口增长速度过快、社会福利尚低等因素都影响着房地产市场需求,从而影响房地产周期。另一方面,人们生活水平、收入水平和精神文明素质的提高,会引发对住房的价值需求、功能需求以及对社区环境的需求等,这些都影响着市场格局和周期变化。

(2)城镇化。城镇化是在社会生产力快速发展的背景下,人口逐渐由农村向城市转移,农业人口逐渐变成非农业人口,城市数量增加,功能增强,规模扩大,人们工作、生活、居住、出行的方式不断改善,城市基础设施不断完备,城市建设不断提升,市民观念不断更新的一个动态过程,是人类生活方式乃至社会结构的深刻变化。城镇化进程增加了对城市基础设施和城市各类房地产的需求,并影响人口增长、人口结构、人口流动以及交通运输业的发展,这些因素进一步对地价上涨和房地产业发展产生持久性的影响;同时也会影响房地产市场的发展趋势,进而影响房地产经济周期波动等。

(3)技术进步。每一次技术变革,都会不同程度地对房地产生产、交易、消费等产生影响。①生产方面:从微观层面看,技术进步会优化土地、资金和劳动力等生产要素的组合,创新资源整合,提高容积率(一个小区地上总建筑面积与净用地面积的比率),优化建筑设计,降低生产成本;从宏观层面看,技术进步会促进房地产的产业化,实现房地产科技成果的产业化和房地产生产方式的工业化,建立起工业化的房地产建造体系,提高生产效率,保护生态环境,并降低资源消耗。②交易方面:信息技术的广泛应用,极大地降低了交易成本,促进了房地产信息透明化,加快了交易流通。③消费方面:短期内供给的增加,会促进房地产价格下降,更多消费者的潜在需求变为有效需求;长期内节能省地型房地产与绿色生态房地产得到推广,有效地延长了房地产经济寿命,降低了折旧率(指一定时期内固定资产折旧额与固定资产原值的比率)。总之,技术进步会对房地产供需造成冲击,会对房地产的发展及周期产生重大影响。

3)政策因素

影响房地产周期波动的政策因素主要包括土地供给政策、房地产供给政策、住房分配与消费政策、房地产金融政策、房地产产权与交易政策、房地产价格政策、货币政策、财政政策、税收政策、产业政策、经济体制改革政策以及区域发展政策等,这些政策对房地产发展的各个方面进行调控,从而影响房地产经济的周期波动。

4)随机因素

影响房地产周期的随机因素有地震、洪水等自然灾害,战争、政治风波等社会突发因素。这些因素对房地产周期的影响是突然的、直接的、猛烈的,带来的影响一般是短期的,但有时也会持续很久。自然灾害可以间接也可以直接影响房地产经济,灾害对房地产造成破坏,但其在灾后的重建也会使房地产经济重新振作,从低谷走向繁荣。

7.1.3　房地产周期形成动因

1.房地产周期成因

房地产周期循环形成的主要原因包括以下几方面。

(1)乘数-加速数原理。房地产投资增加,在乘数原理作用下,产出大幅增加,再通过加速数作用,刺激投资进一步增加,形成螺旋式上升的房地产扩张,于是就内生地产生了房地产周期波动。

(2)市场信息不对称。信息不对称导致决策相对滞后、生产周期长,使供需调整时间存在时滞,加大了波动幅度和频率,进而形成了房地产经济高涨与衰退过程,产生了房地产周期。

(3)生产者与消费者心理因素的影响。如从众心理、跟风攀比、追涨不追跌、一窝蜂地投机或非理性预期等因素。在这些心理因素的综合作用下,产生了房地产周期波动。

(4)政策因素的影响。如规划要点的控制、农地征用的限制、政府政策的大调整、国际交流政策变动、社会政局问题等因素,这些因素都会对房地产周期产生作用。

(5)制度因素的影响。如预售制度的期货效应、土地拍卖限价条件、中介等房地产专业服务制度的健全程度等因素,这些因素也导致房地产周期的不同波动。

2.房地产周期波动成因的主要理论

1)租金调节理论

租金调节理论着重从租金和空置的角度来解释房地产周期成因。认为租金的调整对空置率变化反应缓慢。若经济发展减缓,下降的需求减少了市场吸纳水平,提高了空置率。由于租金具有黏性特征,租金调整滞后,市场回报率(利润率)仍高于实际需求水平,短期内开发建设也仍在继续,于是产生了过度建设,加速了空置率的上升;反之亦然。

2)行为解释理论

行为解释理论强调非理性经济行为是房地产周期形成的重要因素。对于市场主体评估者来说,采用比较法计算出的价格是一种目前和过去市场信息的加权平均,是适应性预期的一种形式。当经济基本面已经发生改变时,市场主体对评估往往反应滞后。对开发企业来说,通过对开发和需求之间的联系进行建模,发现开发商对市场估计是习惯形成的,他们往往根据市场价格、市场体量、利润率等当期指标的状况来判断市场。于是在房地产上升时期,更多的开发建设在继续。对金融机构来说,它也倾向于习惯性判断,在房地产扩张时期,过度乐观,放宽贷款条件;在房地产衰退时期,过度悲观,收紧贷款条件,从而加剧周期波动。

3)期权定价理论

期权定价理论认为需求的不确定性、物业变动成本以及建筑工程的时滞是房地产周期波动的主要成因。在租赁市场上,若出租行为已产生,则出租人不仅要支付租赁成本,而且等待的期权价值也损失了;若物业变动成本及未来不确定性很大,则期权价值很大,出租人宁愿等待,此时当市场需求增加时,空置房仍处于空置状态。在开发市场上,开发建设时间越长,物业变动成本越大,未来需求不确定性越大,期权价值就越大,即使空置率很高,但新的开发仍在继续,导致过度开发,从而产生波动。

4)蛛网理论

蛛网理论是一种动态均衡分析,是指从旧均衡点转向新均衡点的动态变化过程。由于房地产生产周期较长,供给存在时滞,市场信息不对称,生产者只能以目前景气状况作为估计依据,供给无法短时间调整,市场产生"摆动"现象。当需求价格弹性大于供给价格弹性时,呈现出收敛式摆动现象;当需求价格弹性小于供给价格弹性时,呈现出扩散式摆动现象;当需求价格弹性等于供给价格弹性时,呈现出循环式摆动现象。总之,房地产供给的滞后性因素产生了房地产周期波动。

5)金融货币理论和政策理论

根据货币学派的理论,货币供应量变化会引起经济周期波动。货币供给有紧有松,房地产市场景气也就有兴衰的循环,货币供应量不易控制和变化正是房地产周期波动的主要原因。政府可通过采取相应政策调节货币供应量来调控房地产市场的景气状况和波动情况。

我国房地产历史较短,市场化程度并不高,金融利率等市场化程度也不高,因此,各种土地政策、购房政策、税收政策、信贷政策等因素对我国房地产市场影响较大,导致我国房地产市场周期最明显的一个特征就是具有"政策周期"。

6)投资理论和消费理论

经济增长会受到资源的约束,在以投资为主导的宏观经济周期波动中,投资波动对房地产经济活动有显著影响。投资波动主要由需求引发,随着城市化进程加快,城镇人口增加、城镇居民收入增长、生活水平提高,对房地产的需求也随之增加。在利益驱使下,房地产投资会不断加快。

消费的主要影响因素是需求,消费对房地产周期波动的影响与投资一样,是同向共振的。随着我国经济的快速发展,我国城镇化水平不断提高,这使得房地产需求非常旺盛,人们对房地产的消费水平也不断地提高,导致房地产经济周期产生不断波动。

7.1.4 房地产周期与经济周期的关系

(1)从整体全局来说,一个国家房地产周期和宏观经济周期呈现出一种正相关的关系,波长大体一致,但复苏、繁荣、衰退、萧条四个阶段在时间上并不一致,消费者、投资者和国家主管部门可以通过两者的波动时差进行消费、投资和管理调控决策。

(2)从复苏期看,由于房地产的产品价值大、投资资金多、生产周期长,并且一般是非工厂化的单件设计、单件生产,所以当经济开始复苏时,房地产开发商需要通过较长的时间来进行筹备,才能进行房地产开发,而一旦进行开发则开发时间往往较快,因此房地产复苏要滞后于宏观经济,但复苏时间相对比较短暂。

(3)从繁荣期看,房地产繁荣期要比宏观经济繁荣期来得迅速。通过复苏阶段的准备,其先导性产业的作用得到充分显现。由于繁荣期经济增长快,居民收入水平提高,全社会对于各类型房地产需求不断扩张,迅速拉动了房地产业的发展;在经济繁荣期,开发商不仅可以加速自由资金周转,还可以取得更多贷款,当需求扩张时,会引起房价上涨,由于房价供给弹性较小,从而促使房价进一步上涨,势必导致开发项目投资进一步加快,促进了房地产发展。

(4)从衰退期看,房地产进入衰退期的时间要早于宏观经济,房地产之所以提前衰退,一方面是因为房地产作为基础和先导性产业,其超前发展可以满足宏观经济继续高涨的需要,而先导作用也促使其提前进入衰退期;另一方面是房地产业发展应以社会经济各部门的发展为基础,如果房地产业长期领先,会导致与其他部门脱节,最终也会使房地产业很难维持较长时间高速发展,而逐步降下来,进入衰退期。且由于房地产与宏观经济紧密联系,当房地产先于宏观经济进入衰退期时,宏观经济的衰退也会进一步使房地产业衰退步伐加速。

(5)从萧条期看,房地产业会滞后于宏观经济。当宏观经济出现萧条时,其他产业受到宏观经济衰退大环境的影响,发展会呈现出一种萧条和停滞的状态。但由于房地产具有保值、增值的特征,当经济低迷时,人们更愿意去选择投资房地产或直接购买房地产,从而给房地产带来了一定的暂时性供需,这也使得房地产业的萧条滞后于宏观经济的萧条。

7.2 房地产周期测度与影响

房地产市场状况及其变动可以用一系列量化指标来描述,如价格、租金、租金增长率、交易额、空置率、投资回报率、房地产市场增长率等,这些量化指标是房地产市场周期的晴雨表。选择合适的房地产周期代表性指标测度房地产周期,对于评估房地产市场的发展状况以及准确判断房地产周期和整体经济周期具有重要意义,可以在最佳时机以适度的力度对经济运行进行干预。

7.2.1 房地产周期测度

1.房地产周期测度指标体系

1)指标体系设计原则

(1)全面性。根据周期波动的成因分析,指标的选择要全面考虑整个开发经营全过程,不能局限于某一阶段,要包括土地供应、投资分析、开发建设、开发管理、市场交易等房地产市场运作的各个环节。

（2）经济重要性。主要是判断某项经济指标是否属于主要的房地产经济指标，所选指标能否代表和反映房地产经济活动的主要方面，并且所选指标在一定时期内是否相对稳定。

（3）可操作性。房地产指标数据要有实事求是的可靠来源，只有单方面的理论分析意义却不能运用于实际操作，就失去了设立指标体系进行周期分析的意义。

（4）平滑性及稳定性。指标循环轨迹比较平滑，在上升或下降过程中反向运动或不规则运动较少；不同时间序列的循环波动长度差异不显著，且循环幅度的变化幅度也不大。

（5）数据时效性。通常需要考虑两个因素：数据发布的频率和数据公布的滞后时间。根据需要及时获得一定时期或某一阶段的数据，对当期的房地产经济周期分析和预测至关重要。

以上五个原则是确定房地产周期综合指数的基本原则，但在实践中却很难使每个指标都符合上述五个原则，所以需要结合各区域房地产市场的实际情况进行指标选取。

2）指标体系类型

房地产周期指标的变化体现了房地产经济活动的变化。根据与房地产基准周期（基准周期即基准循环，是确定有关经济变量之间时差关系的参照系，是用以计算景气指标）波动的先后关系，指标体系可以分为先行指标、同步指标和滞后指标三个类型。

（1）先行指标。先于房地产周期波动变化的指标称为先行指标，即循环转折点在出现时间上稳定地领先于总体循环相应转折点的指标。先行指标可以用于预测房地产周期的波峰和波谷，具体分析可将所选取的各项指标变动的波峰和波谷出现的日期与基准波动的基准日期进行比较，如果平均指标较为领先，即为先行指标。先行指标主要包括全社会固定资产投资、房地产开发资金来源汇总、房地产实际投资额、土地交易面积、土地开发面积、开发贷款利率、建筑安装工程价格指数、商品房新开工面积、商品房施工面积、房地产综合指数等。

（2）同步指标。同步指标是指与房地产周期波动大体保持一致的指标，该标指反映当前房地产发展的趋势。具体分析时，将所选取的各项指标变动的波峰和波谷出现的日期与基准周期的基准日期相比较，如果平均指标同步，即为同步指标。同步指标主要包括国内生产总值、商品房实际交易面积、预售面积、出租面积、商品房交易销售额、商品房交易均价等。

（3）滞后指标。滞后指标是滞后于房地产周期波动的一类指标，即其循环转折点的出现落后于总体循环相应转折点的指标，该指标用于认定房地产周期的波峰和波谷是否确已出现。具体分析时将所选取的各项指标变动的波峰和波谷出现的日期与基准循环的基准日期进行比较，如果平均指标较为滞后，即为滞后指标。滞后指标主要包括商品房竣工面积、竣工商品房价值、商品房空置面积、空置率等。

2. 房地产周期测度方法

国内判断房地产周期的模型还不太成熟，没有统一的方法，目前主要有三种方法：单指标法、扩散指数法和合成指数法。

1）单指标法

用单项指标（一般为房地产价格指数）反映房地产市场变化趋势，能较好地反映出指标的前后联系、变动状况以及市场波动程度等。房地产周期是整个房地产经济体系的波动周期，单一指标是难以准确、全面地反映房地产市场真实情况的，但它有一定的参考价值。

2）扩散指数法

扩散指数法是目前用得较多的一种方法，能比较准确地判断景气周期的转折点，有专家用它研究过全国或地方的房地产经济周期，不过若选择指标不全面，就不能准确地反映波动的幅

度。扩散指数,又称扩张率,是扩散指标与半扩散指标之和占指标总数的加权百分比值。扩散指数的计算公式为

$$扩散指数 = \frac{扩散的指标个数}{属于该类指标的指标总数}$$

扩散指数类似于总量的变化率或一阶导数,它趋于在总量变动改变方向之前先行变动,对预测具有较重要的意义。

3)合成指数法

合成指数法可以克服前面两种方法的不足,能较好地反映房地产周期的转折点和波动幅度,但指标选择和权重的确定比较困难。权重问题可采用层次分析法或主成分分析法来解决。

(1)综合指数确定。将经济时间序列按照系统方式组织在一起以追踪某特定的经济活动,由一类特征指标以各自的变化幅度为权数的加权综合平均数,即多个指标的加权平均。该综合指数除了能描述房地产经济波动及其转折点外,还能较好地反映房地产市场经济波动的幅度。

(2)指标的划分。指标的波动和房地产市场的波动可能并不是同步的,可能存在一定时间顺序上的差异。指标变动与房地产变动在时间关系上存在着三种指标,即先行指标、同步指标和滞后指标。对此三种指标分别进行研究,利用这种时间的先后关系对房地产经济运行态势进行分析,从而更好地把握房地产市场的发展规律,为政策制定、投资决策提供有力依据。

7.2.2 房地产周期影响

房地产业作为国民经济的重要组成部分之一,具有融资量大、产业链长、波及面广、影响广泛等特点,其周期波动对宏观经济周期产生重要影响。这种影响可以从房地产投资和价格对总供给与总需求的影响来判断。

1. 从房地产投资影响来看

在房地产业扩张时期,投资增加,根据总供给和总需求模型,在投资乘数作用下,一定量的初始投资引发了消费的增长,导致总产出的数倍增加。房地产业关联产业很多,房地产投资的增加必然带动其上游、下游诸多产业跟随投资,从而增加总投资,进一步增加总产出,促进了经济发展。

2. 从房地产价格影响来看

在房地产业扩张时期,根据总供给需求模型,对消费者来说,房价上升增加了其财富,提高了其借贷能力,财富效应会促使人们会增加当期消费,总需求也相应会增加。对于企业来说,房价上升增加了其净财富,改善了其资产负债的状况,进而降低了其外部融资成本,增加了其开发量和投资额。但是,当这种房价上升超过一定限度,就会提高企业生产成本和消费者生活成本,不仅抑制了消费和投资的增加,还会提高总供给成本,如果这种负面作用超过积极作用,就会影响经济发展。

7.3 房地产泡沫

房地产既是消费品,又是资本品,具有双重属性;土地具有不可替代性、稀缺性、不可移动

性等特性,这些特性决定了房地产容易出现泡沫。当房地产资产价格的异常膨胀严重背离其真实价值时,泡沫由此而生。无论是在市场经济成熟的发达国家,还是处于快速发展阶段的发展中国家,都曾经出现过不同程度的房地产泡沫。

7.3.1 房地产泡沫概述

1.泡沫与房地产泡沫的定义

泡沫是指一种资产或者一系列资产的价格在一个连续的过程中急剧上涨,初始的价格上涨使人们产生价格会进一步上涨的预期,从而又吸引新的买者——这些人一般只想通过买卖谋取利润,而对资产的使用及其盈利能力不感兴趣。随着价格的上涨,常常是预期出现逆转,接着是价格暴跌,进而引发产业危机和经济危机,或者以繁荣的逐渐消退而告终。

泡沫经济的两大特征是:商品供需严重失衡,供应量远远大于需求量;投机交易气氛异常浓厚。

房地产泡沫是指由于房地产过量投机引起的房地产市场价格严重背离其价值,脱离了实际使用者支撑而持续上涨的过程及状态。房地产泡沫是一种价格异常现象,是房地产行业内外因素诱发,特别是投机性因素过度作用的结果。

2.房地产泡沫特征与衡量

1)房地产泡沫的特征

(1)房地产泡沫是房地产价格波动的一种形态,极不稳定,没有规律可循。

(2)房地产泡沫是房地产价格呈现出的陡升陡降的波动状况,振幅较大。

(3)房地产价格波动不具有连续性,没有稳定的周期和频率。

(4)房地产泡沫通常是在经济长期过高过快增长的背景下发生的。

(5)商品供需严重失衡,房地产供应量远远大于需求量。

(6)房地产泡沫产生的主要原因是由于投机行为,是货币供应量在房地产经济系统中短期内急剧增加造成的。

2)房地产泡沫的衡量

房地产泡沫判断的参考指标主要有如下几种。

(1)房地产贷款增长率/贷款总额增长率。在日本,该指标可作为先行指标,其泡沫发生警戒值约为18%~20%。

(2)货币供应量。在我国台湾,该指标可作为先行指标,其增值率警戒值为30%;可将其视同为同步指标。

(3)股价指数。在日本,该指标可作为先行指标,泡沫发生的警戒值为2000~3000点。

(4)房价/家庭年平均收入。在日本,该指标可作为同步指标,警戒值为8~9;在我国,需结合实际情况具体判断。

(5)地价总额/GDP。在日本,该指标可作为同步指标,正常值约为300%,警戒值约为370%。

(6)土地资产/国民收入。在日本,该指标可作为同步指标,警戒值为60。

(7)地价增长率/物价增长率。在日本,该指标可作为同步指标,警戒值约为60。

(8)地价增长率/GDP增长率。在日本,该指标可作为同步指标,其警戒值约为5.35。

（9）租售比。在日本,该指标可作为同步指标。从日本经验来看,警戒值为160～200。

3. 房地产泡沫的表现

1）房地产价格暴涨暴跌

房地产价格的暴涨暴跌是房地产泡沫最明显的表现,房地产价格由房价和地价组成,它们都一一表现出脱离实际的大起大落,这主要是地价引发的。由于土地的稀缺性以及市场对土地需求的无限性,土地市场常发生投机性炒作,从而出现了地价虚增长现象,这种虚涨就属于泡沫,如果土地和房价成倍甚至几十倍地增长,就有可能形成泡沫经济。

2）房屋空置率高

在房地产市场上,商品房的供给超过需求,超过部分的供给就属于虚假增长,就会产生房地产泡沫。按照通用的国际经验数据,当商品房空置率在10%以内,这种经济泡沫是正常的,也是可控的,但是当房地产空置率超过10%时,就会发生房地产泡沫,房地产市场就会出现供给过剩,导致滞销情况严重,房地产大量过剩,导致开发商资金链断链,遭受巨大损失甚至破产倒闭。

3）大量银行贷款进入房地产业

当市场上房地产价格不断攀升走高时,房地产开发商会不断拓宽银行融资渠道进行开发建设,致使房地产价格暴涨,泡沫由此产生;当房地产泡沫出现时,也表明有大量银行信贷通过房地产开发商进入了房地产市场。在1997年的东南亚金融危机中,大部分国家的房地产泡沫是经济危机产生的一个重要因素,房地产泡沫的一个重要特征就是银行信贷大量进入房地产行业。

4）房地产行业扩张过快

房地产行业扩张程度可以选取房地产价格增长率以及GDP增长率的比值作为衡量指标。这个指标显示了房地产业与实体经济的偏离程度,也可以作为房地产泡沫的指标。当出现房地产泡沫的时候,可以明显发现这项指标的平均值将会达到一个高峰期,这表明房地产行业的扩张已经达到了一个可能产生泡沫的阶段。

5）房地产投资过度

一般情况下,房地产投资增长率与房地产消费增长率相适应,力求平衡供求关系。在经济发展持续增长阶段,房地产投资增长率略高于消费增长率,形成供大于求的市场局面,对促进房地产产业的发展和促进增长是有利的,但当房地产投资过度膨胀,商品房严重滞销,造成还贷困难,甚至引起金融危机时,就会形成泡沫经济。

6）房地产企业突增

当房地产市场过热时,在利益驱动下,大量企业转行进入房地产行业进行投资。在这一时期,房地产企业数量会迅猛增长,这是房地产经济畸形增长所带来的短期影响,当房地产泡沫产生之后,部分企业又会因巨大的经济损失而退出房地产行业。

7）居民对房价的承受能力差

衡量居民对于房价承受能力的指标是房价收入比,比较理想的情形是房价与家庭年平均收入的比值维持在一个合理的范围内,国际上认为这个范围是3～6,各国可以根据实际情况进行相应的调整,但在房地产泡沫膨胀时期,房价急剧升高,而居民收入却没有明显的提高,从而导致这一比例严重偏高,使居民失去对房价的承受能力,房价超出居民购买力的结果是二手房租赁需求增加,房屋租赁市场活跃。

4. 房地产泡沫成因

1) 土地的有限性和稀缺性

由于土地资源具有稀缺性、垄断性、不可再生性,加上房地产开发周期长,从短期看,房地产的供给缺乏弹性,房地产需求旺盛,而土地资源供给又相对有限,导致地价上涨,从而推动房价上涨。

2) 投资预期

交易者对房地产价格预期在一定程度上会影响需求。交易者预计房地产将会升值,且房地产价格在本期也证实了价格上升的预期,于是他们会预计在下一期价格将继续上涨,从而需求增加,由于房地产外部供给有较强的约束性,易产生供不应求的局面,从而推动价格进一步上涨,这又强化了其他投资者的心理预期,从而形成一种正反馈机制。在这种机制刺激下,房地产价格与其价值之间产生正向偏离,导致房价单边上涨,最终产生泡沫并促使泡沫不断膨胀。

3) 信息不对称

房地产市场环境的变化是动态的,各种因素的变化会引起市场的相应变化。在信息不对称的情况下,投资者很难对市场做出准确判断,加之开发建设周期长,供给变化滞后于需求变化,过度炒作又导致投资者高估未来收益,从而加快泡沫的生成。同时,由于金融体系不健全,在借贷市场上,导致银行盲目追求市场份额信贷规模,忽略对借贷企业和个人征信审查,低估了项目的潜在风险,大量银行资金介入,加快了房价上涨和泡沫膨胀。

4) 过度投机

当经济发展到一定程度时,房地产交易不仅满足了消费自用的需求,更多的是为从交易中赚取差价获取利润,这会导致房地产泡沫产生的可能性增大。如果房价上涨,形成了共同的心理预期,投资者会低价买入高价抛出房地产,从而抬高房价,在非理性预期和羊群效应共同作用下,投资者及炒房资金大量涌入房地产市场,导致需求急剧增加,进一步促进了房价上涨,从而吸引更多的后继投资者及资金不断跟进,甚至投机需求替代真实需求成为市场三体,产生房地产泡沫。

5) 金融自由化和宽松货币政策

金融自由化充分发挥了市场机制在资金流动中的作用,增加了资本流动性,但部分资金却促进了房地产泡沫的产生。此外,宽松货币政策和低利率导致货币供应量迅速增加,房地产资金增长过快,房地产需求迅速增加,金融机构过度放贷,这些都是房地产泡沫产生的直接助燃剂,进而会形成恶性循环。

5. 房地产泡沫预警与影响

预警系统建立方法较多,主要介绍借鉴金融危机预警方法和基于二值响应模型预警方法。

1) 借鉴金融危机预警方法

(1) 选定预警指标。在全面分析房地产判断指标的基础上,选择最能准确反映和预报泡沫发生的相关指标。应根据历史资料统计,进行有效性检验,判断指标是否合适。一般可采用时差相关分析法、K-L信息量法、马场法等统计方法来确定指标。

(2) 确定预警指标权重。各个指标灵敏度不同,在预警系统中作用大小也就不同,因此要对相关指标进行对比,确定其权重。一般可采用因子分析法、层次分析法、德尔菲法、专家经验法、第一主成分法等方法来确定权重。

（3）确定指标临界值。预警指标数据变化达到泡沫预兆变化水平称之为临界值。依照在临界值点上泡沫将发生变化而未发生预报概率与发生错误预报概率相等的临界值确定原则，来分析确定临界值。临界值主要有两种，即泡沫发生临界值与泡沫破裂临界值。

（4）测算房地产泡沫发生变化概率。当某一房地产判断指标发生预警信号时，泡沫就有可能产生。如果在预警期内达到临界值的指标越多，说明房地产泡沫变化概率就越大。

（5）确定房地产泡沫预警级别。对于每一个房地产预警指标，当预警指标值落入某个临界区间内，就处于相应警级区间，可通过计算得到相应的分值。房地产泡沫综合警级可通过对各个指标分值加权平均得到总值，根据总值所处区间得到相应警戒级别。

（6）预测房地产泡沫变化时间。每个指标根据数理统计方法在预期泡沫变化时敏感性不同，发生预报时间也不同。综合各个指标预报时间，根据数理统计方法，在一定置信度上估计泡沫变化的时间区间。

（7）评估泡沫变化程度。根据房地产泡沫发生预警级别，判断泡沫将要发生的程度。预警级别越高，说明泡沫发生可能性越大，泡沫可能越严重，泡沫破裂的可能性也越大，危害也越严重。

2）基于二值响应模型的预警方法

（1）选择估计样本。选择一个或几个发生过房地产泡沫的国家或城市的历史数据做样本，可选择年度、季度、月度数据，并且在选择样本区间时，尽可能使所选取样本区间中泡沫时段与非泡沫时段大致相等。

（2）确定因变量的值。可以依据一定标准判断发生泡沫的年度（季度、月度），使这些时期的因变量为1，其他时期的因变量为0。选择房地产泡沫预警指标体系的指标，假定指标为 k 个，选择指标时应考虑样本容量大小，尽量选择一些不相干的指标。

（3）用二值响应模型进行估计。首先去掉一些不显著的变量，然后再用所选择的模型进行估计，并计算正确预测百分数。根据正确预测百分数判断模型合理性。

（4）确定样本警戒级别。首先确定警戒区间，其次将估计好的模型运用到所要研究的目标国家或城市，并根据所确定的警戒区间判断所要研究的目标国家或城市在某一时段处于哪一级警戒区间。

3）房地产泡沫产生的影响

（1）从微观角度讲，房地产泡沫降低了资源配置效率。市场经济下，价格在资源配置中发挥基础性作用。房地产泡沫发生后，市场价格的杠杆作用扭曲了土地、金融和劳动力等生产要素的合理配置。房地产泡沫兴起阶段，价格偏离理论价格越高，投资于房地产的利润率就越高。过高的利润必然吸引社会大量资金和劳动力投入房地产行业，大量土地被用于搞房地产开发，而实体经济因为资金、土地和劳动力供给不足导致生产力下降。房地产泡沫破灭阶段，大量资金土地被套在闲置的房地产上，大量劳动力处于失业状态，资源得不到有效利用。因此，房地产泡沫必然降低整个国民经济运行效率。

（2）从中观角度讲，房地产泡沫影响了产业结构，加大了收入分配差距。一方面，房地产泡沫期间，房地产业呈现出一片繁荣，而其他产业的发展则因为资源配置的扭曲受到很大影响。一旦泡沫破灭，许多金融机构可能出现大量坏账，原先受到影响的产业可能面临紧张的借贷状况，也得不到进一步发展。另一方面，房地产泡沫加大了收入分配差距，也加大了贫富差距。

现实生活中,越富有的人往往持有更多的房地产,拥有更多的财力从事房地产投资,房地产泡沫膨胀会使得资产升值,从而使得富人更富、穷人更穷。一般来说,越是黄金地段的房地产被炒得越厉害,越是偏僻地区的房地产往往无人问津,这也扩大了地区间的收入分配差距。

(3)从宏观角度讲,房地产泡沫加大了金融风险,破坏了宏观经济的稳定性。房地产是资金密集型产业,房地产泡沫形成和崩溃对金融稳定会产生很大影响。房地产泡沫产生后,投资者对房价进一步上涨的预期使得房地产项目看起来都是有利可图的,被要求用于抵押的房地产价值也一路飙升,金融机构发放贷款的标准也容易放宽,导致产生潜在的金融风险。泡沫破灭后,房地产投资者的资产大幅缩水,资产价值远小于其负债价值,房地产投资者无力偿还债务,金融机构只能承受巨额坏账。随着金融机构资产状况不断恶化,可能会出现原有存款债权人提款的挤兑风潮,导致金融机构面临支付困难及信用危机。

7.3.2　房地产泡沫与周期

房地产周期波动是房地产业在发展过程中,出现扩张与收缩交替反复运动的过程。房地产泡沫也是房地产业的一种波动现象,表现出上升、高涨再到崩溃、衰退的过程,但是二者存在较大的差异。

1. 经济周期与泡沫经济

1)经济周期与泡沫经济带来的影响

周期波动反映出系统内部供需双方对立统一的自我调节过程。在经济系统中,彻底消除内部波动既不可行,也不可能,因为这些波动是经济正常运行的必然结果,反映了市场的动态性和复杂性。但若波动幅度过大或频率过高,则会造成较大的经济损失。周期大起大落,不利于企业制订长期的投资计划,生产资料不能被充分利用,不利于劳动生产和资源分配效率的提高,导致许多产品一时供不应求,一时积压滞销,造成严重的资源浪费。经济上的剧烈振荡会影响政治稳定和人民生活的安定,产生社会稳定问题。因此,世界各国政府都把稳定宏观经济作为政策的重要目标。

2)经济周期与泡沫经济的内在联系与不同

若经济泡沫比较严重,则经济周期上下振幅较大,采取适当措施可削弱经济泡沫影响,防止经济周期振幅过大。经济周期是宏观经济运动的必然现象和规律,经济泡沫一旦形成是不可避免。泡沫经济波动与经济周期不同:泡沫经济以繁荣开始、危机告终;会突然出现高峰,又突然下跌,短时期内振动剧烈、影响巨大。泡沫经济大起大落现象不一定会在经济运行中反复出现,起码相当长一段时期内不会重复再现。而经济周期是一个反复进行的循环连续运动。

2. 房地产泡沫与房地产周期的区别

1)在运动特征方面的区别

房地产泡沫上升阶段和下降阶段往往很不对称,上升阶段相对比较平滑,而下降阶段则非常陡峭。而房地产周期波动上升和下降阶段往往相对比较均匀平滑。

2)在产生原因方面的区别

乘数-加速原理和滞后理论模型说明了房地产周期波动是房地产业发展过程中的内在运行现象和规律,我们无法彻底消除也没必要消除房地产周期波动。而房地产泡沫的发生需要一系列条件的支撑,特别是投机者的大量介入和金融政策及机构的支持。

3）影响后果方面的区别

房地产泡沫对金融体系和宏观经济会产生消极影响，房地产泡沫破灭期间往往伴随着金融危机和经济危机；房地产周期波动对宏观经济影响则相对很小，是宏观经济结构的内在调整。

7.3.3 防范房地产泡沫建议

1）健全房地产市场信息系统，引导市场预期

预期、信息不对称、有限理性、过度金融支持等是房地产泡沫形成的主要因素，因此，房地产泡沫防范也应从这些方面入手。首先，政府应完善房地产市场运行机制，减弱消费者有限理性引发的非理性行为，以此来削弱房地产泡沫形成的市场微观基础。其次，政府应尽快完善统计指标体系，建立符合自己城市特点的房地产市场预警体系，积极引导开发商资金的正确投向和消费者的理性消费。最后，政府应构建较完善的住房保障体系，平抑价格和培育市场多层次梯度消费结构，避免出现消费者由于心理恐慌而盲目购房的现象。

2）控制土地供给源头

我国土地是属于国家所有的土地一级市场，土地是房地产市场的源头，土地供应的失控，往往与政府对土地供应的管理有关，因此我国房地产泡沫的防范应从管理土地交易制度入手，不断完善我国土地交易制度。此外，应在个人、集体、政府之间建立一个有效的利益分配机制：首先，采取措施降低地方政府对土地财政的依赖程度，加强土地出让金收支管理的透明化、公开化和长期化；其次，加强土地利用数据统计和计划管理，合理投放土地年度计划；最后，加大对存量土地投入使用情况的监管力度、用地闲置治理力度以及土地投机行为打击力度。

3）完善金融机构风险控制

为防范房地产泡沫产生，银行等金融机构应建立完善的贷前风险评估控制体系，严控金融机构资金进入高风险房地产项目，严格审查房地产开发贷款融资条件，从源头上控制投机资本进入房地产开发；强化和规范个人房地产贷款管理，逐步建立并完善个人诚信系统，进一步加大对金融机构的资金监管力度，提高金融机构资金使用的透明度，适度控制开发贷和消费贷。

4）抑制投机

外资大量流入房地产市场，会冲击我国房地产信贷政策实施的有效性，因此，需采取适当的措施控制外资流入房地产市场的规模，要限制短期投机性外资资本流入，加强对境外资本流入房地产行业以及汇兑行业的管控；通过调节房地产税收制度抑制投机、金融管控政策打压炒房投机行为，抑制房地产投机行为。

知识归纳

1. 经济周期是指在经济增长过程中，在一系列因素冲击下，国民总产出、就业量和价格总水平等宏观经济变量的短期波动。按照发展阶段，经济周期一般可划分为复苏、繁荣（波峰）、衰退和萧条（波谷）四个阶段，或者合并为高涨和低落两个阶段。

2. 按照经济周期的长短，可将经济周期划分为农业经济周期（蛛网周期）、基钦周期（存活周期）、朱格拉周期（固定投资周期）、库兹涅茨周期（建筑周期）以及康德拉季耶夫周期（技术周期）。

3. 用于解释经济周期成因的若干理论主要有：乘数-加速数原理、消费不足周期理论、非货

币投资过度论、纯货币理论、心理因素理论、外部力量理论、太阳黑子论、政治的经济周期理论和供给学派的经济周期理论等。

4.房地产周期是指房地产业在发展过程中,在一系列因素的影响下,随着时间的变化而出现的扩张与收缩交替反复运动的过程。此含义是直接从经济周期的含义演变而来的,它不仅同宏观经济总的发展态势密切相关,还同相关行业经济与宏观经济的协调程度密切相关。

5.影响房地产周期波动的因素可分为内生因素和外生因素两大类。内生因素是指房地产经济体系本身的内部因素,如收益率、回收周期、投资回报、市场特征、房地产价格预期等。外生因素是指房地产经济体系以外的、对房地产经济活动产生外部冲击的影响因素。

6.房地产泡沫是指由于房地产投机引起的房地产市场价格严重背离其价值,脱离了实际使用者支撑而持续上涨的过程及状态。房地产泡沫是一种价格现象,是房地产行业内外因素,特别是投机性因素作用的结果。

7.房地产泡沫对社会经济有着多方面的深刻影响。从微观角度讲,房地产泡沫降低了资源配置的效率;从中观角度讲,房地产泡沫影响了产业结构,加大了收入分配差距;从宏观角度讲,房地产泡沫加大了金融风险,破坏了宏观经济的稳定性。

思考题

1.经济周期的内涵是什么？经济周期可划分为哪几种类型？
2.简述房地产周期的阶段表现及特征。
3.房地产周期的影响因素包括哪些？
4.房地产经济周期波动的指标体系有哪些？
5.什么是房地产泡沫？
6.简述房地产泡沫的影响。

第8章　房地产产权

内容提要

产权理论是经济学的一个重要分支,应用其基本原理和方法对房地产产权问题分析也是房地产经济学的一个重要组成部分,其核心内容是明确房地产的归属权。本章主要内容为土地产权概述和房地产产权概述,其中包括产权基本概述、土地产权基本概述、房地产产权基本概述和房地产产权比较分析等内容。

能力要求

通过本章学习,学生应了解土地产权、房地产产权的基本概念及特征;掌握产权的制度特征、表现形式及作用;土地所有权的概念、权能;国家土地所有权、集体土地所有权的概念;土地使用权的概念、性质、特征以及土地他项权利等内容。要理解并掌握房地产产权定义、性质、种类等内容,也要了解我国房地产产权与欧美等国家房地产产权的差异等内容。

思政目标

通过对土地产权、房地产产权的学习,促使学生在产权法律意识、法治意识等方面得到提升,引导学生在行使财产权利的同时也应该严格遵守相关法律,以法律的相关规定为界限,否则就可能侵犯到他人的权利或者损害国家、社会的利益。

8.1　土地产权概述

要正确认识和理解土地产权的相关概念,首先要理解产权的基本概念和土地产权的基本概念,也要了解产权的表现形式和产权制度的特征及作用;其次要理解土地所有权的概念、权能、特征和土地使用权的特征、性质;再次要区分清楚国有土地使用权和集体土地使用权的不同;最后要理解土地他项权的分类。

8.1.1　产权基本理论

产权是社会经济生活中广泛应用的概念,也是经济所有制关系的法律表现形式。市场经济的运行过程就是产权相互作用、相互关联、相互竞争的过程。产权是人们(财产主体)围绕或通过财产(客体)而形成的各种经济权利关系。在市场经济条件下,产权的属性主要表现在三个方面:产权具有经济实体性、产权具有可分离性、产权流动具有独立性。产权经济学认为,产权是产权所有者拥有的;在一定条件下其他经济行为个体允许其以产权所确定的方式行使的权利,它的核心是对人的行为、人与人之间利益关系的界定,也就是说产权是在契约双方达成协议条件下的一种行为权。产权是基于财产所有制而获得的一种权利安排和制度安排。《牛津法律大辞典》将产权定义为：存在或设定在一切客体之中或之上的完全权利。它包括所有权、占有权、支配权、使用权、收益权、处置权、消费权和其他与财产有关的权利等。

虽然产权的直接形式是人对物的关系，但是产权的关系并非人和物之间的关系，而是指基于物的存在和使用而引起的人与人之间的关系。产权制度是界定每个人在稀缺资源利用方面的地位的一组规则体系，由此决定的产权分配格局则具体规定了与物相关的人的行为规范，每个人在与他人的社会交往中都必须遵守这些规范，或者必须承担不遵守这些规范而引起的后果。因此，产权制度的功能在于：产权制度作为一种规则决定了人们进行交往、竞争、合作的条件与方式，并通过这种对人的行为方式的规范而影响资源配置、权利归属、产出结构和收入分配。

产权的功能是指产权作为一种社会强制性的制度安排所具有的界定、规范并且保护人们的经济关系，形成经济生活及社会生活的秩序。产权起到调节社会经济的运行和发展的作用。

1. 产权制度的特征

1）产权的排他性

产权的排他性是产权制度的最根本特征，是指某一产权主体在行使对某一特定资源的一项权利时，排斥了任何其他产权主体对同一资源行使相同的权利。它实质上是产权主体的对外排斥性或对特定权利的垄断性。产权的排他性具有如下两层含义。

（1）产权所有者享有排除他人占有、使用其财产以及从使用其财产中获得收益的权利；产权的排他性使所有者有强烈的动力或意愿去寻求并获得带来最高价值的资源使用方法。

（2）产权所有者在对自己的产权享有自由支配权和收益权的同时，必须承担相应的法律责任，即承担管理和利用自己产权的财产产生的成本及行使自主决策权带来的有关权利风险。

2）产权的可分解性

产权的可分解性是指对既定财产的各项产权可以分属于不同主体的性质。要使私有产权制度有效地发挥作用，产权必须具有可分解性。例如，土地的所有权、使用权、占有权、支配权、租赁权、典当权等可以分解开来，分属于不同的主体。

产权的可分解性还体现在不同的层次上：首先，产权可以分解出狭义所有权、使用权、占有权、支配权；其次，占有、支配和使用的各项产权还可以继续分解，由不同的主体去行使不同的权利。例如，企业投资者享有企业财产的收益权，而企业经营者可行使企业财产的使用权。

产权由权能和利益组成，产权的可分解性包含着两方面的内容，即权能行使的可分工性和利益的可分割性。前者指产权的不同权能可以从由同一个主体行使转变为由不同主体分工行使；后者指相应的权能利益分属于不同的权能行使者。正是由于产权的可分解和分离特性，使得产权可以实现自由交易转让。

3）产权的可交易性

产权交易是指所有产权转让的各种方式，直接或间接、独立或联合、自愿或无意识、有意的给付财产或财产其他权益，包括支付现金、投资、赠与、租借、留置或负债。产权的可交易性又可以称为产权的可转让性或可让渡性，是指能够引导或激励财产的所有者认真地考虑和权衡以不同的方式利用财产的不同权利价值。

按交易内容或对象划分，产权交易可以分为整体交易和部分交易；按交易原则划分，产权交易可分为买卖的交易、管理的交易和限额的交易；按交易时限或产权的让渡时限划分，产权交易可以分为无限期交易和有限期交易。不具有转让权的产权制度是一种有缺陷的产权制度,将会导致产权交易和经济运行的低效率。产权的可交易性促使资源从低生产力所有者向高生产力所有者转移,为提高产权效率创造了条件,实现各种资源向最有效利用的新产权主体流动。

4)产权的有限性

产权的有限性包括两方面含义:①不同产权之间的界限或界区,即任何产权与别的产权之间,必然有着清晰的区分界限;②特定权利的数量大小或范围,即任何产权之间必须是有限度的或是有必要的限制条件。

对于产权的有限性,我们需要从静态和动态两重意义上去理解。静态地看,任何财产的产权之间或对财产的不同产权之间,在一定时点上,就产权效率而言,必须具有绝对清晰的界限;对任何产权的利益数量和权能空间都必须定量。动态地看,产权的有限性并不意味着产权之间的界限是固定不变的,也不意味着产权的权能空间和利益大小永远是一成不变的,产权的限度界定是一个动态变化过程。

5)产权的行为性

产权的行为性是指产权主体在财产权利的界区内有权做什么,有权不做什么,有权阻止别人做什么,有权必须做什么的性质。产权的运动、动作、实现是依靠其主体的行为驱动的,如果没有主体的具体行为,就不可能实现各种产权的相对利益。如果只有利益,而没有相对权能的行使行为,也不是产权或是实现不了权利的产权。因此,产权的行为性是由行为目标、行为过程、行为结果三个因素构成的。

6)产权的法律保护性

《中华人民共和国宪法》第十条规定:"城市的土地属于国家所有。农村和城市郊区的土地,除由法律规定属于国家所有的以外,属于集体所有;宅基地和自留地、自留山,也属于集体所有。"第十二条规定:"社会主义的公共财产神圣不可侵犯。国家保护社会主义的公共财产。禁止任何组织或者个人用任何手段侵占或者破坏国家的和集体的财产。"第十三条规定:"公民的合法的私有财产不受侵犯。国家依照法律规定保护公民的私有财产权和继承权。国家为了公共利益的需要,可以依照法律规定对公民的私有财产实行征收或者征用并给予补偿。"

产权的法律保护性主要有两个重要意义:①以国家根本法的形式将公共财产、私有财产权纳入《中华人民共和国宪法》基本权利,规定政府有保护公共财产、私有财产权的义务;②以国家根本法的形式对政府的权力加以限制,即规定政府未通过正当法律程序及未进行公平和公正的补偿,不得剥夺私人财产。

2. 产权的表现形式

1)原始产权

原始产权也称为资产的所有权,是指受法律确认和保护的经济利益主体对财产的排他性的归属关系,包括所有者依法对自己的财产享有占有、使用、收益、处分的权利。

2)法人产权

法人产权也称为法人财产权,是指法人企业对资产所有者授予其经营的资产享有占有、使用、收益和处分的权利,包括经营权。法人产权是伴随着法人制度的建立而产生的一种权利。

3)股权和债权

实行法人制度后,企业拥有对资产的法人所有权,致使原始产权转变为股权或债权。原始出资者能利用股东(或债权人)的各项权利对法人企业产生影响,但不能直接干预企业的经营活动。

4)产权的其他表现形式

产权还可以从不同的角度进行分类,一般有以下七种分类形式。

(1)按产权历史发展形态的不同分类,产权可分为物权、债权、股权。

(2)按产权归属和占有主体的不同分类,产权可分为原始产权、政府产权和法人产权。

(3)按产权占有主体性质的不同分类,产权可分为私有产权、政府产权和法人产权。

(4)按产权客体流动方式的不同分类,产权可分为固定资产产权和流动资产产权。

(5)按客体的形态的不同分类,产权可分为有形资产产权和无形资产产权。

(6)按产权具体实现形态的不同分类,产权可分为所有权、占有权和处置权。

(7)按产权所有制性质的不同分类,产权可分为国家所有权、集体所有权、公民财产所有权。

3.产权制度的作用

1)规范交易行为,保证有效竞争

在现代市场经济中,产权的实际占有关系具有复杂性和多样性,一个在法律上强有力的产权制度不仅有助于制定公平而有效率的交易规则,而且能有效地约束和规范行为人的交易行为。因此,建立健全的现代产权制度是实现国民经济持续健康发展和社会有序运行的重要制度保障。恰当的产权制度所设定的各种约束会对经济主体产生激励作用,促使产权主体为追求效用最大化而进行竞争。

2)提高资源配置效率

社会的各种制度和规则规定了人们配置各类资源的方式,从而确保有效的竞争行为。产权制度最主要的功能在于降低交易费用和实现有效合法的交易,提高资源配置效率。产权制度的排他性使公平、自由的市场交易成为可能;产权制度的可分离性和可转移性,使资源根据市场需求的变化在全社会自由流动,提高了资源的配置效率。

3)减少不确定性

当经济主体之间发生交易时,交换的本质是产权的交换。如果没有对产权的界定,一方面,他们面对的环境是不确定的,且交易越多、越复杂,不确定性也就越大,问题也就越多;另一方面,人的理性是有限度的,产权界定就是通过一系列的制度和规则减少环境的不确定性以及信息的不对称性,提高人们认识环境的能力。现代产权制度是权责高度统一的制度,其基本特征是归属清晰、权责明确、保护严格、流转顺畅。产权主体和收益归属明确能减少不确定性。

4)避免"搭便车"行为

外部性的存在导致"搭便车"等机会主义动机和行为。只有产权界定清晰,经济行为主体才能形成与他人进行交易时的合理预期,并使经济主体能够全面衡量成本与利益,以效用最大化原则来支配和处分产权。这种作用是通过外部性的内在化实现的,产权清晰有利于引导经济主体追求生产效率和创新,促进经济增长,进而建立归属清晰、权责明确、保护严格、流转顺畅的现代产权制度。

5)确定政府经济职能和管理制度的基础

政府经济职能存在的基础除来自社会化大生产和市场失灵外,还源于交易费用的存在以及界定产权的需要。外部性的存在对于资源配置和社会福利极为不利,按照庇古的理论,当外部经济出现时,国家应当对当事人课以赋税,但是要保证实现资源配置的帕累托最优,还要明确界定各经济行为主体的产权,从而为其进行交易设定规则,以减弱其不确定性。体现权责明确、保护严格、流转顺畅、财产权利、利益对称是现代产权制度和政府管理制度的关键标志。

8.1.2 土地产权理论

土地产权是指以土地所有权为核心的土地财产权利的总和,包括土地所有权及与其相联系的相对独立的各种权利,如占有权、使用权、租赁权、经营权等。我国土地产权总体上可以分为土地所有权、土地用益物权和土地他项权利三大类。其中土地他项权利包括土地抵押权、土地承租权、土地继承权、地役权等多项权利。

1. 土地所有权

1)土地所有权的概念

《中华人民共和国土地管理法》规定,城市市区的土地属于国家所有;农村和城郊的土地,除法律规定属于国家所有外,属于农民集体所有;宅基地、自留山,属于农民集体所有。

土地所有权是土地产权的核心内容,主要指土地所有人对其所有的土地享有的占有、使用、收益和处分的权利。土地所有权是土地所有制的法律表现形式。我国的土地所有权是指国家或农村集体经济组织对其所有的国有土地或集体土地依法拥有的占有、使用、收益和处分的权利。同时,我国对土地所有者及其代表行使权利有三条重要的限制:①土地所有者及其代表行使权利不得违反法律、行政法规规定的义务;②土地所有者及其代表不得违反其与土地使用者签订的土地使用权出让合同或者土地承包合同中约定的义务;③土地所有权禁止交易。

2)土地所有权的权能

法律和学理上使用的权能概念,对权利的具体作用或实现方式而言,是权利的具体内容。根据我国民法学普遍采用的"四项权能"理论,可以将土地所有权分解为占有权能、使用权能、收益权能和处分权能。

(1)占有权能。物权具有权能上的支配性特征,反映到所有权上,首先表现出来的即是占有权能。从含义上讲,占有权能是所有人对所有物的实际占有、管理、控制的权能。通常情况下,所有人是物的实际占有人,法律保护所有人的占有,当所有人的占有权被侵害时,所有人有请求返还占有的权利,可以说所有权返还请求权行使的宗旨就是恢复所有人对物的占有。

(2)使用权能。物权法追求"物尽其用",反映到所有权中,其最明显的体现就是使用权能。使用权能是所有人按照物的性能、用途、作用、意义对物加以利用,以发挥财产的使用价值的权能,从而满足生产、生活、工作的需要。该权能的行使以对物的占有为前提,享有物的使用权能必须同时享有物的占有权能,但在特殊场合也未必如此,如质权人、仓储保管合同中的保管人只能对标的物进行占有,不能对标的物予以使用。可见使用权能通常由所有人享有,也可以与所有权分离,由非所有人享有。

(3)收益权能。收益权能是指权利人可以由物的使用、物的自然产出而获得经济利益的权利。在法律上主要表现为权利人可以获取土地收益或主张他人归还土地收益的权利。收益权是一项独立的权能,在土地占有权变化、使用权出让后,可以仍然保留收益权。

(4)处分权能。处分权能是指进行处置,从而转移变更、消灭物的存在状态或改变物的权利归属的权能。处分权能决定物的命运,是所有权的核心权能,也是所有权最基本的权能。处分权能最直接地体现了人对物的支配,被认为是拥有所有权的根本标志。处分权一般由所有人享有,但在法律有专门规定或者有明确法律依据的情况下,非所有人可以享有对所有人财产的处分权。例如,国有企业对国家授予其经营管理的财产的处分权,抵押权人在债务人不履行到期债务时可以依照法律规定将抵押物变卖而优先受偿等。

3）土地所有权的特征

(1)土地所有权是一项专有权,其权利主体具有特定性。我国土地所有权的权利主体只能是国家或农民集体,其他任何单位或个人都不享有土地所有权,这是由我国实行土地的社会主义公有制决定的。

(2)交易的限制性。《中华人民共和国土地管理法》第二条第三款规定:"任何单位和个人不得侵占、买卖或者以其他形式非法转让土地。土地使用权可依法转让。"显然土地所有权的买卖、赠与、互易和以土地所有权作为投资等行为,均属非法行为,在法律上都应视作无效。

(3)权属的稳定性。由于主体的特定性和交易的限制性,我国的土地所有权处于高度稳定的状态。除《中华人民共和国土地管理法》第二条第四款规定的"国家为了公共利益的需要,可以依法对土地实行征收或者征用并给予补偿"以外,土地所有权的归属状态都不能改变。

(4)权能的分离性。土地所有权包括对土地的占有、使用、收益、处分的权利,它是一种最全面、最充分的物权。在土地所有权高度稳定的情况下,为实现土地资源的有效利用,法律需要将土地使用权从土地所有权中分离出来,使之成为一种相对独立的物权形态并且能够进行交易。

(5)土地所有权的排他性。土地所有权的排他性即土地所有权的垄断性,是指一块土地只能有一个所有者,不能同时有多个所有者。马克思指出:"土地所有权的前提是,一些人垄断一定量的土地,把它作为排斥其他一切人的、只服从自己个人意志的领域。"

(6)土地所有权的追及力。土地为他人非法占有时,无论由何人或何单位控制,所有权人都可以向其主张权利。

4）国家土地所有权

(1)国家所有土地的来源。国家作为民事主体对全民所有的土地享有土地所有权。国家所有的土地主要有下列四种来源:接受旧中国的国有土地、没收旧官僚等的土地、农村土地改革中划归国家所有的土地、经济发展不同时期征用的土地。

(2)国家土地所有权的特征。国家土地所有权的特征有:一是所有权主体的唯一性。在我国,只有中华人民共和国才是国家土地所有权的主体,国家土地所有权只能由代表全国人民利益的中华人民共和国及其授权的各级政府行使。所有权客体即土地的广泛性,是由国家土地范围的广泛性所决定的。二是所有权和使用权的可分离性。土地所有权一般通过其所有权权能的分离,使非土地所有权人对土地享有他物权。

5）集体土地所有权

集体土地所有权是指农村劳动群众集体经济组织在法律规定的范围内占有、使用、收益、处分自己所有土地的权利,也是劳动群众集体所有制在法律上的表现。集体土地主要包括集体农地和集体建设用地。集体农地包括耕地和其他直接或间接用于农业生产的土地;集体建设用地主要包括宅基地、乡村企业用地、乡村公用事业用地、乡村公益事业用地等,以及已确认给集体的分散的荒山、荒地等。集体土地所有权特征有:客体范围具有特定性,权利主体存在明确界定,集体土地所有权权能呈现独特性,权属转移过程呈现单向流出的特性。

2. 土地使用权

土地使用权是从土地所有权派生出来的一项财产权利,是在他人土地上设定的一种物权,是对土地进行使用并以收益为目的的一种物权,属于用益物权。土地使用权在土地产权制度中有着非常重要的位置,对人们的生产、生活、工作产生最直接的作用和影响,是一种由土地以"所有为中心"转化为"以使用为中心"的现代物权。

1)土地使用权的特征

土地使用权是一种物权,是一种用益物权,是以土地的占有、使用和收益为目的的他物权。他物权是指权利人对不属于自己所有的物,依据合同的约定或法律的规定所享有的占有、使用、收益的权利。土地使用权是土地所有权派生出来的一种他物权权利,它可以在不同主体间转移。

2)土地使用权的性质

土地使用权是一种用益物权、他物权、限制物权。我国土地使用权是以土地、房地产开发、利用、经营为目的的权利。

3)国有土地使用权

国有土地使用权是指国有土地的使用人依法利用土地并取得收益的权利。国有土地使用权的取得方式有划拨、出让、出租、入股等。有偿取得的国有土地使用权可以依法转让、出租、抵押和继承。划拨土地使用权在补办出让手续、补缴或抵交土地使用权出让金之后,才可以转让、出租、抵押。

4)集体土地使用权

集体土地使用权的属性。集体土地使用权具有用益物权和限制物权两种基本属性。

(1)用益物权。集体土地使用权是由土地所有权派生出来的一种用益物权。它是土地所有权人让与土地使用权人的对集体土地进行占有、使用和收益的权利。在法律规定的范围内,集体土地使用权可以转让、出租、抵押和继承等。

(2)限制物权。集体土地使用权的限制主要来源于四个方面:一是集体土地所有权的团体性、社区性,再加上国家对农村土地的保护政策,决定了其主体范围主要是集体组织的成员;二是基于不同种类的集体土地使用权在设置目的上的差异,法律对它们的使用权能和处分权能有不同的限制;三是土地使用权人有接受政府土地管理措施、缴纳相关税费的义务;四是为了保证农村农业人口的就业,政府对家庭使用土地面积、使用方向进行适度限制。

3. 土地他项权

土地他项权是指在已经确定了他人所有权和使用权的土地上保留的共同利用土地方面的权利。在我国,土地他项权是指土地所有权和使用权以外的各种土地权利,它是个开放的概念,凡是不属于土地所有权和使用权但在土地法律法规尚需要加以确认和保护的土地权利,都可以纳入土地他项权范围。土地他项权主要有抵押权、租赁权、地役权、耕作权、借用权、空间利用权六种。

1)抵押权

经有偿出让的土地使用权可以用来抵押。抵押开始,抵押权人即取得土地使用权的抵押权,该抵押权必须经土地登记机关加以登记确认。抵押终止,抵押权即告消灭。

2)租赁权

土地使用权可以依法出租,承租人对所承租的土地有租赁权,这是我国一项较为特殊的土地他项权利。

3）地役权

《中华人民共和国民法通则》中对相邻用地的通行、排水等权利的相邻关系的形式做了规定。这种他人土地通行、排水的权利称为地役权。

4）耕作权

耕作权是指按照规定或约定，在已经明确了土地使用权的土地上，在不妨碍土地使用人的土地使用权的条件下，在大型靶场、试验场内有限制地种植树木和农作物等的权利。

5）借用权

通过借用而使用别人的土地，可以认为借用人具有借用权。

6）空间利用权

空间利用权是指权利人在法律、法规规定的范围内，利用地表上下一定范围内的空间，并排除他人干涉的权利。

8.2 房地产产权概述

要正确认识和理解房地产产权，首先要理解房地产产权的定义、性质、种类等内容；其次要了解我国房地产产权与欧美等国家房地产产权的差异，这有助于我们理解房地产产权的相关知识点。

8.2.1 房地产产权基本理论

1.房地产产权的定义

房地产产权是指房地产权利人以房地产为标的物，对其直接进行支配并享受其利益的排他性权利。房地产产权是将房地产这一不动产作为一种重要的、特殊的财产而形成的物权，是依照国家法律对其所有的房地产享有直接管理支配并享受其利益以及排除他人干涉的权利，包括房地产所有权和房地产他物权。

2.房地产产权的性质

1）房地产产权具有绝对性和排他性

绝对性是指只有产权人才对房地产具有充分、完整的控制权和支配权，并因此获得利益。排他性是指产权人排除他人占有、干涉的权利。这种权利包括直接的物权，也包括由此派生的典权、抵押权、租赁权等他项权利。

2）房地产使用权和占有权是密不可分的

没有占有权，使用权就失去了存在的基础，而使用权又可以从所有权中分离出来，即有使用权不一定就有所有权，但一定有占有权。

3）房地产产权具有收益权和处分权

所谓收益权，是指房地产所有权人按照法律规定，从履行权利义务关系中得到的收益的权利，如出租土地和房地产收取的租金。房地产收益权是房地产所有权内在固有的要求，它是所有权实现的重要途径之一。所谓处分权，是指房地产所有权人在法律允许的范围内，根据自己的意志，对房地产进行处置的权利，如依法对自己所有的房地产出售、出租、赠与、变换、入

130

股等。

3. 房地产产权的种类

1)所有权

所有权是房地产所有人在法律规定的范围内,独占性地支配其所有财产的权利。房地产所有人可以对其所拥有的房地产行使占有、使用、收益、处分的权利,并排除他人对其财产进行干涉,它是一种最基础、最充分、最完整的财产权或物权。

2)占有权

占有权是指依法对房地产进行实际支配和控制的权利。占有可分为所有权人占有和非所有权人占有。

3)用益权

用益权包括房地产使用权、房地产开发经营权、地上权、地役权、房地产典权五类。

4)处分权

处分权包括房地产出售权、房地产租赁权、房地产继承权、房地产赠与权、房地产抵押权五类。

8.2.2 我国房地产产权与欧美等国家差异分析

1. 我国房地产产权特征

1)我国土地是公有制,国家具有决策权

我国入市交易的地产并没有全部土地产权,仅仅是使用权入市交易,所有权归国家所有,这是我国土地产权制度的创新。我国住宅用地的土地使用年限是 70 年,工业用地的土地使用年限是 50 年,教、科、文、卫等福利性质用地的土地使用年限 50 年,商、娱、旅等营利性项目用地的土地使用年限是 40 年,其他综合类性质用地的土地使用年限是 50 年。

我国有关房地产法律在用法执法方面还存在一些不足:很多土地的用途和密度可以根据需要做出适当的修改;允许买卖毛坯房,即允许没有内装的房地产进行交易;一旦买房者交纳全部预付款,很多楼盘可能当时还没有建好而不能交付,甚至后期会出现烂尾楼现象。

2)房地产产权政策体现社会主义经济特征

我国房地产产权政策明显体现在行政、经济、法律等政策的各个层面。

(1)行政上明确规定了开发项目地块的规划要点,对土地进行有效管制,并在市场行为中根据实际需要因城施策进行限贷、限购、限售等;行政上要求只对地上计容积率建筑部分颁发不动产证(即房屋所有权证与土地使用权证的两证合一),对地下的不计容积率建筑部分只发房屋所有权证而不发土地使用权证(即地下不计容积率的土地没有土地使用权证);政府也会通过土地供应、金融政策等手段对房地产市场进行宏观调控,通过经济适用房、廉租房、公租房、限价房等有一定产权限制的政策性住房项目来保障中低收入家庭的住房需求。

(2)经济上采取金融手段等机制,通过限购政策使银行的买房贷款利率较高等,通过预售制进行产权购买首付比例的调整等,而我国房地产开发企业融资渠道相对有限,对银行贷款依赖度高,银行消费贷和投资贷的相关政策直接关系房地产市场的冷热程度。

(3)法律上通过立法进行房屋建筑面积或使用面积产权发证,但两者面积往往相差较大,建筑面积的公摊面积偏大,不同类型的房地产公摊面积占比在 $15\% \sim 50\%$,存在得房率不高

的现象，常发生"100万元价值的房子，有20多万元支付的是公摊面积"的情况，这对于消费者而言很不划算。目前我国房地产税收立法体系在不断完善中，房地产税尚未普遍实施，地方财政对土地出让收入的依赖特征较为显著。

2.欧美等房地产产权特征

1）美国土地和房地产都是私有制，个人具有决策权

美国的地产在法律上严格声明所拥有的土地边界、地块描述并写入不动产登记证书；不仅如此，地里的出产物、地下的矿物等都归产权人所有。地产具有永久的所有权和使用权，通常土地用途一旦界定，很难变更，比如住宅就是住宅，工业就是工业，商业就是商业，即在规划上很难变更。美国有统一的房源共享系统，所有上市房子的信息都在这个系统中，通常要求开发商所售出的新房必须具备完整的基本装修，基本达到拎包入住的条件，这样才可以转让产权。在美国只需交纳3%左右的订金，等到房地产完全建成具备过户条件、能直接交付使用时才需要支付剩余款项；贷款时间多为固定利率的十五年和三十年，浮动利率贷款使用较少。可以在贷款到期前重新贷款或全部还清，无"限贷"政策。在美国有专门的产权公司和过户公司为房地产过户把关，以确保房地产产权明晰。同时还推行了产权保险制度，成立了专门的产权保险公司，政府设立保险监督机构，形成了较规范的产权保险工作程序。

房地产私有制的核心就是私人产权的持有、归属、继承等。房地产作为私人财富最重要的组成部分，有一套成熟而细致的惯有方法。在产权合法且可进行销售的前提下，产权的持有方式决定未来对房地产的处置方式及权利人各方的权益。如夫妻共同所有的房地产带自动继承权或不带继承权主要是针对万一一方出问题时，带继承权的选项不需要走遗产流程，另一方将自动获得全部房地产产权；不带继承权的选择需要走遗产流程，夫妻必须双方一致同意才可进行房地产产权的转让或出租。

在房产买卖过程中，政府对房地产市场的干预相对较少，市场机制起主导作用，有许多第三方服务机构，如估价公司、房屋检查公司、公证公司、银行、产权保险公司等，每个机构都在买卖过程中发挥自己的中介功能。美国房地产金融市场比较成熟，有多元化的融资渠道，如房地产投资信托等，有助于分散风险，提高市场流动性。

2）欧洲等一些国家房地产产权特征

欧洲国家的土地以私有制为主，房地产税是地方政府的重要税收来源，税率相对稳定。欧洲国家房地产交易信息公开透明，市场参与者可以通过多种渠道获取详细的交易信息，减少交易风险。通过市场化手段实现住房保障，政府提供住房补贴、税收优惠等方式鼓励私人部门参与住房供应。

欧洲一些国家房地产产权特征除产权私有制外也有别于美国的一些做法。如西欧一些国家推出购房移民政策，购置房产即可拥有该国身份。欧洲一些国家房地产是采取永久产权政策，不受国家政策影响，也不受房产质量好坏影响，投资者买下房地产后可以代代相传，是长久的"不动产"。在产权面积方面普遍采用产权购买面积便是到手的房地产实际面积，还会附赠阳台、储藏室、停车位等，这些都不计入实际产权面积中。

澳大利亚则推行了一个把房地统一起来的土地使用权立体空间理论，即购买高层楼房中的一部分房屋是购得了土地所有权的一个空间，而实际发证时涉及空间在所有权的份额价值时使用的又完全是房屋的概念，即用每套房屋的价值除以该幢楼房的总价值所得的比值即为该房屋所有权人在土地所有权中所占的份额，该理论虽然不尽完善但却较好地解决了房地统

一的问题。

知识归纳

1.产权是经济所有制关系的法律表现形式,也是存在或设定在一切客体之中或之上的完全权利。产权包括所有权、占有权、支配权、使用权、收益权、处置权、消费权和其他与财产有关的权利。

2.土地产权是指以土地所有权为核心的土地财产权利的总和。土地产权包括土地所有权及与其相联系的相对独立的各种权利,如占有权、使用权、经营权等。我国土地产权总体上可以分为土地所有权、土地用益物权和土地他项权利三大类。

3.土地所有权是土地产权的核心内容,是指土地所有人对其所有的土地享有的占有、使用、收益和处分的权利。土地所有权是土地所有制的法律表现形式。我国的土地所有权是指国家或农村集体经济组织对其所有的国有土地或集体土地依法拥有的占有、使用、收益和处分的权利。

4.土地使用权是从土地所有权派生出来的一项财产权利,是在他人土地上设定的一种物权,是对土地进行使用并以收益为目的的一种物权,属于用益物权。土地使用权在土地产权制度中有着非常重要的位置,对人们的生产和生活产生最直接的作用和影响。

5.土地他项权是指在已经确定了他人所有权和使用权的土地上保留的共同利用土地的权利。在我国,土地他项权是指土地所有权和使用权以外的各种土地权利,凡是不属于土地所有权和使用权但在土地法律法规尚需要加以确认和保护的土地权利,都可以纳入土地他项权范围。土地他项权主要有土地相邻权、土地租赁权和土地抵押权等。

6.房地产产权是指房地产权利人以房地产为标的物,对其直接进行支配并享受其利益的排他性权利。房地产产权是将房地产这一不动产作为一种重要的特殊的财产而形成的物权,是依照国家法律对其所有的房地产享有直接管理支配并享受其利益以及排除他人干涉的权利,包括房地产所有权和房地产他物权。

7.我国土地是公有制,国家具有决策权。我国入市交易的地产并没有拥有全部土地产权,仅是使用权,所有权归国家所有是我国土地产权制度的创新。住宅用地,全国统一的土地使用权年限标准是70年;工业用地土地使用年限为50年;教、科、文、卫等带福利性质用地土地使用年限为50年;商、娱、旅等营利性项目用地土地使用年限为40年;其他综合类性质用地土地使用年限为50年。

思考题

1.产权的含义、特征及其表现形式分别是什么?

2.产权制度的作用有哪些?

3.简述土地所有权的概念、权能及其特征。

4.简述土地使用权的概念、特征及其性质。

5.简述房地产产权的定义、性质和种类。

第9章　房地产税收

内容提要

本章内容主要为税收概述、房地产税收概述以及房地产税收制度的内容与特征；国内房地产税收简要分析和国外房地产税收简要分析；中外房地产税收比较分析，两者间的借鉴意义与实际效用的不同；如何准确有效地掌握我国房地产税收的实时信息等。

能力要求

通过本章学习，学生应掌握税收的基本内容、我国房地产税收的基本概念，了解国家税收的基本特征、重要作用，掌握我国房地产税收制度的特征与内容，深入了解国外房地产税收的借鉴意义并与国内房地产税收进行比较分析。

思政目标

通过对房地产税收的理解和认识，让学生明白税收的本质是"取之于民，用之于民，造福于民"。理解个人和企业要依法纳税，政府需优化税收营商环境。引导学生理解房产税改革的必要性、合理性和制度设计的紧迫性，使学生了解我国社会主义房产税制度的优越性。

9.1　税收概述

富兰克林说过"死亡和纳税是人生不可避免的两件事"，税收对于国家和财政来说都至关重要，房地产税收作为国家税收的重要组成部分，对房地产经济和市场具有重要的影响。

9.1.1　税收的含义

税收是国家为了向社会提供公共产品，满足社会公共需要，凭借公共权力，按照法律所规定的标准和程序，参与国民收入分配，强制地、无偿地取得财政收入的一种分配关系。总的来讲税收的定义由四个方面组成，即税收依据和来源、税收主体和客体、税收形态、税收方式。

税收主要依靠国家强制力来实现，具有强制性和无偿性，它的取得以国家的强制力为重要基础，而国家强制力的实现则主要来源于民众所赋予的合法性。

税收征税主体是国家或政府以及权力机构，税收客体即征税对象是法律规定的法人和自然人，有公民、居民、国家机关、企事业单位及其他类型的机构。

税收形态以货币形态为主，最早是以劳务形态为主要形式，在社会发展变化中，税收逐渐演变为物质形态，最终演化为以货币形态为主。

税收方式主要有查账征收、查定征收、查验征收、定期定额征收、委托代征税款、邮寄纳税及其他方式。不同经营方式会有不同的税收方式,为了促进企业发展,国家还会制定不同的税收优惠政策,对小微企业的一些税费予以减收或免征。

9.1.2 税收的职能、作用、特征

税收主要体现为国家财政收入。作为国家财政收入的重要来源,税收是国家进行宏观调控的重要工具和必要手段,在一定程度上具有维护国家政权,调节、监督国家经济的重要作用。税收具有两大重要职能:财政职能、调节经济职能,是促进国家经济稳定和可持续发展的重要举措。

1. 税收的职能

(1)财政职能也称收入职能,指税收通过参与社会产品和国民收入的再分配,为国家取得财政收入的功能。

(2)调节经济职能也称经济职能,指通过税收分配,实现社会总需求与总供给的平衡。

2. 税收的四大作用

(1)税收最基本的作用是作为政府财政收入的主要来源。从世界各国的实践来看,税收在财政收入中占据主导地位。税收充足与否,是衡量各国财政收入是否充足和稳固的重要标志之一。

(2)税收具有调控经济运行的重要作用。作为一个有力的经济杠杆,通过税收税额的增加和减免、税种设置的调节、税率的变化,可以有效地对市场主体的切身利益起到影响作用,同时也在一定程度上反映了社会预期以及市场主体的具体经济行为,促进了资源的优化配置。此外,税收还可以调节储蓄和投资关系,进而调整积累、投资行为、消费、劳动力市场的关系。

(3)税收具有调节收入分配、社会财富结构的作用。税收是实现收入再分配的重要手段,主要通过三个方面来实现调节收入分配:一是通过征收所得税直接调节收入分配;二是通过征收商品的消费税来调节收入分配;三是通过征收财产的增值税以及受赠遗产的财产税来调节财富在代内、代际的分配。

(4)税收具有监督经济活动的作用。通过对税收收入结构和数量的监控及分析,能够及时发现并掌握宏观经济的发展变化动态及趋势,可以较为深入地了解微观经济的具体运行变化和发展方向,可以反映企业的各阶段经营发展变化,进而采取一系列的扶助或调控政策。

3. 税收的特征

税收具有强制性、无偿性、固定性三个显著特征,具体如下。

(1)强制性是指国家凭借政治权力强制征收,纳税人必须依法纳税,税务机关必须依法征税,对税收主体和客体均具有强制力。

(2)无偿性是针对单个纳税人而言的,指国家取得税收收入,其使用由财政统一分配,既不需要返还给纳税人,也不需要对纳税人付出任何代价或支付报酬。

(3)固定性是指国家在征税之前就以法律的形式,预先规定了征税对象、税率、纳税期限等,其征税的标准和总量在一定的时期内是相对固定的,不经国家有关部门批准不能随意改变。

三个特征的关系是相辅相成的,税收无偿性要求其具有强制性,强制性是无偿性的保障;税收的强制性和无偿性又决定了其必须具有固定性。其中无偿性只针对单个纳税人,单个纳

税人缴纳的税款和其享有公共利益是不对等关系,对于所有纳税人而言,税收最终是向社会全体成员提供公共产品和服务的,这也是税收常说的"取之于民,用之于民"。

9.1.3 税收制度的内容与特征

税收制度是国家在税收方面制定的各种税收法律规范性文件的总称,是国家税务机关向纳税人征税的依据,也是纳税人履行纳税义务的准则。税收制度是伴随着税收发展而产生的,也可以理解为一个国家在一定的时期内,根据自身的社会发展以及政治经济的状况,通过法律的途径制定的一种或多种税收体系。也可以解释成,国家与纳税人之间就纳税相关事宜所做出的安排,它提供一种纳税人和其他税务相关人员在其中合作的制度或者提供一种影响经济行为个体的财产权变革的机制。由此可见,税收制度不仅是依据和准则,更是一种税收体系和机制。

1. 税收制度的内容

1)纳税人

纳税人是纳税义务人的简称,是税法规定直接负有纳税义务的单位和个人,也称纳税主体,是税款直接承担者,是税法最基本的要素之一。从法律角度分析,纳税人的两种基本形式分为自然人和法人两类。自然人是指依法独立享有民事权利,并承担民事义务的公民个人;法人是具有能够独立支配财产、能享有民事权利并承担民事义务的企业、单位、团体等社会组织,是社会组织在法律上的人格化。

2)征税对象

征税对象是法律规定的征税标的物,就是对什么征税的问题。它是征税的客观对象。征税对象是区别税种的重要标志之一,不同的征税对象会有相适应的税收种类。征税对象在一定程度上是相对宏观的概念,与其相对应的微观概念是税目,也称课税科目或课税品目。税目是税法规定的同一征税对象范围内的具体项目。税目具有两方面的作用:一是明确征收范围,体现征税广度;二是对具体征税项目进行归类和界定,以便针对不同的税目确定差别税率。确定税目的方法有列举法和概括法。列举法即按照每一种征税产品或经营项目分别设置税目,也就是具体列举对什么征税、对什么不征税。概括法即按商品的分类或行业设置税目。

3)税率

税率是应纳税额与课税对象数额之间的比例,是计算应纳税额的尺度,体现征税的深度。税率的高低直接关系到国家财政收入和纳税人的负担,起着调节收入的作用。我国现行税率主要有比例税率、定额税率和累进税率三种。

(1)比例税率是指对同一征税对象,不管征税数额的大小,规定同样比例的税率。比例税率不因课税对象数额的多少而变化,是一种应用最广、最常见的税率制度。比例税率分为单一比例税率、差别比例税率、有免征额的比例税率、幅度比例税率四种。

(2)定额税率是指直接规定按征税对象应纳税款的固定数额的税率。定额税率分为幅度定额税率、分类分级定额税率、地区差别定额税率三种。

(3)累进税率是指随着课税对象数额的增大而提高的税率。累进税率分为超额累进税率、全额累进税率、超率累进税率和超倍累进税率四种。

4)计税依据

计税依据是计算应征税额的依据或标准,分为从量计税和从价计税两种。计税依据按照计量单位的性质划分为价值形态和物理形态两种,它是课税对象的量的表现。

5)纳税期限

纳税期限是纳税人应当缴纳税款的期限。一般根据征税对象的特点和税收客体的生产经营状况来确定。

2. 税收制度的特征

税收的强制性、无偿性、固定性三个重要特征决定了国家必须要建立一套完整的制度对其进行约定,一个国家或地区的税收体系与税收制度是相辅相成的。

1)税收制度是正式的外部制度安排

税收制度内容包括国家税收的征收和缴纳,其目的是减少经济行为主体纳税方面的机会主义行为的发生频率,降低税收成本;其次也是国家的一种再分配方式。税收制度同税收一样具有强制性,是以法律的形式正式确立的,是所有社会成员都必须遵守的制度。

2)税收制度结构与税收制度是相伴而生的

税收制度是在按照一定标准进行税收分类的基础上,为了实现组织财政收入、调节经济运行的目的,一个国家或者地区合理设置税种所形成的特定的税收体系。税收制度结构根据税种的多少,可以分为单一税制和复合税制。单一税制是指以一种征税对象为基础设置税种所形成的税制。复合税制是指以多种征税对象为基础设置税种所形成的税制。各国在税收实践中大多采用复合税制结构。

9.1.4 税收的种类

税收分类方法多种多样,可以根据不同的标准进行划分,如:税收制度的复杂性、税收的目的、税款用途的差异、税种的地位、计税标准、存续时间、管理权限或收入归属、税收形态、税收和价格关系、税收来源等。世界经济合作与发展组织(OECD)将税收分为六大类:对所得、利润和资本利得所征的所得税,社会保险税,对工薪和劳动所征的税,对不动产、财产值、遗产和赠予课税的财产税,商品和劳务税,其他税。

我国税制经过多年改革和发展,目前基本形成了以增值税、消费税、企业所得税、个人所得税、资源税、城镇土地使用税、房产税、城市维护建设税、耕地占用税、土地增值税、车辆购置税、车船税、印花税、契税、烟叶税、关税、船舶吨税为主要内容的税收种类。

1. 增值税

增值税是指对在我国境内销售货物或者提供加工、修理修配劳务以及进口货物的单位和个人,对其货物或应税劳务销售额以及进口货物金额计算税款,并实行税款抵扣制的一种流转税。

2. 消费税

消费税是指对在我国境内生产、委托加工和进口应税消费品的单位和个人征收的一种税收。消费税的征税范围包括烟、酒和酒精、化妆品、贵重首饰和珠宝玉石等18个税目。

3. 企业所得税

企业所得税是指对我国境内的一切企业和其他取得收入的组织(不包括个人独资企业、合伙企业),就其来源于我国境内外的生产经营所得和其他所得征收的一种税收。企业所得税以企业每一纳税年度的收入总额,减除不征税收入、免税收入、各项扣除以及允许弥补以前年度亏损后的余额作为应纳税所得额。企业所得税的税率为25%。

4. 个人所得税

个人所得税是指以个人取得的各项应税所得(包括个人取得的工资、薪金所得,个体工商户的生产、经营所得等11个应税项目)为对象征收的一种税收。除工资、薪金所得适用5%～45%的九级超额累进税率,个体工商户的生产、经营所得和对企事业单位的承包经营、承租经营所得适用5%～35%的五级超额累进税率外,其余各项所得均适用20%的比例税率。

5. 资源税

资源税是指对在我国境内开发应税自然资源的单位和个人征收的一种税收,其税目包括能源矿产、金属矿产、非金属矿产、水气矿产和盐五大类。资源税征收范围包括原油、天然气、煤炭、其他非金属矿原矿、黑色金属矿原矿、有色金属矿原矿、盐等资源。

6. 城镇土地使用税

城镇土地使用税是指以在我国城市、县城、建制镇和工矿区范围内的土地为征税对象,以实际占用的土地面积为计税依据,按规定税额对使用土地的单位和个人征收的一种税收种类。

7. 房产税

房产税是指以我国城市、县城、建制镇和工矿区范围内的房屋为征税对象,以房产余值或租金收入为计税依据,向产权所有人征收的一种税收(此税不适用外商投资企业、外国企业和外籍个人)。

8. 城市维护建设税

城市维护建设税又称城建税,是指以纳税人实际缴纳的增值税、消费税税额为计税依据,依法计征的一种税收。

9. 耕地占用税

耕地占用税是指对占用耕地建房或者从事其他非农业建设的单位和个人,依其占用耕地的面积征收的一种税收种类。纳税人所在地在市区的,税率为7%;纳税人所在地在县城或乡镇的,税率为5%;纳税人所在地不在市区,也不在县城或乡镇的,税率为1%。

10. 土地增值税

土地增值税是指以纳税人转让国有土地使用权、地上建筑物及其附着物所取得的增值额为征税对象,依照规定的税率,对取得增值收入的单位和个人征收的一种税收。

11. 车辆购置税

车辆购置税是指对购置汽车、摩托车、电车、挂车、农用运输车等应税车辆的单位和个人征收的一种税收。车船税是指以在我国境内依法应当到车船管理部门登记的车辆、船舶为征税对象,向车辆、船舶的所有人或管理人征收的一种税收种类。

12. 印花税

印花税是指对在经济活动和经济交往中签订、领受具有法律效力的凭证的行为所征收的一种税收。

13. 契税

契税是指土地、房屋权属发生转移,当事人双方订立契约时,向其承受者征收的一种税收,一般税率为 3%～5%。

14. 烟叶税

烟叶税是指对收购烟叶(包括晾晒烟叶和烤烟叶)的单位,按照收购烟叶的收购金额征收的一种税收,一般税率为 20%。

9.2 房地产税收比较分析

近年来税收手段在房地产宏观调控中发挥着越来越重要的作用,房地产税收也日益成为民众普遍关注的问题。在房产市场发展越来越规范的今天,税收究竟扮演着什么样的角色?与发达国家相比,我国现行的房地产税收制度有哪些不足,又有哪些独特之处呢?

9.2.1 房地产税的含义

房地产税是财产税的重要组成部分,具有悠久的历史,对土地以及土地附着物征税能够追溯到私有制时期和国家产生之初。土地税收是奴隶制国家和封建制国家稳固统治和发展的重要财政收入来源,是统治阶级最先采用的税收形式之一。随着国外工业革命和新技术革命的发展,土地及其地上附着物的投资属性日益显现出来,各国为了减少投机行为、更好地利用土地资源、促进房地产行业的健康发展,纷纷建立了较为完善的房地产税收制度,不断加大各国与房地产相关的税收的比重。房地产税收作为一个国家税收的重要来源,除了具备税收的一般特征外,还具有自身所特有的属性。

关于房地产税收的概念,国外的学者在具体阐释上存在分歧。他们分别从税收的基本含义、税收的一般性和房地产的特殊性以及房地产税收的基本内容等不同的角度对房地产税收进行具体的阐释。

1. 广义房地产税

广义房地产税包括对土地本身及其所提供服务的课税,对土地附着建筑物、构筑物等土地改良物所课征的税赋(房屋税、土地改良税),对土地或土地改良物交易行为的课税(契税、印花税)以及对土地的不当利用行为课征的税赋(空地税、荒地税)。

2. 狭义房地产税

狭义房地产税又称为房产税或者房屋税,是指单纯以房屋及其产权、使用权交易为课税对象的税种,或者以房产与地产的共生体为课税物所征收的税赋。因此,房地产税收并不是一个单独的税收种类,它是指针对包括土地、建筑物等在内的生产生活资料以及对土地和建筑物进行改造、交易等活动征收的一系列相关税种的统称。

"不动产"是法律术语,是财产中"动产"的对称,是指不能移动位置或移动后会引起形状、性质改变,造成经济损失的物,如土地、建筑物以及附着于土地上的花草树木等。从主体角度来看,广义房地产税涉及土地农业税,归属于财产税类的房屋,土地税以及与房屋、土地相关联的各种所得税和行为税。不动产税既不同于土地税,也有别于财产税,其外延大于土地税而小于财产税,是介于土地税和财产税之间的税种。

9.2.2 国外房地产税收分析

1.国外房地产税收的划分

不同国家有不同的房地产税收征收方式、税收种类、管理方式及税种划分方法,其房地产税种的名称也千差万别。差异较大的税种类别按征收对象划分,可分为对土地征税、对地上附着物(建筑物)征税和对土地及附着物统一征税三类;按征税环节划分,可分为房地产保有环节和房地产流转环节税收两类。

1)从征税对象来看

有的国家对土地及附着物统一征税,征收统一的房产税或者财产税,如美国、墨西哥、瑞士等国家;有的国家针对土地或其附着物征税,如俄罗斯、印度、新西兰等国征收土地税;有的国家在征收统一的房地产税或财产税的基础上,又针对土地或建筑物征收特别税,如巴西、泰国、日本等国家。在将土地及附着物(建筑物)统一征税的国家中,其征税方式的不同导致房地产税收的名称也各不同。比如美国和新加坡等国家就把房地产和其他财产一同计税统称为财产税。加拿大不动产税的税基可以分为土地、建筑物和其他不动产部分;法国房地产税征收对象则以建筑土地税和未建筑土地税来划分。

2)从房地产税收征收环节来看

部分国家在房地产保有环节和流转环节征税。在房地产保有环节征税主要是指在一定时期内或一定时间点对房地产保有行为所征的税,分为房地产价值税和房地产租赁税,如表9-1所示。

表9-1 部分国家房地产保有环节税收情况

国家	房地产价值税		房地产租赁税	
	税基	税率	税基	税率
美国	房地产价值	0.75%~5.00%	净租金收入	35.00%
德国	财产价值	0.60%~1.00%	租金收入	26.50%
法国	房地产价值	0.50%~1.50%	租金收入	33.33%
意大利	房地产登记价值	0.40%~0.70%	租金收入	33.00%
瑞典	销售价值	1.50%~2.50%	净租金收入	28.00%
俄罗斯	财产总价值	2.00%	租赁收入	24.00%
韩国	房地产市场价值	0.36%~8.40%	租金收入	9.90%~39.60%
新加坡	年租金价值	4.00%~10.00%	净租金收入	0~22.00%

房地产流转环节主要是指对房地产取得和转让行为征税,包括的税种有房地产转让税、房地产交易税、房地产印花税、房地产增值税、契税、遗产税和赠与税等,其税收情况如表9-2所示。

表9-2 部分国家房地产流转环节税收情况

国家	税种设置	计税依据	税率
德国	房地产转让税	房地产价值	3.50%
西班牙	财产转让税	财产交易价值	6.00%

国家	税种设置	计税依据	税率
意大利	登记税	转让价	6.00%～17.00%
希腊	房地产转让税	转让收入额	7.00%～9.00%
	房地产增值额	增值额	18.00%
日本	购置税	购置成本价	3.00%～4.00%
	注册许可税	房地产评估价值	1.50%～2.00%
韩国	财产购置税	购置成本价	2.00%
	转让房地产税	房地产转让价值	9.90%～39.60%
	遗产税/赠与税	房地产价值	10.00%～40.00%
奥地利	房地产取得税	房地产评估价值	4.50%

在确定税率方面,会采用两种方式,即比例税率和累进税率,如表 9-3 所示。

表 9-3　部分国家房地产税率方式

税率方式	代表国家	详细规定
比例税率	美国	各州政府自行规定,逐年变化
	德国	个人适用的税率为 0.50%,公司适用的税率为 0.60%
	日本	地价税的税率为 0.30%,土地保有税的税率为 1.40%
累进税率	意大利	根据增值额来制定累进税率,例如,增值 20.00% 以内,税率为 5.00%;增值 20.00%～50.00%,税率为 5.00%～10.00%等
	新加坡	根据收入情况来确定累进税率,税率为 4.00%～10.00%
	韩国	根据房地产价值来制定累进税率,税率为 9.90%～39.60%

2. 国外房地产税收制度的特征

房地产税收制度和具体房地产税收存在差异,但也存在一些共同特征。

1)较完善的房地产税收运行体系

西方一些发达国家在发展过程中建立了较完善的房地产税收运行体系,如日本制定了以《土地基本法》《都市计划法》《都市再开发法》《不动产评估法》为代表的 60 多个与房地产相关的法律法规,在立法的基础上建立了税前准备、税中执行、税后服务三方面的房地产税收体系。此外,大多数发达国家都对房地产税收进行了针对性的区分和设计,从房地产流转、保有两个环节设计房地产税种。这样做可以较好地区分税收主体并针对性地设置各种税率,从而实现监督和调控房地产经济发展行为的目的。

2)税收重增值和保有,轻流转

大多数发达国家都在房地产保有环节征收较高的房产税,而在房地产流转环节设置较低的交易税。其目的是鼓励房地产的自由流转,促进土地的集约利用,提高房地产的利用率。例如,法国购房者需要缴纳高额土地税,支付房税或空房税。从发达国家各国的房地产税收实践来看,在保有环节和流转环节都会强调对增值收益征收较高税收。例如,美国对增值收益征收

15%～34%累进税率的房地产增值税,意大利采用累进制按5%～30%的税率征收房地产增值税,韩国自2007年起对出售第二套房产的卖方征收50%的资本收益税,对拥有第三套住房的卖方征收60%的资本收益税等。

3)税收改革是"少税种、宽税基、低税率、严征管"

少税种甚至是征收单一税种在房地产领域成为普遍共识。西方发达国家税收改革后只开征不动产税、所得税、转让税等少数几个税种,如美国仅设置了财产税、遗产税、赠与税、房地产经营所得税。宽税基是指除对公共事业、宗教、慈善等机构的不动产实行免税以外,其余的不动产所有者或占有者均为纳税主体。低税率可以降低单个纳税人房地产税负,提高房地产税收的接受程度,降低征收成本。严征管是保证房地产税收来源的重要手段。西方发达国家一般会采取扣押纳税人的不动产或其他财产廉价出售以及建立统一的税收信用记录等措施打击欠税行为,严管税收征缴工作。

4)对特定群体采取税收优惠政策

西方发达国家对于公共设施、保障用房、绿色建筑的建设在税收上给予优惠甚至减免,以最大的限度保障低收入群体的居住权利。对从事开发普通住房、保障性住房、绿色建筑的开发商给予必要的税收优惠,如企业所得税的减免。以美国为例,主要分为两类:一类是针对自用住宅所获收益或首次购买住宅者给予税收优惠。美国税法规定出售一套自用居住满两年以上的住宅,根据家庭人员比例获得税收优惠,若为单身住房售价与贩入价的差价不超过25万美元则可完全免税;如是已婚家庭且差价不超过50万美元,也可免税。另一类是对低收入者和老年人购房和租房的税收优惠政策。美国税法规定联邦政府每年给各州分配税收抵扣的最高限额,房屋产权人可在10年内接受个人所得税的直接抵扣。而55岁及以上的纳税人,在出售其住房时,可享受一次性扣除12.5万美元售房纳税盈利的政策。

5)税收评估制度和信息化监管较完善

西方发达国家将房地产评估价值作为税收计税依据。将现代技术手段应用到税收管理中来加强税收信息化监管,有效减少逃税漏税行为。俄罗斯的不动产价值评估由当地技术评估局执行,并于每年3月1日前向地方征税机关提供登记建筑物价值和所有权信息;征税机关在当年8月1日之前向产权人发送纳税通知,纳税人则于9月15日和11月15日缴纳税款。

9.2.3 我国房地产税收分析

我国房地产业起步较晚,发展时间较短,房地产税收制度也同样存在着起步晚、发展不够完善问题。我国特色制度背景、国情因素及经济发展阶段决定了我国现行房地产税收制度具有鲜明的时代特色。

1.我国房地产税收制度发展历程

我国古代长期处于小农经济、自然经济条件下,重农轻商氛围浓厚,房地产市场总体上并不活跃。但是有关房地产的税收在我国古代早已有之,可以追溯到奴隶社会的春秋战国时期。由于社会性质、生产力发展水平、生产关系特征不同,从奴隶社会到封建社会,再到辛亥革命之后,不同时期的房地产税收制度都具有符合时代特征的特点。中华人民共和国成立至今,我国房地产税收制度经历了两大阶段、三次发展与演变。以改革开放为分界线,可划分为计划经济时期和迈向市场经济时期房地产税收制度两大阶段。以1949年中华人民共和国成立、改革开放初期税制重塑、1994年税制改革等事件为划分依据,可将我国房地产税收制度的发展与演变分为三个不同阶段。

1）房地产税收制度的初步建立

1949 年中华人民共和国成立至 1972 年税种合并是房地产税收制度的初步建立阶段。1956 年，社会主义改造基本完成之前，我国根据社会经济发展需要建立起了新的房地产税收制度。这一时期我国先后颁布了《全国税政实施要则》《中华人民共和国契税暂行条例》《城市房地产税暂行条例》，对包括房产税、地产税、契税等在内的房地产相关税收进行了规定。其中房产税和地产税在 1950 年 6 月之后合并为房地产税，后来又更名为城市房地产税，并进一步明确了课征范围。在 1956 年社会主义改造基本完成之后，为适应社会主义计划经济体制要求，我国进行了合并税种、简化征收的税制改革。1958 年 9 月，我国颁布了《中华人民共和国工商统税条例（草案）》和《中华人民共和国工商统一税条例实施细则（草案）》，将货物税、商品流通税、营业税和印花税正式合并简化为工商统一税。这一调整为 1972 年基本取消房地产税收铺垫了基础，1972 年后房地产税收作为一个独立的税收体系基本上不复存在，加之此时房地产所有权均归国家，个人之间几乎没有交易，因此无房地产相关税。

2）改革开放初期房地产税制重塑

1978 年改革开放至 1994 年税制改革是改革开放初期房地产税制的重塑阶段。这一阶段我国先后颁布了《中华人民共和国个人所得税法》《中华人民共和国个人所得税法实施条例》《中华人民共和国外商投资企业和外国企业所得税法》《中华人民共和国企业所得税暂行条例》《中华人民共和国城市维护建设税暂行条例》《中华人民共和国房产税暂行条例》《中华人民共和国耕地占用税暂行条例》《中华人民共和国印花税暂行条例》《中华人民共和国印花税暂行条件施行细则》《中华人民共和国城镇土地使用税暂行条例》《中华人民共和国固定资产投资方向调节税暂行条例》《中华人民共和国土地增值税暂行条例》《中华人民共和国营业税暂行条例》等一系列法律法规，确立了包括城市房地产税、个人所得税、城市维护建设税、房产税、耕地占月税、印花税、城镇土地使用税、外商投资企业和外国企业所得税、土地增值税、营业税、企业所得税、契税等在内的 12 类与房地产相关的税种，初步建立了我国特色社会主义市场经济体制的房地产税收制度。

3）房地产税制的调整和完善

房地产税制的调整和完善阶段以 1994 年分税制改革为标志，一直延续至今。在这一阶段，我国实行了分税制改革，将城镇土地使用税、固定资产投资方向调节税、城市维护建设税、房产税、印花税、耕地占用税、契税和赠与税、房地产增值税、国有土地有偿使用收入等房地产相关税收与收入纳入地方税范畴，其中固定资产投资方向调节税已经停征，城市房地产税与房产税合并，只保留了房产税；开征新税种，新增土地增值税，以抑制土地投机、提高土地资源的利用效率；将房地产业纳入营改增试点，改营业税为增值税。进入 21 世纪以后，我国推行多项涉及房地产税费的宏观调控措施，对房地产税制进行了调整和完善。

2. 我国现行房地产税收制度及税种

经过改革开放四十多年的发展，现行的房地产税收制度已基本建立，以地方税为主并趋于稳定，包括 5 个直接税种、6 个间接税种共 11 个税种。其中 5 个直接以房地产为课税对象的税种分别为房产税、土地增值税、城镇土地使用税、耕地占用税和契税；6 个间接以房地产为课税对象的税种分别为企业所得税、个人所得税、增值税、印花税、城市维护建设税和教育费附加。

1）房产税

房产税依据《中华人民共和国房产税暂行条例》设立，其课税对象为房产，其纳税人为我国境内拥有房屋产权的单位和个人。

房产税是以房屋为征税对象,按房屋的计税余值或租金收入计税为依据,向产权所有人征收的一种财产税。

房产税由产权所有人缴纳。产权属于全民所有,由经营管理的单位缴纳。产权出典的,由承典人缴纳。产权所有人、承典人不在房产所在地的,或者产权未确定以及租典纠纷未解决的,由房产代管人或者使用人缴纳。前款列举的产权所有人、经营管理单位、承典人、房产代管人或者使用人,统称为纳税义务人(以下简称纳税人)。

房产税依照房产原值一次减除 10%~30% 后的余值计算缴纳。具体减除幅度由省、自治区、直辖市人民政府规定。房产原值不清或者原值不实的,由房产所在地税务机关参考同类房产核定。房产出租的,以房产租金收入作为房产税的计税依据。

对于房产税的税率,依照房产余值计算缴纳的,税率为 1.2%;依照房产租金收入计算缴纳的,税率为 12%。

2)土地增值税

土地增值税课税对象是有偿转让房地产所取得的土地增值额。土地增值税的征税范围包括国有土地、地上建筑物及其他附着物。转让房地产是指转让国有土地使用权、地上建筑物和其他附着物产权的行为,不包括通过继承、赠与等方式无偿转让房地产的行为。

土地增值税实行四级超额累进税率:①增值额未超过扣除项目金额 50% 的部分,税率为 30%;②增值额超过扣除项目金额 50%、未超过 100% 的部分,税率为 40%;③增值额超过扣除项目金额 100%、未超过 200% 的部分,税率为 50%;④增值额超过扣除项目金额 200% 的部分,税率为 60%。

土地增值税的四级累进税制如表 9-4 所示。

表 9-4　土地增值税的四级累进税制

档次	级距	税率	速算扣除系数	税额计算公式	说明
1	增值额未超过扣除项目金额 50% 的部分	30%	0	增值额 30%	扣除项目是指取得土地使用权所支付的金额;开发土地的成本、费用;新建房及配套设施的成本、费用或旧房及建筑物的评估价格;与转让房地产有关的税金;财政部规定的其他扣除项目
2	增值额超过扣除项目金额 50%、未超过 100% 的部分	40%	5%	增值额 40% - 扣除项目金额 5%	
3	增值额超过扣除项目金额 100%、未超过 200% 的部分	50%	15%	增值额 50% - 扣除项目金额 15%	
4	增值额超过扣除项目金额 200% 的部分	60%	35%	增值额 60% - 扣除项目金额 35%	

土地增值税扣除项目的具体内容包括:①取得土地使用权所支付的金额是指纳税人为取

得土地使用权所支付的地价款和按国家统一规定交纳的有关费用。②开发土地和新建房及配套设施的成本是指纳税人在房地产开发项目实际发生的成本。该成本包括土地征用及征收补偿、前期工程费、建筑安装工程费、基础设施费、公共配套设施费、开发间接费。③开发土地和新建房及配套设施的费用是指与房地产开发项目有关的销售费用、管理费用和财务费用。④旧房及建筑物的评估价格是指在转让已使用的房屋及建筑物时,由政府批准设立的房地产估价机构评定的重置成本价乘以成新度折扣率后的价格。⑤与转让房地产有关的税金是指在转让房地产时已缴纳的增值税、城市维护建设税、印花税、教育费附加。

3）城镇土地使用税

城镇土地使用税是以城镇土地为课税对象,向拥有土地使用权的单位和个人征收的一种税。①纳税人。在城市、县城、建制镇、工矿区范围内使用土地的单位和个人为城镇土地使用税的纳税人,应当缴纳土地使用税。②土地。以出让或转让方式有偿取得土地使用权的,应由受让方从合同约定交付土地时间的次月起缴纳城镇土地使用税,待商品房全部销售完后,停止缴纳土地使用税。③房地产。用于居住的房地产,不需缴纳土地使用税;用于生产经营的房地产,需要按占用土地面积缴纳土地使用税。

土地使用税由省、自治区、直辖市人民政府根据实际情况确定。土地使用税具体情况如下:①大城市每平方米年税额为 1.5 元至 30 元;②中等城市每平方米年税额为 1.2 元至 24 元;③小城市每平方米年税额为 0.9 元至 18 元;④县城、建制镇、工矿区每平方米年税额为 0.6 元至 12 元。

经省、自治区、直辖市人民政府批准,经济落后地区土地使用税的适用税额标准可以适当降低,但降低额不得超过第四条规定最低税额的 30%。经济发达地区土地使用税的适用税额标准可以适当提高,但须报经财政部批准。

4）契税

契税是土地、房屋权属发生转移时,当事人双方订立契约时,向其承受者征收的一种税收。在中华人民共和国境内转移土地、房屋权属,承受的单位和个人为契税的纳税人,应当依照《中华人民共和国契税法》的规定缴纳契税。

《中华人民共和国契税法》所称转移土地、房屋权属是指下列行为:国有土地使用权出让;土地使用权转让,包括出售、赠与和互换;房屋买卖、房屋赠与、房屋互换。前款第二项土地使用权转让,不包括农村集体土地承包经营权的转移。

契税税率为 3%～5%。契税的适用税率由省、自治区、直辖市人民政府在前款规定的幅度内按照本地区的实际情况确定,并报财政部和国家税务总局备案。

契税的计税依据是:国有土地使用权出让、土地使用权出售、房屋买卖成交价格;土地使用权赠与、房屋赠与由征收机关参照土地使用权出售、房屋买卖的市场价格核定;土地使用权互换、房屋互换为所互换的土地使用权、房屋的价格的差额。

$$应纳税额＝计税依据×适用税率（3\%～5\%）$$

5）城市维护建设税 、（地方）教育费附加

（1）凡缴纳消费税,增值税的单位和个人,都是城市维护建设税的纳税义务人,都应当依照《中华人民共和国城市维护建设税法》的规定缴纳城市维护建设税。城市维护建设税是保证城乡维护和建设有稳定的资金来源而征收的一种税。

城市维护建设税,以纳税人实际缴纳的消费税、增值税税额为计税依据,分别与消费税、增

值税同时缴纳。

城市维护建设税税率如下:纳税人所在地在市区的,税率为7%;纳税人所在地在县城或乡镇的,税率为5%;纳税人所在地不在市区、县城或乡镇的,税率为1%。

(2)(地方)教育费附加。(地方)教育费附加是对缴纳增值税、消费税的单位和个人征收的一种附加费,是为了加快地方教育事业的发展、扩大地方教育经费来源而开征的专项教育经费。

凡缴纳增值税、消费税的单位和个人,均为(地方)教育费附加的纳费义务人(简称纳费人),以纳费人实际缴纳的消费税、增值税的税额为计费依据,分别与消费税、增值税同时缴纳。

2010年12月1日起,内外资企业和个人教育费附加统一按增值税、消费税的实际缴纳税额的3%征收,(地方)教育附加统一按增值税、消费税的实际缴纳税额的2%征收。

6)营改增

营改增即营业税改征增值税。营改增的最大特点是减少重复征税,可以促使社会形成良性循环,有利于企业降低税负。增值税只对产品或服务的增值部分纳税,目的是加快财税体制改革,进一步减轻企业赋税,调动各方积极性,促进服务业尤其是科技等高端服务业的发展,促进产业和消费升级,培育新动能,深化供给侧结构性改革。

营改增后的增值税为纳税人销售交通运输、邮政、基础电信、建筑、不动产租赁服务所产生的税费,销售不动产,转让土地使用权,销售或者进口上述有关货物,税率为9%。例如,100万元买一套房子然后150万元卖出,如果符合征收营业税的条件,那么卖房时,其税基就是150万元,按税改前的营业税5%的税率来算,营业税额为7.5万元;如果改为增值税,税基是50万元,那么按照9%的税率来算,增值税额就是4.5万元,这样税负就减轻了。如果增值的幅度比较高,例如100万元的房子卖了300万元,按营业税算营业税额就是15万元,按增值税算增值税额是18万元,这样税负就增加了。开发企业营改增计算分别在预征和实际开发票清算两个环节缴纳税额,如表9-5所示。

表9-5 预征和实际开发票清算两个环节增值税计算办法

环节	计税方法	应纳税额
预征(收到预售款未开发票时)	一般计税	预收款/(1+9%)×3%
	简易计税	预收款/(1+5%)×3%
清算(开具发票或完成交房时)	一般计税	(销售收入-允许扣除的土地价款)/(1+9%)×9%-进项税额-预缴税额
	简易计税	销售收入/(1+5%)×5%-预缴税额

注意:开工日期在2016年4月30日前的项目,适用简易计税。

7)所得税

(1)企业所得税。企业所得税是对我国境内的企业和其他取得收入的组织的生产经营所得和其他所得征收的一种所得税。在中华人民共和国境内,企业和其他取得收入的组织(以下统称企业)为企业所得税的纳税人,依照《中华人民共和国企业所得税法》的规定缴纳企业所得税,企业所得税的税率为25%。应纳税所得额为:企业每一纳税年度的收入总额,减除不征税收入、免税收入、各项扣除以及允许弥补的以前年度亏损后的余额。

企业所得税与增值税一样可以预征,具体计算方法为:销售未完工开发产品取得的收入,先按预计计税毛利率计算出预计毛利额,计入当期应纳税所得额。

$$企业所得税预征＝预售收入×计税毛利率×企业所得税率25\%$$

待开发产品完工后及时结算此前销售的实际毛利额,将其与预计毛利额之间的差额合并计入当年度应纳税所得额。

企业所得税预征毛利率的规定为:①开发项目位于省、自治区、直辖市和计划单列市人民政府所在地城市城区和郊区的,不得低于15%。②开发项目位于地级市城区及郊区的,不得低于10%。③开发项目位于其他地区的,不得低于5%。④开发项目属于经济适用房、限价房和危改房的,不得低于3%。

(2)个人所得税。个人所得税是对个人(自然人)房地产租赁所得、转让所得和偶然所得等所取得的各项所得征收的一种所得税。

转让房地产所得属于财产转让所得,适用于比例税率,税率为20%。财产转让所得是以转让财产的收入额减去财产原值和合理费用后的余额,即个人所得税的应纳税所得额。

对个人转让自用房产5年以上,并且是家庭唯一生活用房取得的所得,免征个人所得税。

$$个人所得税＝(计税价格－房屋原值－原契税－本次交易所缴纳税等合理费用)×20\%$$

3. 现行房地产税收制度的问题

现行房地产税收制度存在的问题在制度层面主要表现为房地产税收立法层次不高、税收法规多变、税种设置不够合理、税费划分不够科学等;在执行层面主要表现为房地产税率调整相对滞后、税收征管不够严格、税收优惠不够明确等。突出表现在以下两个方面。

1)房地产税的地方税作用不够凸显

(1)房地产税收贡献不大和征税范围过窄,其中税收贡献不大是集中表现。在我国,房地产税在地方政府财政收入的比重相对偏低。地方政府承担着本地基础设施建设等与城市和房地产业发展息息相关的公共职能,需要大量的财政收入作为支撑,房地产税理应在地方城市发展中扮演更为重要的角色。

(2)房地产税立法层次较低,多数税种仅停留在国务院制定的法规阶段。房地产税通过全国人大或其常委会颁发的法律立法的不多,相对于其他高层次的税种,房地产税自身具备的权威性和合法性相对有限。同时,税权划分不尽合理,主要是税权过多地集中在中央,难以充分发挥地方政府的主动性和积极性,这样不利于地方政府因地制宜地发挥房地产税的作用。

2)房地产税种设置不够合理

(1)重复征税与税种缺位现象并存。在房地产税种设计上存在某些环节税种之间交叉重叠、对相同课税对象或税基重复征税等问题。例如,对于出租房地产收入,纳税人要同时缴纳房产税、所得税、城镇土地使用税、增值税、城市维护建设税等,综合税负高达租金收入的20%以上;对于房地产转让收入,纳税人既要缴纳增值税、企业所得税,还要就增值部分缴纳土地增值税等。此外,还存在城镇土地使用税和耕地占用税均为土地的重复叠加现象。

在房地产税种设计上同时存在税种缺位问题。例如,对以房地产为主的财产代际转移没有开征遗产税,对高档公寓和别墅等住宅没有开征相应的税收。

(2)重流通税收与轻保有税收并存。目前,房地产在流转环节的房地产税收远远多于保有环节的房地产税收。无论是房地产开发环节还是房地产二手房市场,房地产流转税费都过于集中,这必然增加新建商品房的开发成本和房地产二、三级市场交易成本,一定程度上抑制了各类房地产的有效供给,这对房价上涨有推动作用。而保有环节税费种类过少,降低了保有成本,变相鼓励房地产各种保有行为,在房地产供不应求的情况下,极大地刺激了房地产投机行为,不利于土地资源和房地产的合理利用。

9.2.4　中外房地产税收比较分析

虽然我国房地产市场发展时间较短,但也初步建立了房地产税收体系,在促进房地产业健康发展、完善税制、发挥税收功能、进一步发挥税收经济杠杆作用、保护和合理使用土地资源等方面都起到了积极作用。国外的大多数国家的房地产市场经过多年的发展,行业相对成熟并且其相应的法律法规已经较为完善,值得我们学习和借鉴。

1. 税收性质的不同

国外一些房地产税完全是地方税种,房地产税是地方政府收入的主要来源。为了激发地方政府征收房地产税的积极性,美国各州制定房地产税法,由各市、镇征收,收入归地方政府,用于当地的各项基础设施建设、扩大地方政府基础设施和公共事业的投资规模。美国房地产税一般要占到地方财政收入的 $50\%\sim70\%$。这种税收格局为美国税收收入的循环增长创造了基础。

国外一般以地方财政为目标确定房地产税收政策。许多国家和地区在制定税收制度和政策时,先考虑的是实现其财政功能。以美国为例,其房地产税率是这样产生的:首先,大体算出地方财政支出同财产税收以外的其他收入之间的差额,以确定应收财产税总额;其次,依据应收财产税收入总额和财产估价价值之间的比例,由立法机关和其他地方税务管理委员会来确定当年财产税税率。房地产收益税的税率也是这样推算出来的。

同国外相比,我国房地产税收占地方财政的比例很小。1994年后,虽然实行分税制,但中央税和地方税并未完全划分清楚,地方税权大部分集中于中央。地方税条例和实施细则的制定和颁布,除征收管理权限及一些具体的征税办法和补充措施放归地方外,其他大部分条例和补充措施还是由中央来完成。而且,地方税相对于中央税来说要零散得多。由此造成地方政府对属于地方政府的收费很热衷,形成"以费挤税"的现象。各地房地产收费的膨胀又抑制了房地产税作为主体税种的培育和生长;虽然理论上各种行政事业性收费理应归属地方政府财政,但从某种意义上对房地产税收改革和发展产生了较大的影响。

2. 房地产税费政策的取向不同

国外的行政事业性收费一般分为两类。①规费相当于我国房屋产权登记费、测量管理费等,是政府机关提供特定服务、设备或设定某种权利而对特定对象收取的费用,它以成本计收为原则。②特赋相当于我国的配套设施费,是对制造、改造公共工程而发生的费用的补偿,也是对直接受益者或获得特别利益的人而征收的费用,它以特殊补偿为征收原则,房地产方面要交纳的规费都较低,一般只占房地产价格的 $1\%\sim2\%$。

西方许多国家把房地产规费列入地方财政预算,并明确了其使用方向和范围,而不列入预算的规费一般都被设置有特定的用途。例如,美国联邦住宅管理局在为购房者贷款行为提供担保时,一般收取贷款额的 0.5% 的担保费,并利用这笔费用设置类似于担保基金的项目,以应对日后可能发生的偿款纠纷。政府在征收特赋时有两个不可缺少的步骤:一是确认受益对象,二是确认征收数额,这体现了"谁受益、谁纳税"的公平原则。

我国房地产行政事业收费不仅有些烦琐,还存在挤占税收的现象。具体体现在房地产收费环节过多,程序繁多,包括项目立项、规划、土地使用权取得、征地征收、工程建设和房地产销售等各个环节;房地产收费政策有些是地方规定的,有些是部门规定的;存在不合理收费和个别重复收费的现象,体现在保证金、合同公证费、市政建设费、服务费等方面。

3. 税负水平方面的问题

国外房地产税收一般坚持"宽税基、少税种、低税率"的基本原则。宽税基是指除了对公共、慈善等机构不动产实行免征税外,其余不动产一律列入征收范围,保证地方政府拥有充足的房地产税收来源。少税种既可以避免因税种复杂导致重复征税现象的发生,又可以降低税收征收管理成本,提高效率。低税率能够激活房地产业,为地方财政创造相对充足和稳定的收入来源,形成良性循环。这样的税制搭配可以代表房地产税收作为财产税的发展方向。

知识归纳

1. 税收是国家以强制力为基础,从法律规定范围内的法人和自然人那里无偿获得的、以货币形态为主的财政收入。

2. 税收具有强制性、无偿性和固定性三个基本特征。税收制度包括税收客体或者纳税人、征税对象、税收种类、税目及税率、计税依据、纳税期限、附加、加成和减免等内容。

3. 税收具有组织财政收入、调控经济运行、调控收入、监督经济活动四大作用。

4. 房地产税是指针对包括土地、建筑物等在内的生产生活资料,以及对土地和建筑物进行改造、交易等活动征收的一系列相关税种的统称,具备税收的四大基本作用。

5. 我国房地产税收制度经历过两大阶段、三次发展与演变过程。

6. 中外房地产税收性质、税费政策取向、税负水平方面具有差异性。

思考题

1. 什么是税收和税收制度?税收的作用是什么?税收的基本特征是什么?

2. 我国房地产税收制度经过了哪些发展阶段?各阶段的特点是什么?

3. 我国房地产税收制度存在哪些不足?

4. 什么是房地产税收?其作用有哪些?

5. 简要概述我国现行的房地产税收制度。

6. 国外房地产税收制度对于我国房地产税收制度有什么借鉴意义?

第 10 章　住房制度分析

内容提要

住房制度是房地产制度的核心和关键。本章主要内容为土地制度概述、发展历程及制度规定;住房制度概述、发展历程和制度改革;房地产管制、住房保障概述、发展历程等。在我国房地产制度调整和改革过程中,住房制度的改革一直占据着关键地位。

能力要求

通过本章学习,让学生了解住房制度、土地制度、房地产管制、住房保障的基本概念,掌握土地制度的发展历程及制度规定;掌握房地产、住房制度的发展历程及相关规定;理解房地产管制、住房保障概述及发展历程等,了解我国住房制度及其改革情况。

思政目标

通过学习我国住房制度及其改革情况,培养学生的制度自信、社会责任感、公平公正意识、历史使命感等,引导学生理解"人民群众最关心的问题,也是党中央、国务院最关心的问题",这也体现了我们党始终把人民群众放在第一位的责任感与使命感。

10.1　土地制度

土地制度是长期的、稳定的,由法律、法规等规范土地的所有、使用和管理等方面的制度性规定组成的。要正确理解土地制度以及土地所有制度、使用制度、管理制度等,首先要理解其概念,进而理解土地制度的发展历程、制度规定以及土地管理制度的建立与发展问题等。

10.1.1　土地制度概述

土地制度是反映人与人、人与地之间关系的重要制度。它既是一种经济制度,又是一种法权制度,是土地经济关系在法律上的具体体现,是构成上层建筑的有机组成部分。

1. 土地制度的概念

土地制度是关于土地所有、占有、支配和使用诸方面的原则、方式、手段和界限等政策、法律和制度的规定,即以土地为核心,对由于占有、利用土地等行为而产生的人与人之间关系的制度性规定。

土地制度的概念有广义和狭义之分。广义的土地制度是指包括一切土地问题的制度,是人们在一定的社会经济条件下,因土地归属和利用问题而产生的所有土地关系的总称,主要包括土地所有制度、土地使用制度、土地规划制度、土地保护制度、土地征用制度、土地税收制度、土地管理制度等。狭义的土地制度是指土地所有制、土地使用制、土地管理制,有时仅指土地所有制,它是土地制度中的核心问题。土地所有制在法律上的表现是土地所有权,土地所有制是土地所有权的制度基础。土地制度的基本目标是保证土地资源的合理分配和有效利用。

中华人民共和国成立后的一段时期,受传统观念的影响,习惯把土地制度理解为狭义的土地制度。改革开放特别是实行市场经济后,随着我国社会经济制度的不断变化和发展,更加强调广义的土地制度,在重视土地所有制度、土地使用制度、土地管理制度的同时,更增强了对在新形势下由新土地关系所产生的新土地制度的关注程度,如土地利用制度、土地流转制度、耕地保护制度、土地用途管制制度等。

我国现阶段的土地制度是以社会主义土地公有制为基础和核心的土地制度,包括了上述广义土地制度的全部内容。

2. 土地制度的发展历程及制度规定

1)土地所有制

土地所有制是指在一定社会生产方式下,由国家确认的土地所有权归属的制度。土地所有制是生产资料所有制的重要组成部分,是土地制度的核心和基础,也是社会制度的根本制度之一,其法律表现形式是土地所有权。中国实行土地社会主义公有制,即全民所有制和劳动群众集体所有制。社会主义土地公有制有国家所有制和集体所有制两种具体形式。

(1)我国土地所有制的建立。

①城市土地所有制的建立。1949年中华人民共和国成立之前,城市土地所有制的形势复杂多样,主要包括外国资本家所有、政府和官僚资本所有、民族资本家所有等。中华人民共和国成立后,针对不同性质的城市土地的所有权形式,我国分阶段分别采取接管、没收、赎买、征用、法律宣布等方式,逐步实现城市土地社会主义国家所有制。具体可以分为以下几个阶段:1949—1956年,基本维持中华人民共和国成立前的土地所有制,1956—1967年,随着私房改造运动,城市土地逐渐开始部分国有化;1967年至20世纪70年代末,城市土地进入了大规模的国有化时期;1982年底,《中华人民共和国宪法》的颁布,标志着城市的土地属于国有正式宪法化。

②农村土地集体所有制的建立。中华人民共和国成立后,随着我国社会主义基本经济制度的确立和发展,农村土地制度经历了由农民所有、农民经营到集体所有、集体经营,最后确立了集体所有、家庭经营的发展演变过程。1949—1952年,实行农村土地农民所有、农民经营的制度;1953—1978年,实行农村土地集体所有农民经营的制度;1978年至今,实行农村土地集体所有制下家庭承包经营的制度。

③农村和城市郊区土地所有制的建立。现行农村和城市郊区的土地所有制主要是在中华人民共和国成立后通过土地改革确立的。我国1950年发布的《城市郊区土地改革条例》规定,城市郊区没收和征收的农业土地一律归国家所有。1954年发布的《中华人民共和国宪法》规定,矿藏、水流,法定的国有森林、荒地等属于全民所有。1982年颁布的《中华人民共和国宪法》及1996年颁布的《中华人民共和国土地管理法》对农村和城市郊区的国有土地做了进一步的明确规定。

(2)我国现行土地所有制的法律规定。我国现行土地所有制是社会主义公有制,即全民所有制和劳动群众集体所有制。目前,我国存在两种土地所有制形式,即国家所有制和农村集体所有制。关于中国现行土地所有权的性质、形式以及不同形式的土地所有制范围,《中华人民共和国宪法》《中华人民共和国物权法》《中华人民共和国土地管理法》中都有明确规定。

全面理解和正确认识中国现行土地所有制,需要把握下列内容:①全部土地都采取社会主义公有制形式;土地的社会主义公有制分为全民所有制和劳动群众集体所有制两种。②土地的全民所有制具体采取的是国家所有制的形式,该种所有制的土地被称为国家所有土地,简称国有土地,其所有权由国家代表全体人民行使,具体由国务院代表国家行使。③土地的劳动群众集体所有制具体采取的是农民集体所有制的形式,该种所有制的土地被称为农民集体所有土地,简称集体土地。

建制镇在《中华人民共和国宪法》《中华人民共和国土地管理法》中既不属于城市范畴,也不属于农村和城市郊区的范畴。建制镇的所有权问题应视具体情况而定,但都应在上面两种所有制范畴之内。

(3)我国现行土地所有制度的改革与完善。

①城市土地所有制度的完善。对于现行的城市土地所有制来说,人们普遍认为它符合现代城市建设管理和城乡经济发展的需要,为社会主义市场经济发展提供了有利的制度保证,在实践中也显示出较大的优越性,因此,大家对于土地国有制没有异议,而现行城市土地国有制还存在一些地方需要完善:强化国家对国有土地所有权行使的监督检查权;强化国务院作为国有土地所有权代表的管理职能。

②农村集体土地所有制度的完善。随着社会主义市场经济体制的形成,农村集体土地所有权逐渐显露出许多弊端:土地所有权主体产权关系不明晰,经营者利益难以保证;土地资源流动性很低,导致其规模效益不能显现;土地权属转移中农民利益损失较大,农民通过经营土地提高收入的能力被制约。

从上述分析可以看出,农村集体所有制改革势在必行。具体可以考虑从以下几个方面进行完善:明晰农村集体土地所有权主体;完善集体土地所有权的权能;健全相关法律法规。

(4)我国现行土地征收制度。土地征收是指国家为了公共利益的需要,经过法律规定的批准权限和批准程序,给予集体土地所有权人和土地承包经营权人相应的补偿后,将集体所有的土地转化为国家所有的土地的行为。土地征收意味着土地所有权的转变,即土地由集体所有转变为国家所有。

土地征收制度自建立以来,为我国经济建设提供了生产、生活用地的政策支持。土地征收具有强制性,导致征收土地者与被征收者处于不平等地位,后者只能服从前者并且不得阻挠前者的征收行为,在此过程中屡屡发生片面强调征收者的利益而被征收者的利益被损害的现象,难以真正体现公平公正。目前,土地征收制度的弊端主要表现在:土地征收目的合法性审查未纳入征地程序中;土地征收补偿范围窄、标准低;土地征收过程缺乏公众的参与;政府取得被征收土地增值收益的正当性受到质疑;安置方法简单,失地农民的社会保障问题无法得到有效解决;争议解决机制不健全,缺乏司法救济途径。

(5)我国港澳台地区土地所有制。由于历史原因,我国香港土地法律体系可以分为香港岛及南九龙地区适用法律、新界地区适用法律两个子系统。1997年香港回归后,《中华人民共和国香港特别行政区基本法》规定,香港特别行政区境内的土地和自然资源属于国家所有,由香港特别行政区政府负责管理、使用、开发、出租或批给个人、法人或团体使用或开发,其收入全归香港特别行政区政府支配。

1999年澳门回归后,根据《中华人民共和国澳门特别行政区基本法》规定,澳门特别行政区境内的土地和自然资源,除在澳门特别行政区成立前已依法确认的私有土地外,属于国家所有,由澳门特别行政区政府负责管理、使用、开发、出租或批给个人、法人使用或开发,其收入全部归澳门特别行政区政府支配。目前,澳门的土地分为私有和国有两类。

我国台湾现行的土地制度比较独特,是"平均地权"的土地制度。既非单一的土地公有制,亦非纯粹的土地私有制,而是二者之综合发展。

2)土地使用制度

(1)我国城市土地使用制度。结合我国实际情况来看,城市土地使用制度分为两大类:一类是无偿的行政划拨制度,另一类是有偿的市场交易制度。1979年以前,我国城市国有土地实行的是无偿、无流动、无限期的行政划拨制度。自20世纪80年代起,在坚持公有制的基础上,我国开始对传统的土地使用制度进行改革,变土地无偿使用为有偿使用,变无限期使用为有限期使用,变无流动使用为流动使用。城市土地使用制度的建立,经历了确立土地有偿有限期使用制度和建立土地市场流转机制等一系列重大变化,形成了以土地出让、划拨、转让、出租、抵押为主要内容的新城市土地使用制度的基本格局,从而适应了社会主义市场经济发展的要求。

我国城市土地使用制度的具体内容包括:①土地使用权出让。土地使用权出让是指国家以土地所有者的身份在一定年限内将土地使用权让与土地使用者,并由土地使用者向国家支付土地使用权出让金的行为。②土地使用权划拨。土地使用权划拨是指县级以上人民政府依法批准,在土地使用者缴纳补偿费、安置费等费用后将该幅土地交付使用者使用,或者将国有土地使用权无偿交付给土地使用者使用的行为。③土地使用权转让。土地使用权转让是指国有土地使用权人依法将其使用权转移给他人的行为,是国有建设月地使用权的一种处分形式,包括出售、交换、赠与等。土地使用权转让须符合相关规定,否则视为非法转让。④土地使用权出租。土地使用权出租是指土地使用权出租方将土地连同地上建筑物、其他附着物交与承租方使用,由承租方支付租金的行为,通常称为土地租赁制。⑤土地使用权抵押。土地使用权抵押是指通过出让和转让方式取得土地使用权的单位为借贷或偿还债务,将其土地使用权及其地上建筑物、其他附着物向金融机构或债权人提供财产保证的行为。⑥土地使用权终止。土地使用权终止是指因法律规定的原因致使受让人丧失土地使用权。土地使用者可因土地使用权出让合同规定的使用年限届满、提前收回、不履行土地使用权出让合同及土地灭失等原因导致使用权终止。

(2)我国农村土地使用制度。中华人民共和国成立以来,我国农村土地使用制度经历了三个时期变化:从土地农民所有、自己经营(中华人民共和国成立初期的土地改革运动),到土地集体所有、集体经营(人民公社时期的农业合作化),又到土地集体所有、家庭承包经营的所有权和经营权分离的二元土地使用制度(1978年实施农村土地经营制度)。

现行农村土地使用制的基本内容包括现行农地使用制、"四荒地"使用制、农村建设用地使用制。①农地使用制。产权不清晰,承包经营权不稳定。农地承包经营权缺乏明晰性,土地产权主体或其代理人模糊不清,农村土地归集体所有的"集体"界定不清,具体的责任人不明确,使得土地流转的利益主体被虚化。农地流转信息不对称,市场发育程度低。农村土地市场发育程度影响地区土地流转的总体规模,是导致不同地区流转规模各异、流转方式差异的根本原因。另外,农地流转缺乏统一的规范与相关法律。②"四荒地"使用制。"四荒地"是指荒山、荒沟、荒丘、荒滩,是农村土地的重要组成部分。《中华人民共和国农村土地承包法》第三条规定了"四荒地"的承包方式:"国家实行农村土地承包经营制度。农村土地承包采取农村集体经济组织内部的家庭承包方式,不宜采取家庭承包方式的荒山、荒沟、荒丘、荒滩等农村土地,可以采取招标、拍卖、公开协商等方式承包。"对于"四荒地"使用权期限,根据《中华人民共和国农村土地承包法》第二十条规定,非耕地承包期可延长至 50～70 年,因此"四荒地"使用权期限是相对稳定的。③农村建设用地使用制。农村建设用地是指乡(镇)村集体经济组织和农村个人投资或集资,进行各项非农业建设所使用的土地。它包括农村居民住宅用地(宅基地)、农村公共服务和基础设施用地、村办和乡镇企业用地、公益事业用地和公共设施用地等。农村集体建设用地分为三大类,即宅基地、公益性公共设施用地和经营性用地。

10.1.2　土地管理制度

1.土地管理制度的概念

从广义的土地制度的含义来看,土地管理制度是土地制度不可缺少的一部分,是国家行政管理制度的一个组成部分。在我国,城市土地管理机构代表土地所有者行使行政管理权,具有特殊身份。土地管理制度是指国家对全国(或某一区域)的土地权属、地籍、土地利用、土地市场和土地税费等在宏观上进行管理、监督和调控的制度、机构和手段的总称。

2.土地管理制度的建立

自中华人民共和国成立以来,我国土地管理制度大致经历了以下几个阶段。

(1)1949—1956 年,该阶段为土地统一管理阶段。

(2)1957—1986 年,该阶段为土地分散管理阶段。

(3)1987—1998 年,该阶段为城乡土地集中统一管理阶段。

(4)1999—2004 年,该阶段为国土资源全面集中统一管理阶段。

(5)2005 年至今,该阶段为土地管理制度的进一步改革与完善阶段。

3.土地管理的基本制度

1)土地登记制度

国家依法实行土地登记发证制度。所谓土地登记,是指将国有土地使用权、集体土地所有权、土地抵押权、地役权以及依照法律法规规定需要登记的其他土地权利记载于土地登记簿的行为,包括土地总登记、初始登记、变更登记、注销登记、其他登记和他项权利登记。

2)土地用途管制制度

土地用途管制制度是指各级政府编制土地利用总体规划来规定土地的用途。《中华人民共和国土地管理法》第四条规定,国家实行土地用途管制制度。国家编制土地利用总体规划,规定土地用途,将土地分为农用地、建设用地和未利用地。土地所有者和使用者应当严格按照国家规定的用途利用土地。

3)耕地保护制度

十分珍惜、合理利用和切实保护耕地是我国的基本国策。国家对耕地实行特殊保护,严格控制将耕地转为非耕地,严格守护 18 亿亩耕地红线。

10.2　住房制度

住房制度受到国家政治体制、经济体制、发展水平、历史文化、传统习惯、民族特点的影响。

要正确认识和理解什么是住房制度,首先要理解住房制度的概念、发展改革历程及基本框架等。其次要了解我国城镇住房制度改革取得的成就。

10.2.1　住房制度概述

住房制度是指包括有关住房的建设、分配、交易、管理、保障等方面的法律、法规、政策等调整住房关系并约束其行为的规范,是社会为居民提供满足其基本生活所需住房的制度安排。它不仅关系到国家、企业(事业)、个人之间在住房问题上的经济利益,还关系到城镇居民基本住房需求保障、社会安定等重大社会问题。自中华人民共和国成立以来,我国的住房制度发生了多次改变,关系到我国的国计民生和社会发展。

1. 我国城镇住房制度改革的历程

(1)1949—1977 年,该阶段为完全福利性住房阶段;由于中华人民共和国成立伊始,国民经济千疮百孔,人民当家作主,老百姓对新中国充满期待,此阶段我国实行"统一管理、统一分配、以租养房"的公有住房实物分配制度。

(2)1978—1985 年,该阶段为改革开放背景下的试点售房阶段。①1978 年,这一年邓小平同志提出了关于房改的问题。②1979 年,这一年我国开始实行向居民全价售房的试点。③1982 年,这一年我国开始实行补贴出售住房的试点。

(3)1986—1990 年,该阶段为提租补贴阶段。这个时期的主要特点是针对传统住房制度的核心——低租金提出了以大幅度提租为基本环节的改革思路。

(4)1991—1993 年,该阶段为以售代租阶段。1991 年,上海市实行了"五位一体"的房改实施方案,具体包括分步提租补贴和出售公房、建立住房公积金、购买住房债券等。上海市住房制度改革方案的实施对全国的房改产生了巨大的影响和推动作用,引起了所谓的"上海效应"。

(5)1994—1998 年,该阶段为住房制度改革推进阶段。1994 年 7 月 18 日,《国务院关于深化城镇住房制度改革的决定》中确定房改的根本目的是建立与社会主义市场经济体制相适应的新城镇住房制度,实现住房商品化、社会化;加快住房建设,改善居住条件,满足城镇居民不断增长的住房需求。

(6)1999—2007 年,该阶段为实行住房市场化并提出住房保障阶段。这一阶段停止了住房实物分配,实现了住房市场化,提出了经济适用住房和廉租房等住房保障制度。

(7)2008—2012 年,该阶段为调控房地产市场、强化住房保障阶段。这一阶段强调通过加大保障性安居工程建设力度、调整住房供应结构来增加住房的有效供应。

(8)2013—2017 年,该阶段为保障性租赁住房及商品住房的全面发展阶段。这一阶段央行多次降息降准,降低购房贷款利率与企业融资成本,放松房地产调控政策。通过推进新型城镇化、户籍改革、棚改货币化安置等措施来支持住房租赁市场发展。

(9)2018—2022 年,该阶段为租购并举的充分发展阶段。这一阶段住房租赁市场进入以保障性租赁住房为抓手、重点解决住房租赁市场结构性问题的高质量发展阶段。各地重视房地产金融风险防范,因城施策,维持房地产市场平稳发展。

(10)2023 年至今,该阶段为保障性租赁住房全面完善阶段和"房住不炒"见效阶段。这一阶段多地取消限购、限售政策,下调公积金贷款利率、房贷首付比例和存量贷款利率,减轻"卖旧买新"税费负担。同时,各地加强住房保障,推进保交房工作,坚持租购并举政策,促进房地产市场平稳发展。

2. 现行城镇住房制度的基本框架

1) 多层次的住房供应体系, 增加住房有效供给

(1) 多层次的住房供应体系。国务院《关于进一步深化城镇住房制度改革加快住房建设的通知》(国发〔1998〕23号) 对不同收入家庭实行不同的住房供应政策。最低收入家庭租赁由政府或单位提供的廉租住房, 中低收入家庭购买经济适用住房, 其他高收入的家庭购买、租赁市场价商品住房。

(2) 调整住房供应结构。根据市场需求, 采取有效措施加快普通商品住房发展, 提高其在市场供应中的比例。对普通商品住房建设, 要控制土地的供应、价格, 逐步清理和减少行政事业性收费项目, 多渠道降低建设成本, 努力使住房价格与大多数家庭的住房支付能力相适应。优先保证中低价位、中小套型普通商品住房(含经济适用住房)和廉租房、公租房、限价房的土地供应, 其年度供应量不得低于居住用地供应总量的70%。

2) 完善政府住房保障职能, 加快保障性住房建设

(1) 经济适用房。经济适用房是指以中低收入家庭为对象, 基本由政府行政部门出资和组织建设, 具有社会保障性质的准商品住宅。

(2) 廉租房。廉租房是解决低收入家庭住房困难的主要渠道, 政府及相关部门要切实保障城镇最低收入家庭基本住房需求。

(3) 公共租赁房。公共租赁房是指由政府投资并提供政策支持, 限定套型面积, 按优惠租金标准向符合条件的家庭供应的保障性住房。

(4) 限价房。限价房又称限房价、限地价的"两限"商品房。限价房主要解决中低收入家庭住房问题, 是限制高房价的一种临时性举措。

10.2.2 住房制度改革的成就

1. 改善了居民的居住条件和生活水平, 有利于社会稳定

近年来, 我国人均建筑面积明显提高, 2010年我国城镇人均住房面积为30.3平方米, 2023年我国城镇人均住房面积已超过40平方米, 我国居民住房水平、生活质量显著提高。

2. 推动了房地产开发投资和GDP的增长

随着住房商品化、社会化改革的实施, 我国房地产开发投资曾表现出不断增长的态势; 近几年受疫情、房地产周期等的影响, 我国房地产开发投资开始呈现减少趋势。据国家统计局网站消息, 2024年, 全国房地产开发投资100280亿元, 比2023年下降10.6%, 比2022年下降24.54%, 两年平均下降13.13%。房地产仍然是支柱产业, 虽然开发投资有所减少, 但依然带动了GDP的增长。

3. 增加了房地产存量, 促进了市场理性发展

住房制度改革会引起住房市场需求的扩大, 我国房地产开发数量曾逐年增长, 近几年由于形势的变化, 房地产开发数量开始下降, 但房地产市场存量仍然增加, 促进市场理性发展。2024年, 我国新建商品房销售面积97385万平方米, 比2023年下降12.9%, 比2019年下降28.3%, 两年平均下降15.5%; 2024年开发企业房屋施工面积733247万平方米, 比2023年下降12.7%, 其中住宅施工面积513330万平方米, 比2023年下降13.1%; 2024年房屋竣工面积73743万平方米, 比2023年下降27.7%, 其中住宅竣工面积53741万平方米, 比2023年下

降 27.4%。房地产市场在"房住不炒"的政策主基调下更加理性发展。

4. 带动了房地产相关产业的发展

我国房地产投资规模从房改前的 3580 亿元,一路增长到 2024 年的 10.028 万亿元,增幅达到 28 倍。许多相关产业在房地产拉动下增长迅猛,譬如我国钢铁产量占世界产量的 50% 以上,水泥产量约占世界产量的 50%,电解铝产量占世界产量的 60%,平板玻璃产量占世界产量的 50%,化纤产量占世界产量的 60% 以上,建筑陶瓷产量占世界产量的 60% 以上,发电量、煤炭产量、工程机械产量等都位居世界第一。房地产业带动了其产业链上下 30 多个产业的高速发展。

10.3 房地产管制

要正确认识和理解房地产管制,首先要理解公共物品、外部性、房地产管制的概念,然后理解公共物品的供给与需求、外部性和政府管制、政府提供的公共物品情况、房地产的外部性及房地产政府管制的方式等。

10.3.1 公共物品与外部性

1. 公共物品和外部性的概念

1)公共物品的概念

经济物品包括私人物品和公共物品。私人物品是指由私人提供(如衣服、食品、车辆等)具有消费上的竞争性和排他性的物品。公共物品是指私人市场无法提供的,或者不愿意提供的各种有形和无形的商品或者服务,如空气、景色。大部分公共物品是由政府提供的,如国防、公园、社会保险、卫生医疗、城市基础设施等。公共物品具有消费上的非竞争性、非排他性和本地性。

公共物品包括纯公共物品和非纯公共物品。纯公共物品是指通常不具备排他性或竞争性,一旦生产出来就不可能把某些人排除在外的商品,如国防。非纯公共物品是指在一定程度上具有非竞争性或非排他性中的一个特征的物品。非纯公共物品包括公有资源和自然垄断的物品,其中公有资源具有竞争性却无排他性,如拥挤的道路;自然垄断的物品具有排他性却无竞争性,如消防和供水。

经济物品的四种类型如表 10-1 所示。

表 10-1 经济物品的四种类型

物品	私人物品	公共物品		
		纯公共物品	非纯公共物品	
			公有资源	自然垄断的物品
是否具有竞争性	是	否	是	否
是否具有排他性	是	否	否	是
例子	食品、衣服	国防、基础研究	森林、免费的道路	消防、供水、轨道交通

2)外部性的概念

外部性又称溢出效应、外部影响、外插效应、外部效应、外部经济,是一种市场失灵的表现,会导致资源配置的无效率。外部性包括正外部性和负外部性。正外部性是指某个经济行为个体的活动使他人或社会受益,而受益者无须付出代价。负外部性是指某个经济行为个体的活动使他人或社会受损,而造成负外部性的人却没有为此承担成本。

2. 公共物品的供给与需求

1)公共物品的特性

(1)公共物品与市场失灵。市场失灵是指市场在资源配置中的无效或者低效。公共物品不能由市场进行有效供给就可能会导致市场失灵。

(2)非纯公共物品的付费问题。①自然垄断物品(无竞争性,但具有排他性)。例如,供水、轨道交通需要支付使用费。②公有资源(有竞争性,但无排他性)。例如,免费的道路、草场等容易形成"公地悲剧"。③公地悲剧。当资源或财产有许多拥有者时,每一个人都有权使用资源,但没有人有权阻止他人使用,由此导致资源过度使用,即为"公地悲剧"。例如,草场被过度放牧、海洋被过度捕捞等。④"搭便车"现象。这是一种发生在公共财产上的问题,是指经济中某个体消费的资源超出他的公允份额,或承担的生产成本少于他应承担的公允份额。⑤非纯公共物品的排他成本。某些非纯公共物品的排他成本尽管不是零,但也并不高,即具有较强的排他性。

2)公共提供的私人物品

公共提供的私人物品是指多向一个人提供的边际成本很大,却由公共提供的私人物品,如公共住房。

公共提供的私人物品的配给方式主要有交纳使用费、统一提供和排队三种。

3)公共物品的供给与需求

(1)公共物品的效率条件。纯公共物品的效率条件是帕累托有效或帕累托最优。当供给达到帕累托最优时,在现有资源和技术等条件下,公共物品的供给量和分配方式已达到一种理想状态,无法通过调整公共物品的供给或分配来改善任何一个人的状况而又不损害其他人的利益。

帕累托有效的条件是:当(所有人)边际替代率之和等于边际转换率时,纯公共物品的供给是有效的。

私人物品对公共物品的边际替代率:在维持效用水平不变的情况下,每个人为多得一单位公共物品愿意放弃的私人物品的数量。

边际替代率之和:所有社会成员为多得一单位公共物品愿意放弃的私人物品的总量。

边际转换率:在维持效用水平不变的情况下,为多得一单位公共物品不得不放弃的私人物品的数量。

(2)公共物品的需求与有效供给。个人对公共物品的需求与他所缴纳的税收有关,一个人不得不为每一额外单位公共物品所进行的额外支付称为其税收价格。假定某人的税收价格为 P,即对于每一单位的公共物品,必须支付 P,其预算线为

$$C + PG = Y$$

式中,C 为私人物品消费,P 为税收价格,G 为提供的公共物品总量,Y 为收入。

预算约束表明在税收价格和收入确定的情形下,个人能够购买的私人物品与公共物品的产品组合。为获取额外一单位公共物品所愿意放弃的私人物品的数量是其边际替代率,即无差异曲线的斜率。无差异曲线与预算线的切点是个人的最高效用水平,在此切点上,个人为多

得一单位公共物品而愿意放弃的私人物品的数量(即边际替代率)等于为多得一单位公共物品而必须放弃的私人物品的数量(即边际转换率)。因此,公共物品的个人需求曲线如图 10-1 所示,该图反映了个人预算线和无差异曲线的关系。

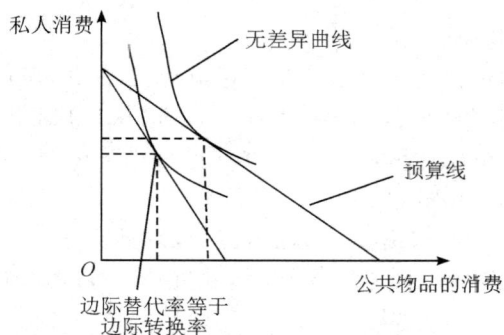

图 10-1　公共物品的个人需求曲线

　　预算线的斜率即为税收价格,当降低税收价格时,预算线会向右移动,与无差异曲线相交,产生新的个人最偏好点(见图 10-1)。此时,个人对公共物品的需求通常会增加。因此,通过提高或降低税收价格即可得出公共物品的个人新需求曲线,如图 10-2 所示。

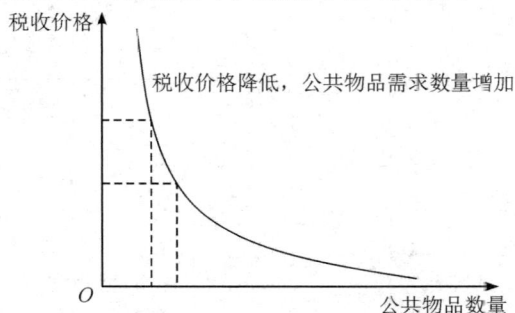

图 10-2　公共物品的个人新需求曲线

　　对于曲线上的每一产出水平,价格反映了多生产一单位的公共物品时,需要放弃的其他物品的数量,即边际成本或边际转换率。将个人公共物品的需求曲线加总,可得到公共物品的集体需求曲线。在公共物品的供给曲线与集体需求曲线的交点,边际支付意愿总和(边际替代率之和)正好与生产的边际成本或边际转换率相等。此时,多生产一单位公共物品的边际收益与边际成本达到平衡,即达到帕累托最优。因此,公共物品的有效生产如图 10-3 所示。

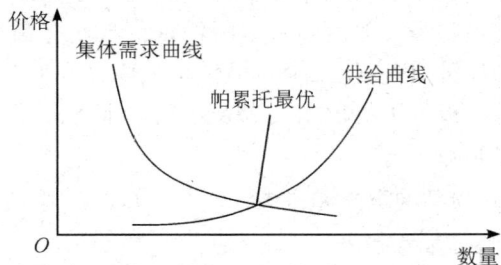

图 10-3　公共物品的有效生产

10.3.2　公共物品与房地产管制

1. 房地产与公共物品

1）房地产的公共物品属性

在任何国家,房屋都具有人类最基本的生存保障功能,因此,房地产除具备商品属性外,还具有一定的公共物品属性。城市道路交通、水电供应、通信、医疗卫生、教育和社区公共服务等这些与房地产相邻的外部物品或社会资源一般都是城市的公共资源,属于政府提供的公共物品。

2）房地产纯公共物品的特点

(1)由政府提供。需政府通过税收强制融资并免费提供。

(2)具有正外部性。正外部性亦称外部经济,是负外部性的对称,是生产和消费给他人带来收益而受益者不必为此支付的现象。

(3)有效率地提供纯公共物品相对比较困难。

(4)房地产公共物品投资数额巨大,政府投资决策困难。

房地产四类物品类型分类如表 10 - 2 所示。

表 10 - 2　房地产四类物品类型分类

物品	房地产 私人物品	公共物品		
		房地产 纯公共物品	非纯公共物品	
			公有资源	自然垄断物品
是否具有竞争性	是	否	是	否
是否具有排他性	是	否	否	是
例子	别墅、高档公寓、商业地产、工业房地产等	防洪大堤、不拥挤的城市道路、军事设施、纪念碑、不拥挤的免费国道	森林、教堂、图书馆、寺庙、博物馆、自然保护区、公立医院、公立学校	城市基础设施、轨道交通、收费高速公路、车站、机场、码头

3）房地产非纯公共物品的特点

(1)房地产中的公有资源存在"公地悲剧"问题,如国有划拨土地使用者无须支付地价,部分土地使用者多占地、占好地、占而不用,不考虑造成的社会成本,导致土地的资产价值不能较好体现,土地利用存在严重的低效和浪费现象。

(2)政府通过土地规划管制和征收税费限制对房地产公有资源的过度使用。

(3)房地产中的自然垄断物品一般由政府垄断经营。自然垄断性是指由于存在着资源稀缺性和规模经济效益、范围经济效益,使无论是提供单一物品和服务的企业,还是联合起来提供多种物品和服务的企业,都极有可能形成一家企业独占市场的完全垄断或仅有极少数企业共同把控市场的寡头垄断局面。

2. 政府提供房地产公共物品的意义和方式

1）政府提供房地产公共物品的意义

(1)干预市场,使资源配置达到帕累托效率。

(2)干预收入分配,解决收入不公平问题。

2)政府提供房地产公共物品的方式

(1)政府直接进行供给,例如军事设施、机场、高速公路、图书馆、防洪大堤、铁路、城市道路、卫生设施等。

(2)政府以预算安排、补贴、直接购买、政策安排等方式提供,例如廉价房的房租补贴、垃圾填埋场的建设等。

10.3.3　外部性与房地产管制

1.外部性与政府管制

1)外部性与市场效率

当市场达到供求平衡时,消费者剩余和生产者剩余之和最大,此时达到资源的有效配置。

总剩余＝消费者剩余＋生产者剩余

＝(买者的评价－买者的支付的量)＋(卖者得到的量－卖者的成本)

＝买者的评价－卖者的成本

随着产品价格的上升,生产者愿意提供更多的产品,供给曲线向右上方倾斜,消费者愿意购买的产品数量减少,需求曲线向右下方倾斜。当生产者愿意提供的产品数量等于消费者愿意购买的产品数量时,供给曲线与需求曲线相交于均衡点,均衡点所对应的价格为均衡价格、数量为均衡量。消费者剩余表现为均衡点上方、需求曲线下方的区域,生产者剩余表现为均衡点下方、供给曲线上方的区域。市场均衡时的产品市场如图10-4所示。

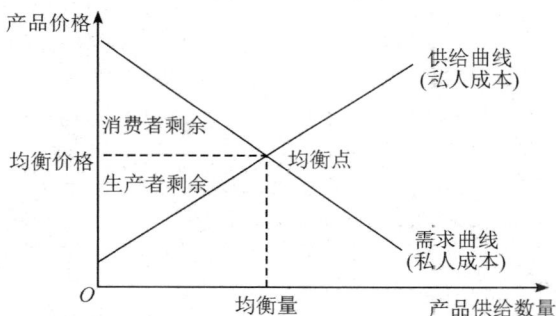

图10-4　市场均衡时的产品市场

随着产量的增加,边际成本上升,边际私人成本曲线向上倾斜。边际社会成本曲线位于边际私人成本曲线的上方,因为外部成本增加了社会的总成本。均衡点是边际私人成本曲线与需求曲线的交点,此时市场达到了供需平衡,此时的价格为均衡价格、产品数量为均衡量。然而,这并没有考虑外部成本。最优点是边际社会成本曲线与需求曲线的交点,此时考虑了外部成本,此时的价格为最优价格、产品数量为最优量,最优点代表了社会福利最大化的生产水平。在均衡点,由于没有考虑外部成本,生产者生产了过多的产品,导致了过度生产。过度生产带来了外部成本,如污染成本,这对社会福利产生了负面影响。带有负外部性的过度生产如图10-5所示。

2)外部性的解决办法

(1)私人解决办法。

①外部性内在化。由负的外部性所产生的外部成本通过各种不同的方式最终由负外部性制造者自己承担。

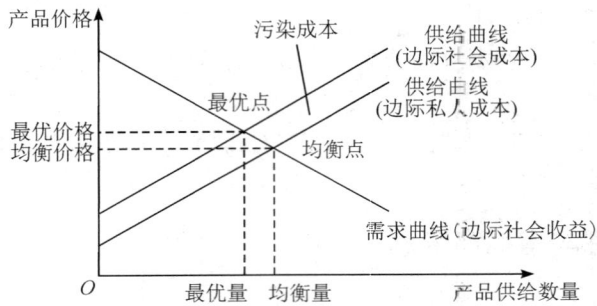

图 10-5　带有负外部性的过度生产

②界定产权(科斯定理的应用)。以罗纳德·哈里·科斯为首的一些经济学家主张应用科斯定理,科斯定理强调了产权界定和交易费用在经济活动中的重要性,为解决外部性问题和优化资源配置提供了新的思路和方法。政府当务之急是明确产权归属,借此规避"公地悲剧"现象。

(2)公共部门解决办法。

①基于市场的解决办法。罚款、税收、消除污染的补贴、可交易的许可证。

②直接管制。建立标准、颁布具体的管制办法,如土地利用管制。

为使私人生产达到社会最优量,政府可对私人生产者进行罚款或税收,因此,有罚款和税收的市场均衡如图 10-6 所示。

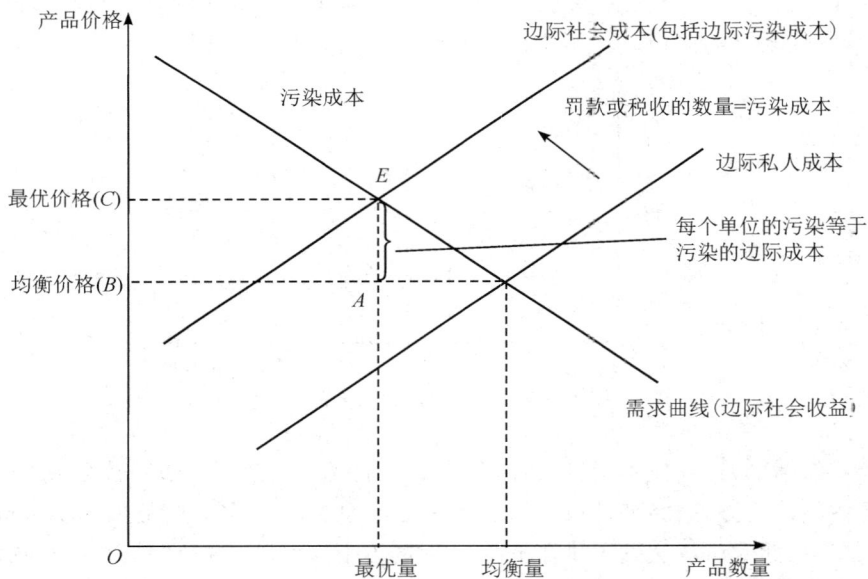

图 10-6　有罚款和税收的市场均衡

当污染存在外部性时,罚款和税收可以反映外部性的边际社会成本的正确信息,并达到帕累托有效结果。如果罚款或税收的数量等于污染成本,则边际私人成本曲线向边际社会成本曲线方向移动并重合,形成新的市场均衡量,即最优量。图 10-6 中距离 AE 代表每个单位产出的污染税,面积 $ABCE$ 代表所支付的总污染税,也可代表单位罚款数量和总罚款数量。

2. 房地产的外部性

房地产的外部性是指房地产活动影响了其他人或企业的福利,但却没有相应的激励机制或约束机制使产生影响者在决策时充分考虑这些行为对其他主体造成的影响。房地产的外部性可具体体现在公共服务设施对房地产的外部影响,公共服务设施可以改变居民的生活和人力资本培育环境。①环境因素对房地产的外部影响。例如,公园使用范围内的空间是非竞争性的。②物业与物业之间的外部影响。例如,一个大学迁入新址能带动新址周边房地产的发展,形成一个新的经济板块。③交通对房地产的外部影响。例如,道路拥挤导致负外部效应内部化,能够在一定程度上抑制部分居民的驾车需求,改善交通堵塞状况。

3. 政府管制房地产的方式

政府管制房地产的方式一般有间接管制和直接管制两种方式。间接管制是指通过征收税(费)、罚款、补贴进行管制。直接管制通过建筑管制、土地利用管制等方式进行。

10.4 住房保障

住房是保障人们正常生活起居的重要载体,是人们最为关心的现实需求,住房建设关系着人们的安居乐业。近年来,随着住房价格的不断攀升,人们的住房压力越来越大,加强保障性住房建设,改善国民住房条件,对于推动我国经济稳定发展有着重要的促进作用。

10.4.1 住房保障概述

1. 住房保障的概念

住房保障是一个范围很广的概念,是指政府为中低收入住房困难家庭提供的使其能够以较低成本获得适宜住房的相关政策和措施,是社会保障体系的一个重要组成部分,是在低生产力水平下保障"人人有房住"的体现。依靠市场配置住房资源,并不是说人人都能依靠自己的收入买房子住,也不是说人人都能靠市场化竞争、自主分散决策来获得住房。在市场经济条件下,为了保障每个人都有房子住,政府实施一些特殊的政策措施,来帮助单纯依靠市场解决住房困难的群体。这些政策的总称即住房保障制度。

2. 住房保障的发展历程

(1)1994 年之前,城镇居民住房基本都是由政府或单位解决的,公房分配占主导地位,当时城市采取的是一种全民福利住房制度。住房价格机制作用不大,分配往往根据家庭结构、年龄、工龄、职位以及已占用住房状况等实际因素进行,房地产市场尚未形成。

(2)1994 年 6 月,《国务院批转国家体改委 1994 年经济体制改革实施要点的通知》中提出,促进住房社会化、商品化和住房建设的发展。改革的主要措施是公房提租、发展经济适用房、推出住房公积金制度。这个时期,住房制度改革的方向是进行引入市场机制,产权改革,并建立双轨制的住房供应体系。此时还没有正式文件涉及住房保障这一概念,住房保障更没有被纳入社会保障的范畴。1998 年,《国务院关于进一步深化城镇住房制度改革加快住房建设的通知》中提出的具体目标是停止住房实物分配,建立和完善以经济适用住房为主的多层次城镇住房供应体系,最低收入家庭住房由政府或单位提供的廉租住房。明确了建设廉租房、经济适用房,发放住房补贴,推行住房公积金制度,为中低收入家庭和职工购(租)房提供不同保障。然而,该文件中也没有出现"住房保障"或"保障性住房"这样的提法。

(3)随着住房制度改革的深入,2003 年 8 月,《国务院关于促进房地产市场持续健康发展的通知》中提出,坚持住房市场化,坚持以需求为导向,加快住房领域市场化改革。随后近10年的实践也证明,整个房地产市场和行业都得到了空前发展,住房拥有率不断增加、人均住房面积不断扩大,城市各阶层特别是最低收入者的居民住房状况得到了极大改善。

(4)2007年10月,党的十七大提出要加快推进以改善民生为重点的社会建设,提出"健全廉租住房制度,加快解决城市低收入家庭住房困难"的要求。当时提出的社会保障是以基本养老、基本医疗、最低生活保障制度为重点的,尚未包含住房保障。有关指导性的意见是"建立适应全体居民需要的多层次住房保障体系",在正确认识和处理政府主导和社会参与的关系的基础上,充分发挥各类市场主体和社会组织的作用,对于适宜采用市场化运作模式的公共服务事项,应充分发挥市场机制的调节作用,以提升资源配置效率和服务供给质量。

(5)随着城市房价的上涨,2008年政府着力强调住房保障工作。国务院办公厅2008年12月发布《关于促进房地产市场健康发展的若干意见》,提出加大保障性住房建设力度,进一步改善人民群众的居住条件,促进房地产市场健康发展。该意见把建设保障性住房看成是市场干预的重要部分。随着房价的不断上涨,2011年1月26日国务院常务会议研究部署进一步做好房地产市场调控工作时确定:要落实住房保障和稳定房价工作的约谈问责机制,并将保障性安居工程建设纳入了地方政府的责任目标。2011年3月中旬出台的《国民经济和社会发展第十二个五年规划纲要》提出"提高住房保障水平""加大保障性住房供给",实现"住有所居"的社会目标。

(6)住房保障工作是伴随着住房制度改革的进程逐渐发展起来的,没有住房的市场化、商品化也就没有住房保障。供应保障性住房成为干预住房市场必要的政策工具。类似基本医疗、基本养老、义务教育等,住房保障可视为一种"兜底"的保障制度,是一种国家构建的居住"安全网"。是否将保障范围扩大到更多居民还存在很大争议。主流意见是将住房保障的重点放在低收入者和弱势群体身上以及"夹心层"群体身上,将解决最低收入者住房困难的廉租住房制度列入社会保障体系。目前,我国保障性住房各地覆盖面在20%~27.8%,因此房地产市场仍以商品房供应为主。虽然商品房市场为居民提供了多种选择,可以基本满足不同层次收入人群个性化的需求。但对于相当一部分中等偏下收入群体而言,即便面对多样化的商品房,仅凭自身收入在购房或租房时仍面临着较大的压力,在这种情况下,居民往往需要得到某种住房援助才能负担得起费用。

3. 住房保障的制度措施

1)针对需求方的三项措施

(1)发展住房产权。通过法律保障房产所有者的住房产权及转让自由,实施并强化住房及土地登记制度,规范不当所有权形式,并严打"小产权房"的"地下开发、交易"等。

(2)发展住房抵押贷款金融业务,特别鼓励创新性地为贫困阶层提供消费融资支持。

(3)合理补贴。提供适当的、政府财政可负担的补贴;补贴须对象明确、操作透明并可动态监督。

2)针对供给方的三项措施

(1)为保障性住房开发用地配备基础设施。集中为尚未开发的土地进行基础设施建设。

(2)调节保障性用地和住房开发,均衡发展。

(3)有效组织建筑行业生产。引入竞争机制,消除建设中的障碍,减少保障性住房投资的屏障。

3）总的措施

以上六项措施都是在总的措施下实施的。所谓总的措施,就是构建政治规则层面上的住房保障制度框架,完善相关法律法规,强化将整个住房部门的运行作为整体来监督管理,将与住房有关的主要公共部门、私人机构、参与企业、政府部门以及社区组织有机地融为一体,确保住房政策和发展计划照顾到贫困阶层并引导他们参与。

10.4.2 住房保障制度改革

1. 我国住房保障制度历史沿革和发展现状

从改革开放起,我国住房保障制度发展大致经历了福利房分配制度、经济适用房制度、现有住房保障体系的构建、现有住房保障体系等四个阶段,如图 10-7 所示。

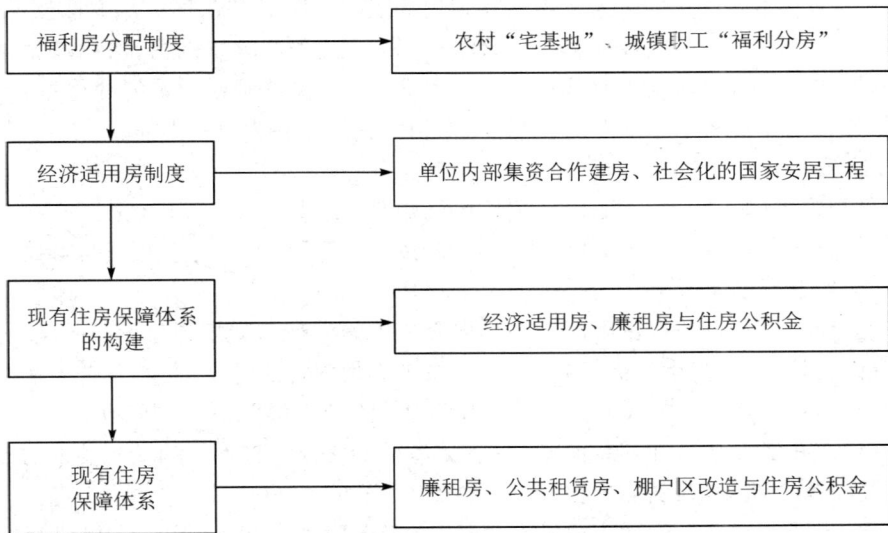

图 10-7 我国住房保障制度发展的四个阶段

2. 住房保障体制缺陷及对策

1）我国住房保障发展过程中存在的体制缺陷

（1）法制建设层次低。法制化是社会保障制度实施的必由之路。法制化能够使保障性住房体系中各主体的权利、义务和职责明晰化,法律执行的连续性和稳定性能够使保障性住房体系得以持续有效地运行。我国保障性住房立法滞后,仅出台了少量法规、规章,大多数是各种政策性文件,这是住房保障改革推进不快、执行缺乏稳定性和连续性的根本原因。

（2）管理体制不完善。农村地区住房保障制度和相关体系不完善,政策制定和执行分离,同时地方政府有关部门身兼执行、管理、监督等多个职能,导致工作效率和质量受到影响。目前,住房供应存在政府和市场两种住房供应体系,两种配置方式的边界、保障房合理的供应结构和规模以及如何保证保障房分配的公平性等问题,尚需要加强指导性的具体管理方法。

（3）保障性住房供应对象存在"夹心层",保障对象存在盲点。盲点即"夹心层",是指既买不起经济适用房、限价房,又不够廉租房、公租房条件的人群,如刚毕业的大学生、农民工等。对于数量庞大的外地户籍、中低收入的"夹心层"群体,他们既买不起商品房,又够不上保障房,这部分人员的漏保现象已经成为影响住房保障持续发展、实现"住有所居"目标的关键因素。

(4)空间布局存在不足。诸多保障性住房选址处于城市郊区或偏远地段,远离就业区域,耗费大量时间与通勤交通成本。这些区域交通设施较为薄弱,居民出行较为不便。配套的公共服务设施较为匮乏,居民日常生活的需求难以得到满足。而且,保障性住房居住群体以低收入人群为主,居住空间相对隔离,社会融合性差,对社会和谐稳定会产生一定影响,会产生"经济适用房不经济""廉租房不廉价""公租房不实在"的现象。

(5)进入与退出信息不均衡。目前,我国保障性住房的进入与退出机制执行中存在诸多问题,如"应保未保""非保得保"等。当前主导建设的公共租赁房和之前的经济适用房、廉租房一样,信息不均衡导致部分监管不到位和分配上的寻租问题。

2)完善我国住房保障制度的对策

(1)加快住房保障法制建设,为住房保障管理提供法律基础和依据。从立法层面对住房保障的实施计划、惠及对象、供应标准、资金运作方式、责任主体、运作机构、保障措施、信息管理等进行法律界定。住房保障制度改革涉及方方面面的利益,必须有一定的法律法规来规范处理这些利益关系。建议制定一部住房保障法,作为公民居住权保障的基本法,有利于住房保障体系的健康发展。

(2)明确管理主体,落实管理职能。统筹协调规划、财政、房管、民政、信访等多个部门,落实相关部门保障住房建设和管理职能,相互配合,按照各自职责,做好各项管理和衔接工作,将保障性住房工作办好办实。

(3)扩大保障范围,取消户籍限制。在具体实施中做到项目的规划建设与外来务工人员和新就业人口比例相适应,与市场需求相结合,与城市规划建设相结合,与培育住房租赁产业、促进第三产业发展相结合。在相关政策引导下帮助解决"夹心层"的住房问题,关注刚毕业大学生、农民工等"夹心层"的住房问题,保障"夹心层"的基本权益,改善"夹心层"的住房条件,是关系到经济发展、社会稳定、城镇化进程、政府责任的大事情。

(4)科学、合理地制订保障性住房发展规划,完善保障性住房布局。在保障性住房的布局上避免集中建设导致出现"贫民窟"。发展以公共交通为主导的住区模式;推行各种类型的配建方式,鼓励适度混住等方法,尽量在不减少其他机会的情况下解决住房困难问题。

(5)建立和完善信息及信用体系。加强政府的信息搜集能力,在各部门之间实现信息共享,然后逐步建立起统一的居民个人信用系统和保障性住房信息系统。同时,加强政府的信息披露制度,将保障性住房实施各环节向社会公布,接受舆论监督,有利于减少保障性住房中的权力"寻租"行为。

(6)深化保障住房投融资制度改革。公租房和廉租房的发展离不开全社会的强有力支持。我国公租房和廉租房主要面向城镇中低收入人群,这就决定了政府财政投入是主要来源。但由于建设数量众多,仅靠政府投资远远不能满足保障房的融资需求,必须建立"政府主导、市场运作、社会参与"的多元化保障房投融资机制,确保保障房建设的资金来源。

(7)建立多主体供给、多渠道保障租购并举的住房供应与保障体系。坚持以住房供给侧结构性改革为主线,突出多层次、差异化、全覆盖,针对不同收入水平的居民和专业人才等各类群体,构建多主体供给、多渠道保障、租购并举的住房供应与保障体系。充分发挥政府、企业、社会组织等各类主体作用,优化调整增量住房结构,盘活规范存量住房市场。

📚 **知识归纳**

1.土地制度是关于土地所有、占有、支配和使用诸方面的原则、方式、手段和界限等政策、法律和制度的规定,即以土地为核心,对由于占有、利用土地等行为而产生的人与人之间的关系的制度性规定。

2.土地所有制是指在一定社会生产方式下,由国家确认的土地所有权归属的制度。

3.土地使用制度是指对土地使用的程序,条件和形式的规定。

4.从广义的土地制度的含义来看,土地管理制度是土地制度不可缺少的一个部分。土地管理制度是国家行政管理制度的一个组成部分,专门负责对土地相关事宜的管理。

5.住房制度是关于住房建设、流通以及使用等过程中所发生的各种经济关系的制度性规定。

6.经济物品包括私人物品和公共物品。私人物品是指由私人提供的物品,如食品、衣服具有消费上的竞争性和排他性;公共物品是指私人市场无法提供的,或者不愿意提供的各种有形和无形的商品或者服务,如空气、景色。

7.外部性又称溢出效应、外部影响、外插效应或外部效应、外部经济,是一种市场失灵,会导致资源配置的无效率。

8.住房保障是政府对社会成员中无力参与市场竞争者以及竞争中的失败者进行的居所救助,是社会保障体系的一个组成部分。

❓ **思考题**

1.简述我国现行的土地征收制度。

2.简述土地管理的基本制度。

3.简述我国城镇住房制度改革的历程。

4.试分析我国现行城镇住房制度的基本框架。

5.简述公共物品与外部性的概念与特点。

6.简述住房保障的概念与发展历程。

7.试分析我国住房保障制度存在的缺陷及相关对策。

第 11 章　房地产宏观调控

内容提要

本章主要内容为房地产宏观调控概述；房地产宏观调控基本理论，其中包括房地产宏观调控的概念、理论基础、特征、目标、作用、原因；房地产宏观调控的手段和必要性；房地产宏观调控政策分析；房地产宏观调控政策汇总以及房地产宏观调控存在的问题与对策。

能力要求

通过本章学习，学生应了解房地产宏观调控的基本概念及其理论基础、特征、目标、作用，知晓房地产宏观调控的手段及其必要性，熟悉我国在不同时期颁布的房地产调控政策并分析和发现其规律，了解房地产宏观调控存在的问题及其相应的对策方法，并将所学知识结合身边实际事件进行探究。

思政目标

学习房地产宏观调控的相关知识，了解共产党立党为公、执政为民的思想，感受我国社会主义制度的优越性，自觉肩负起光荣历史使命争做时代新人。锻炼学生剖析调控政策的能力，激励其在既定政策框架内大胆创新，为房地产行业稳健前行探寻新路径、注入新活力。

11.1　房地产宏观调控概述

房地产宏观调控是理论界研究的焦点，也是普通民众耳熟能详的话题之一。但究竟什么是房地产宏观调控呢？其理论基础、特征、目标、作用是什么？应当采取怎样的手段来保证房地产宏观目标的实现？只有对这些基本问题有了正确认识，才能把握其规律，从而制订出科学的宏观调控方案。

11.1.1　房地产宏观调控基本理论

1.房地产宏观调控的概念

房地产宏观调控是指政府根据房地产发展现状和预警监督指标的变化规律，运用经济、法律和行政等手段，从宏观上对房地产业进行指导、监督、调节和控制，促进房地产市场总供给和总需求、供给结构和需求结构的平衡与整体优化，实现房地产业与国民经济发展相协调的管理活动。

房地产经济是国民经济的重要组成部分，在国民经济发展中起重要作用。房地产宏观调控是国家宏观经济调控的重要组成部分，房地产宏观调控能调节房地产市场的总量平衡，优化市场供给、需求结构,控制房地产投资规模,规范房地产市场秩序,最终带来房地产行业的持续健康发展。

2. 房地产宏观调控的理论基础

1)宏观调控是市场经济体制尚不成熟下的一种外生制度安排

新制度经济学认为,市场是一种为降低交易成本而选择的制度安排,但市场交易中存在有限理性和机会主义等现象,这些现象之间相互影响,从而大幅提升了市场的交易费用和成本。为把有限理性的约束作用降到最小,经济主体必然会寻求政府进行制度安排。因此,在市场基础上衍生出了其他一些非市场形式的政府制度安排,其中最主要的是政府运用宏观经济政策进行调控。

我国市场制度取得了长足发展但还不够完善。需要对其进行外生制度安排,加之房地产市场配置资源存在着自发性、从众性、滞后性和分化性等问题,为保证房地产业可持续发展,政府必须对房地产市场运行实施宏观调节与控制。

2)宏观调控是对经济总量和产业结构进行的调整

宏观调控是市场经济内在机制充分发挥作用并导致经济总量非均衡基础上形成的政府制度安排。市场经济一般要求通过运用一定的财政和货币政策等宏观政策去调控经济总量,以减少市场机制调节时滞后产生的成本。从宏观调控的内涵来看,通过对市场竞争和价格机制进行调节,能实现房地产经济结构协调和优化的重要目标。从国民经济来看,房地产业发展要与其他产业发展相协调,如此才能带动相关产业和国民经济共同发展,才能保持与其他产业和国民经济协调发展。

3)宏观调控是短期实现经济目标和长期助力经济增长的有效手段

在当前我国社会主义市场经济环境下,由于市场基础的不完善,政府宏观调控政策一直强调短期经济增长目标,而在长期由于多重目标之间的相互挤兑,制约了宏观调控政策长远效应的释放,造成了短期效果显著但长期效果不断反弹的局面。这就要求当前我国宏观调控的首要目标是既要在短期内稳定经济目标,又要综合考虑长期内为房地产经济最优增长路径提供适宜的外部条件。

3. 房地产宏观调控的特征

1)调控手段增多、范围扩大

从参与宏观调控的国家行政部门数量不断增多可以看出,国家对房地产行业的宏观调控从原先单一只是从"地根"和"银根"上对房地产行业进行调控,过渡至多部门运用多种综合手段对房地产行业进行全范围的调控,且调控范围在不断扩大,精准度在逐步提高。

2)调控力度不断增强

国家宏观调控政策不断出台,且调控的力度不断增强,涉及供给结构、税收、信贷、消费甚至住房保障及行政监管,房地产市场在宏观调控的基调下进行了一场真正有力度且颇具声势的变革。特别是因城施策调控政策实施以来,调控更加有针对性、更加有力度,有效地促进了房地产市场平稳健康发展。

3)调控的方向由表及里

从早期的政策制定方式,即针对该年份出现的问题制定相应的解决办法,到后期认识到房地产行业在供应结构、产业结构、产品结构上这一深层次的矛盾以及相关产业政策的制定上还有所不足的特点,开始将政策的调控方向由表向里转变,对房地产业的调控将体现实质性、长期性、内在性。

4)调控目的是保证行业可持续发展

原来国家宏观调控的目的是解决房地产投资过热的单个问题,现在国家宏观调控的目的是抑制房价过快增长、调整产业内部结构、关注产业间结构的综合系统调控,根本目的是保证房地产行业可持续发展,保证房地产行业在国民经济运行中的支柱产业地位。

4. 房地产宏观调控的目标

房地产业与其他产业相比,既有共同性又有特殊性,因此对房地产经济实行宏观调控的目标,既要服从全社会的国民经济宏观调控的总目标,又要根据房地产本身的特点和特殊要求,来设定房地产经济宏观调控的具体目标。

1)调节供求关系,实现房地产社会总供给和总需求平衡

宏观调控政策的职能是维护国民经济稳定运行,房地产宏观调控的首要目标是实现房地产社会总供给与总需求的平衡。房地产社会总需求是指某一时期(一般为一年)内全社会或某一地区内房地产市场需求总量,包括投资性生产需求、生活用房需求、消费用房需求等方面。房地产社会供给是多种所有制经济主体投资开发的各类房地产商品总和。

总量平衡是一个动态概念,是随各种经济因素变动而变化的。总量平衡要综合考虑以下几个方面因素:①要在一个地区或城市内,实现房地产的供给和需求总量的平衡。②总量平衡的重点要放在住房上面,各类住房开发的总量要同当地居民对住房的需求相平衡。③要区分有效需求与潜在需求,有效需求是指有支付能力的实际需求,房地产供给总量要与有效需求总量相平衡。④协调房地产业与整个国民经济特别是地方经济的平衡发展。

2)优化房地产产业结构,提高资源配置效率

房地产宏观调控的重要目标是结构协调和结构优化。结构协调是指房地产发展要与现阶段经济发展水平相协调,结构优化则是指房地产产业间和产业内的结构调整、整合、升级。产业结构优化主要包括两方面内容:一是从国民经济全局来看,房地产业发展要与其他产业相协调,既要带动相关产业的发展,又要保持与其他产业的适当比例,适度发展,不能将国民经济全局系于房地产的发展;二是从房地产内部来看,住房、商业用房、厂房等各类房地产商品供给与需求结构应当协调,以实现资源配置最优化。

3)实现房地产经济和国民经济的协调发展

房地产经济是国民经济重要的产业部门,在国民经济发展中处于十分重要的地位。国家对房地产经济调控得当,就能满足经济社会发展对生产和经营性用房以及居民的居住用房的需求,提高居住水平,促进国民经济发展。同时,由于房地产经济又是投资风险大、市场供给弹性很弱的产业,所以被一些专家称为"泡沫经济多发产业"。如果房地产经济在较长的时间内发展失控,就可能产生泡沫经济,对国民经济造成重大危害。

4)调控房地产供给与需求结构

房地产结构平衡主要包括两方面内容:一方面是房地产经济内部的各类房屋供求平衡问题,另一方面是房地产发展地区平衡问题。

房地产商品种类很多,大体上可以分为住宅类、经营类、办公类。这几类房地产的产品供给结构必须与需求结构相适应,否则就会引起发展的不平衡。同样房地产市场各个地区之间发展差距不能太大,否则会引起不良后果。就我国目前情况而言,东南部沿海地区房地产发展

的速度太快,中西部地区房地产发展的速度太慢。目前,房地产调控的一个重要任务就是调控房地产结构,使各类房屋的发展与社会对它的需求相适应,使地区间房地产发展差距保持在一个合理区域内。

5)保持房价合理化和基本稳定

房价是价格体系中的基础性价格,对于相关产品的价格具有重大影响,特别是住宅价格直接关系到居民购房承受能力和居住水平。而开发商是按照房地产市场价格调节房地产开发的,房价的高低,直接影响着开发商利润的大小,从而影响开发量。所以应该采取有效的调控手段,按照价格规律和房地产市场运行状况,有效调节市场价格,促进房价合理化,通过价格调节开发商投资方向和供求关系,不仅是房地产调控的重要内容,也是使市场运行规范化的重要手段。

6)调控房地产收益分配关系

房地产收益分配涉及土地所有者、房地产开发商、使用者、中间商等方面的利益关系。调节房地产收益,就是要通过建立合理的价格、税费体系,正确处理房地产经济运行中的价格、税费关系问题。为此必须通过加强国家土地一级市场的垄断,建立高效的土地有形市场和土地整理储备中心,规范土地市场的运行;取消不合理的税费项目,调整房地产税费制度;加强对房地产价格的调控和监管;力求调整和规范房地产收益各方面的分配关系。

7)确保房地产产业持续稳定健康发展

这是房地产宏观调控的最终目标。房地产持续健康稳定发展,就是指房地产在长期发展中不仅要考虑当前的发展,更要为今后的长期发展创造条件,保持适当的增长速度,按比例地协调发展,既要有正常的发展速度,也要使比例关系相对平衡。一方面要满足居民住房消费需求,保证居民居住水平不断提高;另一方面要满足生产建设等方面的需求,促进国民经济的增长。

5. 房地产宏观调控的作用

1)调整供应结构

目前,最核心的是增加中低价位、中小套型普通商品住房和限价商品住房、公共租赁住房、廉租住房等四类住房的供给,优先确保上述四类住房的用地需求,并要求各地抓紧编制相应的住房建设规划,增加上述四类住房供给。由于房地产兼具保障性和商品性的双重属性,完全由政府保障和完全市场化都存在缺陷,双轨制是必然的。因此,大力发展住房供应的"双轨制",通过调整供应结构方式,让住房"双轨制"落实到位,这是实现住房市场结构调整的关键。

2)抑制投资投机性需求

把首次购房和非首次购房、保障房、普通住房和非普通住房区别开来,加强差异化住房的信贷和税收政策力度,支持鼓励首次置业需求。对非普通商品房、非首次置业等投资、投机性需求,明确采取差异化限制政策,在信贷、税收、购销政策上严格加以区分和控制,体现"房子是用来住的、不是用来炒"的定位。

3)控制信贷风险

对房地产开发商严格项目资本金管理的要求,对投资开发贷款要严格管理。同时对金融机构信贷资金、境外热钱进入房地产等问题予以关注,并在金融、信贷风险管理方面提出具体的监管措施。严格执行"区别对待、有保有压"相关政策,切实加强风险管理,优化信贷结构。同时,稳定市场秩序,针对开发企业囤地炒地、捂盘惜售,对土地出让金缴交方式管理、土地利用方式管理、商品房预售管理等方面都加强全程监督。

6.房地产宏观调控的原因

1)市场本身存在缺陷

社会主义市场经济条件下,市场调节不是万能的,有些领域不能让市场来调节,有些领域不能依靠市场来调节。即使在市场调节可以广泛发挥作用的领域,市场也存在着固有的弱点和缺陷,包括自发性、从众性、滞后性等问题,因而完全依赖市场本身的能力实现宏观经济目标是不现实的。

2)政府具备弥补市场缺陷的经济职能

按照市场经济和现代科学管理的要求,市场经济条件下政府职能完全不同于计划经济,其经济职能应从一般的简单决策为主转为系统论证决策为主,由直接调控转为间接调控,由实物形态调控转为价值调控,这些转变主要通过宏观经济、法律、行政等政策手段来实现。

11.1.2 房地产宏观调控手段和必要性

1.房地产宏观调控的手段

为了实现房地产经济宏观调控的有关目标,政府必须运用适当的政策手段进行有效的调节和控制。房地产宏观调控主要政策手段有经济手段、行政手段、法律手段、启发引导手段等。

1)经济手段

经济手段即通过运用价格、税收、利率等经济杠杆,来充分调控房地产市场的运行和发展,以经济刺激来引导人们的房地产活动,主要有投资手段、金融手段、财政手段、价格手段、税收手段等。

(1)投资手段是指对投资主体规模和结构进行调节和控制。投资控制是一项复杂的工作,需要计划、财政、税收、金融价格等各调控手段综合配套运用。通常情况下,政府采取以下的方式调控房地产投资规模:制订科学合理的土地供应计划;合理制定房地产年度投资规模及投资结构;及时公布房地产投资相关信息,尽可能消除信息不对称,促进投资总规模趋于合理;利用经济手段和必要的行政手段调控房地产投资规模。

房地产投资结构调控则是:①房地产投资主体结构主要包括政府和开发商。政府投资的重点放在基础设施、基础产品方面,住宅建设的政府投资集中在具有社会保障性质的廉租房、公租房等方面。政府不参与商品房的投资经营和决策,而只提供导向性的政策。②房地产投资的产品结构主要包括工业用房、商业用房、住宅、教育卫生用房、娱乐设施用房等,目前投资重点应放在住宅用房中的普通住宅方面。

(2)金融手段是指中央银行为实现宏观经济调控目标而采用各种方式调节货币、利率和汇率水平,进而影响宏观经济的各种方针和措施的总称。一般而言,宏观金融政策主要包括三大政策:货币政策、利率政策和汇率政策,即提高或降低存款准备金率、提高或降低利率、提高或者降低信贷门槛等调整信贷规模、调整流通中货币供应量等政策。通过三大政策调整房地产市场中一些突出的金融问题。

(3)财政手段主要指的是通过财政收支、财政补贴、财政赤字、国债等手段对经济进行调控,抑制或缓解通货膨胀或通货紧缩,维护正常的价格秩序,对房地产商品和服务实行价格管制。财政手段是房地产结构调整的重要杠杆,正确运用这一杠杆对推动房地产发展方式转变,实现房地产又好又快发展具有重要意义。财政手段主要具有协调、平衡、导向、控制、稳定的功能。

(4)价格手段主要是指发挥价格的杠杆作用,是房地产业发展调控的关键。房地产价格首先要考虑土地价格,它在调节国民经济和房地产方面作用是显著的:土地价格可以引导和控制各类房地产开发,落实房地产产业政策,优化土地资源,发挥土地最大效益;土地价格可以合理地调节土地收入分配,把房地产增值的价值,通过价格形式转移到地方和国家财政,有利于实现社会公平分配的目的;是国家征收土地税收和制定土地金融政策的客观依据。

房地产价格调控手段主要包括:建立完善的房地产成交价格申报制度;建立完善的房地产价格评估制度;建立城市基准地价、标定地价体系;规定商品房价格上限,控制商品房价格过度上涨。这些措施目前已基本到位,有待进一步加强和坚持。

(5)税收调控手段是指政府凭借国家政权力量,通过设置税种,调控税率、税收减免、税收征管等措施介入房地产权益的初次分配和再分配过程,进而影响房地产经济的各项活动。房地产税收调控手段在国际上被广泛采用。随着我国在房地产税费体系方面改革的不断进行,税收调控手段作用也会日益加强。例如,我国对房地产交易契税从9%降为3%,同时取消30多种不合理的规费。当前我国房地产税费过多过高还是影响房价的一个因素,有待继续采取措施降低税费。

2)行政手段

所谓行政手段,就是通过国家、政府部门行政权力,制定和实施房地产方针、政策和规划,采取行政命令和指示等形式,对房地产经济进行管理的一种手段,是直接的宏观调控手段。

行政手段有三个特征:①权威性。行政手段的实行,主要取决于行政机关的权力,即管理机关权力越高,行政效力越有效越广泛。②强制性,上级对下级发布的命令、指令、指示和决定等,下级必须要服从并遵循执行。③垂直性,行政手段主要通过纵向关系,即垂直领导和被领导的关系传递调控信息,便于达到集中统一的调控目的。

行政调控手段主要分为计划、规划、管理手段三个方面。①计划手段通过中长期计划和年度计划进行调控。中期计划是对计划期内的发展目标以及实现条件进行预测,并提出相应政策措施。长期计划指房地产业发展的长期战略性计划,提出房地产业发展战略目标、重点和步骤。年度计划是对当年的开发情况进行具体的设定和管理。②规划手段通过国土规划、区域规划、土地利用总体规划、城市规划四个层次进行调控。国土规划是最基础的资源配置规划,通过摸清国土资源底数,最大限度地对资源进行开发和利用,提出资源开发方向、产业布局。区域规划是城市规划的基础,制定区域房地产开发规模和结构战略;土地利用总体规划是在一定区域内,根据国家社会经济可持续发展的要求和当地自然、经济、社会条件,对土地开发、利用、治理、保护在时空上做总体安排和布局。③管理手段包括房地产产权产籍管理,房地产企业资格审查,房地产预销售管理、房地产开发资金监管,投资程序审批,估价师、经纪人等资格考试与注册管理等,其中产权产籍、预售管理是房地产行政管理的核心。建立完善的产权产籍登记制度和严格的预售制度是对房地产业进行宏观调控的基础性工作。

3)法律手段

法律手段是指政府通过房地产立法和房地产执法维护公平竞争的房地产市场秩序。法律手段具有强制性、规范性、稳定性的特点,并具有普遍约束性,是房地产经济活动的准则,法律手段通过规范房地产市场主体行为、市场竞争行为和政府管理房地产经济行为来协调各方利益,从而引导房地产业健康运行。房地产产业链条长、关联产业多、资金投资大,在经济活动中涉及经济主体的方方面面,经济、财产、社会、权属、交易关系相当复杂,因此必须通过制定各种房地产法律法规来规范房地产市场,保护合法经营,打击不法经营,保障合法权益,维护房地产市场的正常运转。

4)启发引导调控手段

启发引导调控手段是指运用信息、社会舆论、说服教育等方式对房地产市场主体行为施加影响,从而达到调控房地产市场的目的。这是政府主导需要房地产市场所有主体都遵守的综合调控手段。

(1)信息引导法。信息对人们的最终决策结果具有前导性作用,政府应运用这一原理对房地产市场的主体施加影响。如定期及时公布基准地价、房地产交易价格、房地产市场政策,公布一定时期的土地供应总量、土地结构、贷款利率、税种和税率等,充足、透明的信息引导会对房地产市场主体决策产生理性的作用。

(2)舆论导向法。政府运用强大的舆论工具,产生强大的社会舆论压力,从而影响房地产业和房地产企业的形象,影响市场主体对房地产未来的理性预期,影响房地产开发和投资、消费,进而影响消费者对房地产未来市场的理性预期。

(3)劝告法。劝告法是政府凭借国家权力对房地产市场主体不规范行为进行说服教育的方法。政府通过及时控制市场不良行为获得了良好的调控效果。

2. 房地产宏观调控的必要性

研究房地产经济运行,不仅要考察房地产经济内在规律,还要注意房地产经济与宏观经济的协调发展。国家对房地产的宏观调控是一直在进行的,只不过其调控方向、力度和重点在不同阶段有所区别。对房地产的宏观调控必要性主要体现在以下几个方面。

1)房地产宏观调控是房地产资源优化配置的客观需要

宏观调控是政府一项基本职能。社会主义市场经济要求市场在社会资源配置中起基础作用,发挥市场配置资源的作用,但市场配置资源也存在着自发性、盲目性等缺陷,容易造成市场失灵,所以政府必须对市场经济进行干预和调控,以达到社会资源配置最优化。房地产是整个国民经济的重要组成部分,是市场经济中的一个子系统,土地和房地产均是稀缺性社会资源,在市场配置存在缺陷的条件下,政府采用宏观手段进行调节和干预是一种客观需要,符合市场经济条件下政府的基本职能。

2)房地产宏观调控是促进国民经济持续稳定增长的客观要求

房地产业的运行状况与发展水平会影响相关30多个产业的发展,尤其会对联系紧密的产业如冶金行业、建材行业、建筑业、装潢业的发展产生直接作用。同时,房地产开发和消费还会带动电器、家电、家具和装饰品等产业的发展。正因为房地产业的特殊地位与巨大影响力,中央与地方政府始终采取各种措施对房地产市场实施宏观调控,力求在市场中发挥积极的调节作用,克服市场失灵,维持我国房地产市场健康有序运行。

3)房地产宏观调控是引导房地产业健康发展的需要

由于房地产使用年限长、价值高、应用广泛,所以房地产投资决策正确与否,会对整个社会房地产供需总量平衡和结构平衡产生直接影响,甚至关乎整个社会经济的运行,所以必须对房地产投资进行有效调控。房地产投资具有投资量大、周期长的特点,项目从拿地到竣工交付一般需要三五年时间、投资正确与否会经受较长时间考验,所以对其调控格外重要。房地产交易是一种产权交易,需要依法依规通过产权交易确权来完成,如产权界定、登记、分割、转移都要靠法律来界定、确认和保护,因而也需要运用法律手段来调控和规范其行为。上述特点决定了政府对房地产业的宏观调控较其他产业的宏观调控更为必要,是保证房地产业健康发展的需要。

4)房地产宏观调控是规范不成熟房地产市场运行的需要

当前,我国房地产市场总体还不够成熟,主要呈现如下特点:发展不够稳定,区域发展不均衡、局部过快过热;住房保障不够健全、结构性矛盾依然突出;市场管理体制监管不力;房地产价格起伏较大、增长过快,价格体系不够完善;市场运行不规范,市场粗放式发展,竞争机制缺乏公正;市场主体房地产企业缺乏现代化企业管理制度;等等。因此,我国房地产市场发展具有一定的幼稚性,不够成熟和稳健,必须通过政府提供强有力的扶持、引导和监管,采取适当的、合理的宏观调控来规范房地产市场运行,促使其更加成熟和健康。

11.1.3 房地产宏观调控体系

房地产宏观调控体系是指中央政府对房地产的发展进行调节和控制,以达到房地产预期发展目标的管理系统。

房地产宏观调控体系是整个国民经济宏观调控体系的一个有机组成部分。与国民经济宏观调控体系相同的是,房地产宏观调控体系主要由调控机构、调控目标、调控手段、调控方法(主要指的是调控政策)等构成。但是,两者在调控对象、时间、工具、力度、目标等方面存在差异,侧重点也有所不同。

房地产宏观调控方式可分为直接调控和间接调控两种方式。直接调控方式是指政府通过行政手段和指令性计划管理,直接控制房地产开发、流通、分配、消费、转让诸多过程,从而达到对房地产宏观调控目的的一种调控方式。间接调控是指政府运用经济政策、手段、信息调节各类房地产市场,再由供求、竞争、价格、风险等市场机制引导市场所有经济主体的行为,使之符合房地产宏观调控目标的一种调控方式。在市场经济条件下,政府对社会经济活动一般以间接调控为主要形式。但由于房地产的特殊性及其还处于发展初级阶段,加之事关民生工程,不能仅对其进行间接调控,还要在市场出现非正常情况下及时进行直接调控。我国目前对房地产的宏观调控必须遵循以间接调控为主、直接调控与间接调控相结合的基本原则。

房地产宏观调控体系是由调控机构、调控目标、调控手段、调控方法等构成的一个有机的相互作用的体系,如图 11-1 所示。

11.2 房地产宏观调控政策分析

改革开放后,我国房地产业蓬勃发展,同时也出现房价过高、土地资源配置不合理、消费者盲目从众跟风消费等问题。我国政府相继出台了一系列宏观政策来调控房地产市场,但房地产宏观调控政策的效果并不尽如人意,抑制房价上涨的目的没能充分实现,调控反复反弹突出,住房保障也存在诸多问题。

由于我国房地产市场起步较晚,市场化时间较短,房地产行业发展还不够成熟,国家相继出台了一系列宏观政策来保障房地产市场健康可持续发展。房地产本身的特殊性等多种原因

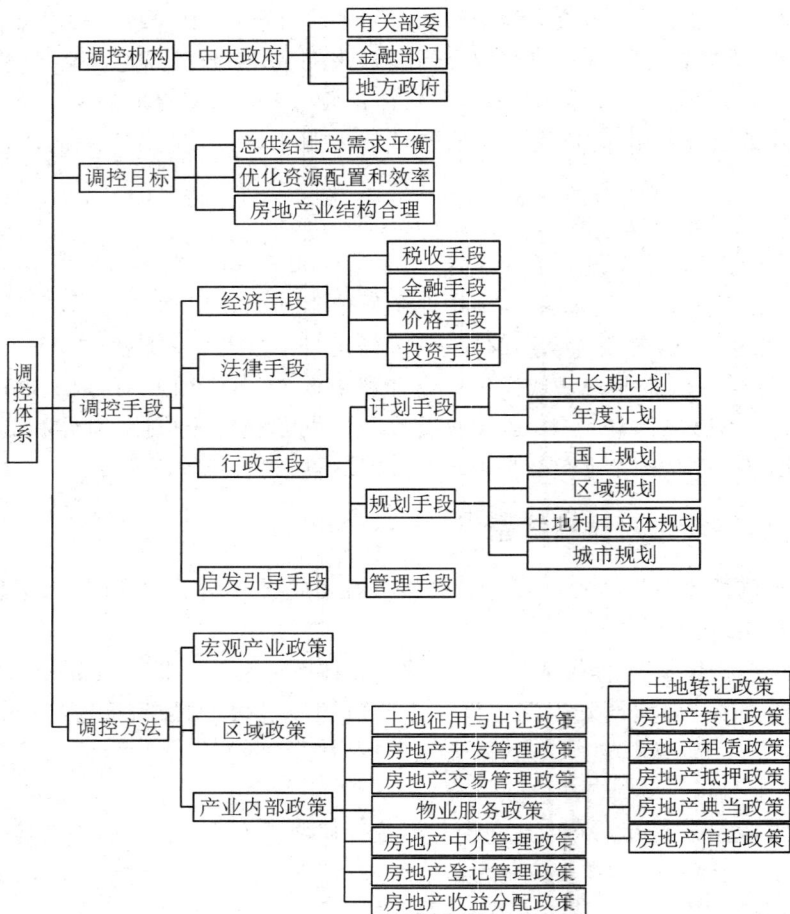

图 11-1　房地产宏观调控体系

导致了宏观调控政策效果不能有效发挥,会出现调控"失灵""失效""失真"。在当前我国经济进入"新常态"背景下,房地产也面临着转型与改革,其调控政策也应与时俱进。

11.2.1　房地产调控政策概述

房地产调控政策是综合运用经济、法律、行政等手段对房地产业的发展进行管理和监控所采取的一系列政策和操作方法,是各种调控手段的联动、协调、合力运作的耦合。房地产调控政策一般包括三方面:房地产宏观产业政策调控、房地产区域政策调控和房地产业内部政策调控。

1. 房地产宏观产业政策调控

房地产宏观产业政策是整个国民经济宏观产业政策的一部分且是重要的一部分。宏观产业政策调控是指国家运用各种调控手段,如规划、税收、金融、价格、投资、法律、信息等,确定国民经济各产业部门协调发展的比例、规模、速度、方向和重点,从而规定房地产业发展的比例、规模、速度、方向和重点,从宏观经济上实现对房地产产业调控的要求与目标。

就现阶段我国房地产发展的重点来看,政府对房地产业应该实施倾斜式的政策,应重点扶持的是：①住宅房地产业及保障性住房。②城市基础设施及配套房地产建设。③基础产业、高新技术产业等项目的房地产建设。

2. 房地产区域政策调控

房地产区域政策调控是指政府为了实现全国房地产业的平衡协调发展，推动全国统一有序的房地产市场形成，根据不同地区房地产业发展的水平、市场发育的特点，制定的鼓励或限制的一系列房地产政策措施。房地产区域政策调控主要采取产业政策区域化和实施房地产梯度推移不平衡发展战略两个方面的措施。

3. 房地产业内部政策调控

房地产内部政策调控是指根据房地产开发、流通、消费各个环节的不同特点制定的鼓励或限制的一系列相互配套的调控措施。房地产内部政策调控主要包括：①土地征用与出让政策。②房地产开发管理政策。③房地产交易管理政策。④房地产税收管理政策。⑤房地产金融服务政策。⑥房地产登记管理政策。⑦房地产收益分配政策。⑧房地产中介服务政策。⑨物业服务政策。

11.2.2　房地产宏观调控政策阶段性分析

根据我国房地产发展历史和房价增长情况，我国房地产宏观调控政策可分为五个阶段。

1. 严格控制开发信贷和土地供给（2003—2004年）

2003年开始，我国房地产市场出现了供销两旺的局面。政府分别从两个方面进行调控：第一，严格控制房地产开发商信贷，即控制开发贷款规模，严格开发贷款总量，抑制市场开发过量；第二，严格控制土地管理，以往的土地是按照土地协议来转上的，至此土地开始实行招标、拍卖、挂牌的出让方式，充分发挥土地市场机制的作用。

2. 抑制房价走高（2005—2007年）

从2005年开始，国家采取了多元化的调控措施来抑制房价走高，包括金融、税收、土地等措施。2007年，中国人民银行进行了六次加息，提高购房者首付款比例和贷款利率，提高住房的交易税。在土地方面，继续严格控制土地供给的政策，提高开发商自有资金持有比例，增加开发门槛。加大了保障性住房供应量，利用税收政策严厉打击"炒房""囤房"等投机行为。

3. 紧缩性政策放宽（2008—2009年）

2008年，国际金融危机爆发，全球经济下滑，国家为了刺激经济发展，为疲软的房地产市场营造了较为宽松的发展条件和环境。具体措施包括下调购房者首付房贷比例、减免住房交易税等，中国人民银行五次降息，对开发商进行开发信贷扶持，放宽开发商的信贷比例，各地纷纷因城施策，出台促进房地产市场稳定健康发展的政策。

4. 扩大供给和抑制需求（2010—2013年）

随着房价的再一次走高，政府的调控力度进一步加大。2010年1月10日，国务院出台《关于促进房地产市场平稳健康发展的通知》(简称"国十一条")，严格二套房贷款，首付不得低于40%，提高二套房贷款首付比例，严控房地产贷款，抑制房价快速上涨。对二套房不再区分改善型和非改善型，一概执行40%首付；明确要求央行及银监会要加大对金融机构房地产贷款业务的监督管理和窗口指导；加强监控跨境投融资活动，防止境外"热线"冲击国内市场。

2010 年 4 月 15 日,国务院出台措施,要求对贷款购买第二套住房的家庭,贷款首付款不得低于 50%,贷款利率不得低于基准利率的 1.1 倍。2010 年 4 月 17 日,"新国十条"出台,商品住房价格过高、上涨过快、供应紧张的地区,商业银行可根据风险状况暂停发放购买第三套及以上住房贷款。自此各地限购、限贷、限售调控政策纷纷出台,同时上海和重庆房地产税开始试点。2011 年初,国务院又出台了"新国八条",要求强制实行差别化的住房信贷政策,对贷款购买第二套住房的家庭,提高首付款比例,同时提高银行贷款利率。2012 年,第三套房或以上不能贷款,首套房首付比例不低于 30%,同年国务院发出通知,对不能提供一年以上当地纳税证明或社会保险缴纳证明的非本地居民暂停发放第三套住房贷款。通知要求,严格限制各种名目的炒房和投机性购房。地方人民政府可根据实际情况,采取临时性措施,在一定时期内限定购房套数。2013 年,国务院常务会议出台楼市调控的"新国五条",坚持限购、限贷的调控政策。这些政策实行后,房地产市场出现了一、二线城市房价持续保持高位,部分三、四线城市房价下跌或停滞不前的现象,这反映了宏观调控的难度。

5. 保增长扩内需去库存(2014—2016 年)

2014 年 9 月 30 日,央行出台房贷新政,主要内容包括:对拥有一套住房并已经结清相应购房贷款的家庭,贷款购买第二套住房时,可按照首套房贷政策执行;对于贷款购买首套普通自住房的家庭,贷款最低首付款比例为 30%,贷款利率下限为贷款基准利率的 70%等。

本次房贷政策基本上是之前信贷政策的全面松绑,相对于此前信贷套数认定政策,本次政策对首套、二套、多套住房在认定上都有放松。这种宽松的幅度在某种程度上甚至比 2009 年政策还要宽松,这有利于刺激大量需求入市,尤其是改善型需求。新政出台后,全国各地楼市皆迎来成交高峰。

2014 年以来,中央出台一系列政策来刺激房地产市场消费,采取了分类调控政策,对一、二线城市继续执行严格限购令,对三线及以下城市限购令松绑,降低首付款比例,央行降息。2016 年开始,国家鼓励农民工进城买房,多地政府发放财政补贴。政府经过实施系列措施使我国房地产市场逐渐回暖。

6. 坚持"房住不炒"和"三稳"制度(2017 年至今)

2017 年,楼市政策持续落实 2016 年和 2017 年年底的中央经济工作会议提及的房住不炒、租购并举的住房制度,发展住房租赁市场。楼市调控继续深化,非热点城市也被纳入,限售成为本轮政策的最大特点。2018 年,在全国"房子只住不炒"的大基调下,各地均坚持政策限制,限制政策大致分为 7 类,即限价、限购、限售、限贷、限商、限企、限地。2019 年,中央坚持"房子是用来住的,不是用来炒的"的市场定位,把稳地价、稳房价、稳预期的责任落到实处,由"因城施策、差别化宏观调控"转变为"因城施策、分类指导"的宏观调控。2020 年,中央继续坚持"房住不炒、因城施策"的政策主基调,强化落实城市主体责任,实现稳地价、稳房价、稳预期的长期调控目标,促进房地产市场平稳健康发展。2021 年,中央坚持"房住不炒"和"三稳"调控目标不变,不断完善房地产市场长效机制。房地产金融监管持续强化,财税制度进一步完善,加快完善住房保障体系,努力实现全体人民住有所居。2022 年,中央放宽限购政策,限购限售放松城市数量继续增加,住房贷款优惠力度加大,公积金支持力度不断加大,购房补贴政策纷纷亮相,保障性租赁住房加快发展。

11.2.3 房地产宏观调控政策汇总

从 1978—2023 年的房地产宏观调控政策汇总(见表 11 - 1)可以看出,虽然不同时期房地产的经济形势、发展情况差异较大,房地产宏观调控的目标也有所不同,但总体而言,房地产宏观调控的总目标是一致的,就是为了房地产总需求和总供给的动态平衡,保持房地产价格稳定,促进房地产业健康持续平稳发展。

表 11 - 1　1978—2023 年房地产宏观调控政策汇总表

序号	时间	政策文件、政策目标、政策内容
1	1980 年	政策文件:《全国基本建设工作会议汇报提纲》中发〔1980〕61 号 政策目标:调整国民经济结构,压缩基建规模,优化投资方向,以整顿体制、推行责任制、加强可行性研究等举措,提升基建效益,推动经济协调发展 政策内容:首次正式提出实行住房商品化政策,明确"准许私人建房、私人买房、准许私人拥有自己的住宅",为后续住房制度改革奠定了基础
2	1983 年	政策文件:《城镇个人建造住宅管理办法》国发〔1983〕193 号 政策目标:鼓励城镇个人自建住宅以缓解住房紧张,明确个人住宅产权归属,以保障居民合法权益 政策内容:鼓励个人自建住宅,规范用地审批与建设标准等流程,确保住房符合城市规划和安全要求,明确产权归属,保障住房合规建设与居民权益
3	1984 年	政策文件:《中华人民共和国城乡建设环境保护部关于外国人私有房屋管理的若干规定》(84)国函字 120 号 政策目标:规范外国人在华私有房屋管理流程,保障其合法房产权益,营造良好环境以促进对外交流合作 政策内容:明确外国人在华私有房屋管理,规范其房屋所有权登记,转移变更登记手续,明确需提交的证件,要求出租出借合同备案,规定可委托代理办理相关手续,且手续证件需公证及认证
4	1984 年	政策文件:《国务院关于改革建筑业和基本建设管理体制若干问题的暂行规定》国发〔1984〕123 号 政策目标:打破旧体制束缚,引入市场竞争,提升建设效率与投资效益,推动行业市场化、专业化发展,适应经济社会发展要求 政策内容:规定推进建筑业与基建管理体制改革,涵盖项目投资、招标承包,组建专业公司,落实勘察设计、建筑安装责任制,改革资金物资供应、审批制度,开放民营建筑,推行住宅商品化,革新征地与质量监督制度
5	1984 年	政策文件:《城市建设综合开发公司暂行办法》计设〔1984〕2233 号 政策目标:革新城市建设模式,推动住房商品化,规范开发公司运营,促进城市建设行业发展,提升城市规划建设水平 政策内容:明确城市建设综合开发公司为独立法人,规定其依城市规划开展土地开发与房产经营,通过招标发包、多渠道获取资金物资,享有自主经营权,新公司 3 年免征所得税

序号	时间	政策文件、政策目标、政策内容
6	1988 年	政策文件:《关于在全国城镇分期分批推行住房制度改革的实施方案》国发〔1988〕11 号 政策目标:推进城镇住房制度改革,实现住房商品化 政策内容:合理调整公房租金,从实际出发确定发放住房券,理顺住房资金渠道,建立住房基金,积极组织公有住房出售,配套改革金融体制并调整信贷结构,对住房建设和经营在税收政策上给予优惠,加强房产市场管理
7	1991 年	政策文件:《关于继续积极稳妥地进行城镇住房制度改革的通知》国发〔1991〕30 号 政策目标:进一步改善居民居住状况,使人民生活达到小康水平 政策内容:调整和提高现有公有住房的租金,出售公有住房,实行新房新制度,通过多种形式、多种渠道筹集住房资金,发展住房金融业务,加强房地产市场管理
8	1994 年	政策文件:《中华人民共和国城市房地产管理法》中华人民共和国主席令第七十二号。1994 年 7 月 5 日第八届全国人民代表大会常务委员会第八次会议通过 政策目标:调整城市房地产关系,为管理和交易提供法律依据和保障 政策内容:规范房地产开发用地、房地产开发、交易行为、权属登记、法律责任等
9	1994 年	政策文件:《关于深化城镇住房制度改革的决定》国发〔1994〕43 号 政策目标:深化城镇住房制度改革,促进住房商品化和住房建设的发展 政策内容:全面推行住房公积金制度,积极推进租金改革,稳步出售公有住房,加快经济适用住房的开发建设,加强开发建设领导,统筹安排等
10	1998 年	政策文件:《关于进一步深化城镇住房制度改革加快住房建设的通知》国发〔1998〕23 号 政策目标:停止住房实物分配,发展住房金融,培育和规范住房交易市场 政策内容:实行住房分配货币化,建立和完善以经济适用住房为主的住房供应体系,继续推进现有公有住房改革,采取扶持政策,发展住房金融服务
11	1999 年	政策文件:《关于城镇廉租住房租金管理办法》建住房〔1999〕70 号 政策目标:解决城镇最低收入家庭的住房问题 政策内容:城镇廉租住房的目的及认定标准,管理部门职责,租金标准,住房来源和承租申请审批制度等,不得转租廉租住房,违者罚款
12	1999 年	政策文件:《建设部关于进一步推进现有公有住房改革的通知》建住房〔1999〕209 号 政策目标:推进现有公有住房改革,进一步增强城镇居民住房商品化意识 政策内容:明确可出售公有住房和不宜出售公有住房的范围及出售规定;高收入和中低收入家庭执行不同价格;加大住房租金改革力度,促进职工购房;鼓励职工补足房价款等
13	1999 年	政策文件:《关于个人出售住房所得征收个人所得税有关问题的通知》财税字〔1999〕278 号 政策目标:通过税收手段调节房地产市场,促进居民住宅市场的健康发展 政策内容:个人出售自有住房应纳税所得额的确定原则;出售现住房纳税可部分或全部免税的具体办法和要求;个人转让自用 5 年以上且家庭唯一生活用房免征个税等

序号	时间	政策文件、政策目标、政策内容
14	2003 年	政策文件:《国务院关于促进房地产市场持续健康发展的通知》国发〔2003〕18 号 政策目标:促进房地产市场持续健康发展,保障居民住房需求 政策内容:完善供应政策,调整供应结构;改革住房制度,健全市场体系;发展住房信贷,强化管理服务;改革规划管理,调控土地供应;加强市场监管,整顿市场秩序等
15	2003 年	政策文件:《城镇最低收入家庭廉租住房管理办法》国家税务总局〔2003〕120 号 政策目标:建立和完善城镇廉租住房制度,保障城镇最低收入家庭的基本住房需要 政策内容:规定各级房地产行政主管部门负责管理,廉租住房房源多样,租金由政府定价。符合条件的家庭持证明申请,经审核等轮候配租,获配后禁止转租,如实申报收入,违规者将被收回住房并罚款,以此保障城镇最低收入家庭住房需求
16	2004 年	政策文件:《关于继续开展经营性土地使用权招标拍卖挂牌出让情况执法监察工作的通知》国土资发〔2004〕71 号 政策目标:推进经营性土地使用权招标拍卖挂牌出让制度的建立和完善 政策内容:明确执法监察的范围和内容;严格和规范执行经营性土地使用权招标拍卖挂牌出让制度;强化监督检查;加大查处违纪违法案件的力度等
17	2005 年	政策文件:《国务院办公厅关于切实稳定住房价格的通知》国办发明电〔2005〕8 号 政策目标:抑制住房价格过快上涨,促进房地产市场健康发展 政策内容:调整住房供应结构,控制被动需求,引导合理消费预期,监测房地产运行,贯彻政策措施,稳定住房价格
18	2006 年	政策文件:《国务院办公厅转发建设部等部门关于调整住房供应结构稳定住房价格意见通知》国办发〔2006〕37 号 政策目标:解决房地产市场中部分地区房价上涨较快、住房供应结构性矛盾突出问题 政策内容:调整住房供应结构,发挥税收信贷土地政策作用,完善房地产统计和信息披露制度
19	2007 年	政策文件:《关于解决城市低收入家庭住房困难的若干意见》国发〔2007〕24 号 政策目标:建立住房保障政策体系,改善低收入及农民工等群体居住条件 政策内容:加大解决城市低收入家庭住房困难工作力度,以邓小平理论和"三个代表"重要思想为指导,按照全面建设小康社会和构建社会主义和谐社会的目标要求,解决城市低收入家庭住房困难的问题
20	2009 年	政策文件:《国务院关于调整固定资产投资项目资本金比例的通知》国发〔2009〕27 号 政策目标:应对全球金融危机对中国房地产市场的影响,刺激房地产市场的活力 政策内容:主要对各行业固定资产投资项目的最低资本金比例进行了规定
21	2010 年	政策文件:《国务院办公厅关于促进房地产市场平稳健康发展的通知》国办发〔2010〕4 号 政策目标:促进房地产市场稳定 政策内容:增加保障房和普通商品住房供给,合理引导住房消费,抑制投资投机购房需求,加强风险防范和市场监管,推进保障性安居工程建设,落实地方政府责任

序号	时间	政策文件、政策目标、政策内容
22	2011 年	政策文件:《国务院办公厅关于进一步做好房地产市场调控工作有关问题的通知》国办发〔2011〕1 号 政策目标:进一步加强房地产市场调控,抑制房价过快上涨 政策内容:推进保障房建设,调整完善税收政策,实施差别化信贷政策,严格土地供应管理,落实约谈问责机制,加强舆论引导
23	2012 年	政策文件:《关于进一步做好房地产市场调控工作有关问题的通知》国发〔2012〕1 号 政策目标:全面、准确、及时掌握市场动态,为政策制定提供数据支撑,推动房地产市场平稳健康发展 政策内容:强调"建立多层次住房体系",政府的住房调控职能作用进一步强化,既强调住房的保障功能,又强调居民的合理消费
24	2012 年	政策文件:《关于做好 2012 年房地产用地管理和调控重点工作的通知》国土资发〔2012〕26 号 政策目标:通过一系列措施促进房地产市场平稳健康发展 政策内容:保障住房用地供应,落实保障性工程建设用地,严厉打击违法违规行为
25	2013 年	政策文件:《关于加快棚户区改造工作的意见》国发〔2013〕25 号 政策目标:改善居民居住条件,推动城市更新,拉动经济增长,促进社会公平,完善住房保障体系 政策内容:各地要严格执行商品住房限购的措施,同时实施差异化住房信贷政策,充分发挥税收政策的调节作用。通过强化规范统筹,把保障性工程与城市发展结合起来
26	2014 年	政策文件:《关于进一步做好住房金融服务工作的通知》银发〔2014〕287 号 政策目标:优化房贷政策,合理配置金融资源,支持居民合理住房消费,促进房地产市场平稳健康发展 政策内容:积极支持居民家庭合理的住房贷款需求。增强金融机构个人住房贷款投放能力,在防范风险的情况下,合理配置信贷资源,积极支持房地产开发企业的合理融资需求
27	2015 年	政策文件:《关于个人住房贷款政策有关问题通知》银发〔2015〕98 号 政策目标:调整房贷政策,刺激住房消费,稳定楼市,完善金融服务,防控风险 政策内容:降低首付比例,下调金融机构人民币贷款和存款基准利率。继续做好住房金融服务工作:鼓励银行业金融机构继续发放商业性个人住房贷款与住房公积金委托贷款的组合贷款,支持居民家庭购买普通自住房
28	2016 年	政策文件:《促进房地产租赁市场发展的指导意见》国发〔2016〕39 号 政策目标:构建购租并举的住房制度,稳定租赁关系,平抑房价,去库存,助力城镇化,培育新经济增长点 政策内容:构建以政府为主提供基本保障、以市场为主满足多层次需求的住房供应体系,特别强调了"完善租购并举的住房制度""以建立租购并举的住房制度为主要方向,深化住房制度改革",并且将住房保障制度扩展到非户籍人口

序号	时间	政策文件、政策目标、政策内容
29	2018年	政策文件:《关于进一步做好房地产市场调控工作有关问题的通知》建房〔2018〕49号 政策目标:稳定房价,保障刚需,改善需求,打击炒房,规范市场秩序,构建长效机制,促进房地产市场长期健康发展 政策内容:坚持调控政策的连续性、稳定性,大力整顿规范地产市场秩序,持续保持高压严查态势;完善对地方房地产调控工作的评价考核机制,具体落实地方政府稳房价、控租金的主体责任
30	2018年	政策文件:《关于完善促进消费体制机制进一步激发居民消费潜力的若干意见》国办发〔2018〕93号 政策目标:顺应消费升级趋势,破除体制障碍,优化供给,改善市场环境,释放内需,推动经济转型升级,满足人民群众的美好生活需要 政策内容:要大力发展住房租赁市场,特别是长期租赁;加快推进住房租赁立法,保护租赁利益相关方合法权益。建设单位不得将公租房资产作为融资抵押物,不将房地产作为刺激经济的手段
31	2019年	政策文件:《进一步优化供给推动消费平稳增长促进形成强大国内市场的实施方案(2019年)》发改综合〔2019〕181号 政策目标:贯彻中央经济工作会议精神,以供给侧改革优化供给,顺应消费升级,满足需求,形成强大国内市场,推动消费增长 政策内容:提出要支持部分人口净流入、房价高、租赁需求缺口大的大中城市多渠道筹集公租房和市场租赁住房房源,将集体土地建设租赁住房作为重点支持的内容
32	2019年	政策文件:《关于整顿规范住房租赁市场秩序的意见》建房规〔2019〕10号 政策目标:解决住房租赁市场突出问题,保障租赁各方尤其是承租人的合法权益,促进市场健康发展 政策内容:加强从业主体管理,规范租赁住房改造行为,防范住房租赁金融风险,建设住房租赁管理服务平台,建立住房租赁常态化管理机制
33	2020年	政策文件:《关于建立银行业金融机构房地产贷款集中度管理制度的通知》银发〔2020〕322号 政策目标:落实房地产金融审慎管理制度,推动金融供给侧结构性改革,促进房地产与金融市场平稳健康发展 政策内容:稳健开展房地产贷款相关业务,保持房地产贷款占比、个人住房贷款占比基本稳定,控制房地产市场过度融资
34	2021年	政策文件:《关于加强轻资产住房租赁企业监管的意见》建房规〔2021〕2号 政策目标:规范住房租赁市场秩序,防范金融风险,保障租赁双方合法权益,促进住房租赁市场健康稳定发展 政策内容:加强从业管理,规范住房租赁经营行为;推动建立多主体供给、多渠道保障、租购并举的住房制度,突出住房的民生属性;扩大租赁住房用地,加快发展保障性租赁住房

序号	时间	政策文件、政策目标、政策内容
35	2021年	政策文件:《关于加快发展保障性租赁住房的意见》国办发〔2021〕22号 政策目标:解决住房难题,完善住房保障体系,推动住房市场健康发展 政策内容:明确了国家层面住房保障体系的顶层设计,加快完善住房保障体系,实现全体人民住有所居的美好愿景
36	2022年	政策文件:《关于实施住房公积金阶段性支持政策的通知》建金〔2022〕45号 政策目标:落实国家统筹疫情防控与经济发展部署,发挥公积金保障作用,帮企业和缴存人应对疫情冲击 政策内容:各地要根据当地房租水平和合理租住面积,提高住房公积金提取额度,支持缴存人按需提取,更好地满足缴存人支付房租的实际需要
37	2023年	政策文件:《关于保障性住房有关税费政策的公告》财政部等公告〔2023年〕70号 政策目标:增加保障房供给,满足中低收入群体需求,优化房地产市场结构,促进市场平稳健康发展 政策内容:通过税费优惠降低保障性住房建设、运营和购买成本,激励各方参与建设保障房建设,对保障性住房项目建设用地和在商品住房等开发项目中配套建造保障性住房免征部分税费,推进保障性住房建设
38	2023年	政策文件:《关于降低存量首套住房贷款利率有关事项的通知》银发〔2023〕174号 政策目标:落实国家部署,坚持"房住不炒",顺应市场变化,推动房地产市场平稳健康发展 政策内容:降低存量首套住房贷款利率,基本满足政府保障基本需求、市场多层次住房需求,引导银企优化资产负债,降低借款人利息,促进居民消费,稳定银行经营,规范信贷秩序,最终实现房地产市场的稳定
39	2023年	政策文件:《关于规划建设保障性住房的指导意见》国发〔2023〕14号 政策目标:解决工薪群体住房难题,稳定住房预期,促进社会公平 政策内容:加大保障性住房建设和供给;推动建立房地产业转型发展新模式,让商品住房回归商品属性,满足改善性住房需求,促进稳地价、稳房价、稳预期,推动房地产业转型和高质量发展

11.2.4 房地产宏观调控存在的问题与对策

1.房地产宏观调控存在的问题

1)房地产市场发育不完全

房地产市场发育程度决定了房地产供求矛盾运动受到许多非市场因素的制约,单靠市场调节并不能保持房地产的总量平衡和结构平衡。目前,房地产市场发育不成熟导致发展中出现诸多问题,因此政府作为房地产体制改革的推进者和市场发育的培育者,需大力营造市场机制得以充分发挥的环境,并通过多种手段调控供求总量与结构,以达到市场发育和供求平衡的双重目标。

2) 市场主体防范风险意识不足

我国房地产业的第三个高涨始于 1998 年,到 2008 年在金融危机的影响下开始走向低谷和萧条,历时近十年时间。由于市场调节本身具有一定的盲目性和滞后性,是一种事后调节。从开发体量增加、价格形成、信号反馈到整体市场,有一定的时间滞后性,市场主体掌握的信息不对称,导致市场主体决策带有一定的被动性和盲目性,以致对房地产市场的预判产生较大偏差,对市场防范风险意识严重不足,因为房地产建设周期较长,其当前供给结构和数量是依据一年甚至三五年前市场情况所做出的预测,在短期内供给变动不大,滞后性尤为突出,宏观调控应加强引导市场主体风险防范意识。

3) 商品房相对过剩空置率过高

目前,我国房地产业处于信息不对称和盲盒期间,最大的问题是对市场的实际需求、价格、总量、预期没有准确的判断,导致产品的相对过剩和价格的虚增,导致市场主体开发商和消费者都相对非理性地开发与购房,出现了开发过剩和购买积压,以致商品房开发与购买都相对过剩,空置率两头都偏高,整个市场出现过剩的状态,宏观调控应加强引导,防止出现商品房相对过剩和空置率过高问题。

4) 融资渠道单一、狭窄

众所周知,我国市场经济发展时间较短,虽然建立起了较为完善的市场经济体制,但是金融市场的开放程度仍有限,进入壁垒相对较高。据调查,我国开发商融资主要集中在国内贷款、预售资金、自筹资金三个渠道。据国家统计局资料,2024 年,我国房地产开发企业到位资金 107661 亿元,同比下降 17.0%;其中,国内贷款 15217 亿元,下降 6.1%,利用外资 32 亿元,下降 26.7%;自筹资金 37746 亿元,下降 11.6%;定金及预收款 33571 亿元,下降 23.0%;个人按揭贷款 15661 亿元,下降 27.9%。由此可知,开发商过度依赖银行融资、预售款渠道。

绝大多数开发商依靠银行贷款(含预售款的消费贷)来满足日常生产需求,而商业信贷和租赁等其他融资方式较少。政府对土地政策进行了大胆和创新改革,但在房地产融资上则表现较为保守,对开发商直接债务融资的监管有着非常严格的条件。目前,房地产企业很难达到与公开发行公司债券的规定,那么其融资渠道选择上会受限制。因此,融资渠道过于单一和狭窄,直接决定了开发商对银行的高度依赖,若银行开始紧缩贷款,外资进入受控,销售回款也难缓解资金压力,越来越多的开发商面临着资金链断链的危险,因此宏观调控要充分考虑开发商融资渠道单一和狭窄的问题。

2. 房地产宏观调控的对策

1) 加强精准宏观调控,促进房地产业发展

房地产业是国民经济的敏感产业,调控得当,将促进房地产市场健康平稳发展,对国民经济产生强劲的拉动作用。同时,房地产又是一个高风险产业,若长时间内发展失控,极易产生经济泡沫,对国民经济造成重大危害。因此,政府发力精准调控,建立房地产市场长效机制,实现开发企业购置土地、房地产开发投资增速、房屋施工面积、新开工面积、商品房销售面积、销售总额以及房价等方面均衡发展,这对于房地产行业的健康稳定至关重要。"总量控制"关键是把握好发展速度、价格和房地产空置警戒线。土地调控是龙头,政府在土地供应上要具备高度的规划性和前瞻性,做好土地规划和计划,土地变化调控和应对能力。同时完善房地产市场法规,通过完善房地产产权、开发、交易、金融、中介、税费、价格和物业管理等方面法规,制定一套较为健全的政策法规,让房地产市场有一个公平竞争的机制,为房地产开发创造良好的市场

环境。

目前,"房住不炒"依然是房地产宏观调控的头等大事,要坚持"稳中趋紧"的总基调,地方政府要因城施策、精准调控,确保住房价格在一定时间内稳定下来,避免房价波动幅度过大。此外,要贯彻落实好稳地价、稳房价、稳预期的"三稳"政策,强调保障性住房的重要性,引导房地产开发回归居住属性,通过企业端"三道红线"和银行端"两道红线"促进房地产企业降杠杆,使得开发商进入从简单的增量到高质量发展阶段。

2)增强风险防范意识,提高风险防范能力

房地产业的发展都有周期性规律,总是从萧条走向繁荣,市场一般不会永远持续繁荣,总是与经济增长质量、增长速度、市场需求、消费能力联系在一起,并在高潮期以后进入调整期,在调整中酝酿新的高潮。因此,宏观调控要增强企业风险防范意识,把握市场周期性变化规律、市场供求矛盾,避免社会资源浪费,通过优化资源配置调节的市场行为,规避行业风险乃至金融风险。

我国房地产行业经过几十年的发展,最近几年市场波动不断,形势难以预测,而且市场竞争愈加激烈,企业资金问题不断出问题,因此,国家宏观调控要建立信息互联互通的物联网平台。建立房地产开发预警机制,防范房地产大起大落,对房地产市场进行测定、评价、预测和报告,准确判断市场的运行状况,及时发布有关信息。政府监管部门、房地产企业、融资机构、建设企业、中介平台、终端消费者都处在消息不对称的黑匣子之中,将其置于统一的物联网监管平台之中可以有效规避企业债务融资信息不对称问题,提高风险防范能力。

3)促进价格回归,加快消化空置房

政府必须控制房地产的空置总量,设置空置房总量警戒线,对长期空置的房地产进行强有力的干预,如规定最高限价,强制拍卖,降低房地产税费,促进房价下调。在项目审批上限制房地产的开发速度和开发管控,以免产生新的空置积压。政府要研究空置房问题,对于通过市场途径不能消化的空置商品房可以进行收购,将其用作廉租房、公租房、限价房等;要根据我国经济的实际情况、房地产业自身的规律和需求者的实际购买力,确定调控的时机和政策,使调控政策成为维护房地产市场稳定的第二道防线。

市场是根基,理性研究和分析变化多端、波动频繁的房地产市场是政府制定宏观调控政策的首要问题。政府部门要致力于调查研究错综复杂的房地产市场,积极从市场适配度、产品接受度、投资可行性、融资高效性、资金来源优化性等角度展开分析,考察新开发项目的审批和管制,引导企业创新开发理念和开发模式,促进价格回归居住属性,实现高效去化,抑制新的空置房的产生,快速回笼预售资金,实现新时代房地产企业顺应时势的转型与升级。

4)拓宽融资来源渠道实现融资渠道多元化

政府要在切实防控风险的前提下,发放土地储备贷款,强化土地资源的宏观调控能力,加强对优质开发企业的遴选和支持,通过发放项目储备贷款等方式,重点支持一批实力强、信誉好、具备品牌优势的大型房地产企业,更好地调节和引导市场,高质量发展房地产市场。

政府应该致力拓宽房地产企业融资渠道,这些是企业无法完成的工作,需要政府牵头展开和引导实施。目前,房地产企业融资方式有限,融资的主要来源是预售资金、工程款垫付、内部积累和银行贷款等。而债券、基金、信托等融资方式的发展相对非常缓慢,难以形成多元化融资体系,资金支持体系和风险分担体系也不够健全,都需政府制定相关政策来进行完善。房地产企业投资时间长、风险高,这会影响企业融资效率。想要提高房地产企业的融资效率,需要拓宽融资渠道,实现融资渠道的多元化,需政府部门用灵活的方式给予房地产企业更多的融资选择空间。同样,改变传统的以贷款为主的融资方式,健全商业票据和企业债券等债权融资市场,可以使房地产资金流转加快,使企业在资金紧张时能及时通过票据的贴现获得资金。

我国房地产市场的基本面是很好的,且发展前景光明,通过多次宏观调控、调整、整顿、整改,及时挤掉了泡沫。房地产市场的运行必将随着国家宏观调控政策和住房制度的落实逐渐走向平稳、健康、持续、高质量发展。

知识归纳

1.房地产宏观调控是指国家运用经济、法律和行政等手段,从宏观上对房地产业进行指导、监督、调节和控制,促进房地产市场总供给和总需求、供给结构和需求结构的平衡与整体优化,实现房地产业与国民经济协调发展的管理活动。

2.房地产宏观调控是市场经济体制尚不成熟条件下的一种外生的制度安排,是调控宏观经济总量和调整产业结构的必然结果,其目的是保证短期经济目标稳定的同时,为长期经济增长提供支持。

3.房地产宏观调控的四个特征是:调控手段不断增多,调控范围不断扩大;宏观调控的力度不断增强;调控的方向由表及里的转变;保证房地产行业的可持续发展,调控目的越发明确。

4.房地产宏观调控的目标是:实现房地产供求总量平衡;优化房地产业结构;确保房地产业持续健康发展。

5.房地产宏观调控的作用是:调整供应结构;抑制投资投机性需求;控制信贷风险。

6.房地产宏观调控的手段是:经济手段;行政手段;法律手段;启发引导手段。

7.房地产宏观调控的必要性:房地产资源优化配置的需要;由房地产业的重要地位决定的;由房地产业的特殊性决定的;规范房地产市场运行的需要。

思考题

1.什么是房地产宏观调控?

2.房地产宏观调控的目标是什么?

3.房地产宏观调控的手段有哪些? 其必要性是什么?

4.结合实际,谈谈你身边房地产宏观调控存在的问题及对策。

5.如何正确认识中国房地产经济新常态?

6.如何正确处理政府与市场的关系?

第 12 章　房地产可持续发展

内容提要

　　可持续发展观的提出伴随着人们对环境和发展问题的思考,它可以促使人们突破传统破坏性的发展怪圈,走可持续发展道路。本章基于可持续发展观,主要内容为可持续发展的基本内容、定义、内涵原则、理论基础等基本内容,房地产可持续发展及我国房地产业可持续发展的重要性、必要性和新方向等。

能力要求

　　通过本章学习,学生应了解可持续发展思想理论及房地产可持续发展的基本概念,掌握房地产的基本发展情况,理解我国走房地产可持续发展道路的必要性和重要性,树立正确的发展理念,了解房地产可持续发展的动态及方向,时刻关注房地产发展态势,运用可持续发展概念看待房地产业的发展问题。

思政目标

　　在学习可持续发展思想理论的基础上,了解我国土地资源的使用情况,培养学生的长远发展意识,不能只顾眼前利益,要关注个体与整体的联系,坚持用全面、辩证、长远的眼光看待我国房地产可持续发展问题。在今后工作中做到人与自然、环境的协调和发展。

12.1　可持续发展概述

　　可持续发展理论是指既满足当代人的需要,又不对后代人满足其需要的能力构成危害的发展,以公平性、持续性、共同性为三大基本原则。其最终目的是达到共同、协调、公平、高效、生态、多维的发展。其思想包括:可持续发展并不否定经济增长;可持续发展是培育新的经济增长点的有利因素;可持续发展承认自然环境的价值;可持续发展以自然资源为基础,同环境承载能力相协调;可持续发展以提高生活质量为目标,同社会进步相适应。

　　可持续发展理论经历了较长的历史过程,其在东西方世界萌芽的时间较为久远。朴素的可持续发展思想在我国春秋战国时期就开始萌发,在西方古希腊哲学家柏拉图的《克里底亚篇》中可窥一斑。科学的可持续发展思想则酝酿在 20 世纪 20 年代到 60 年代,在经济增长、人口增多、资源减少、工业发展、环境污染、城镇化加速等多重压力之下,人们开始质疑并反思"发展＝增长"的传统型发展模式和其可行性。可持续发展思想的正式形成时期为 20 世纪 60 年代到 80 年代末,在 1972 年联合国人类环境会议中通过的《联合国人类环境会议宣言》《只有一个地球》中初步形成,在 1980 年国际自然与自然资源保护联盟起草的《世界自然保护大纲》中正式使用,在 1987 年联合国世界环境与发展委员会(WCED)发表的《我们共同的未来》报告中被普遍接受和认可。经过多年的研究实践,可持续发展理论内涵和外延有了深刻的发展和扩充,形成了较完整的理论体系。

12.1.1 可持续发展的基本内容

1. 经济可持续发展

可持续发展是鼓励经济增长而不是以保护环境为名抑制经济增长,两者并不矛盾,且是相辅相成的相互促进关系。可持续发展不仅重视经济增长的数量,更追求经济的高质量发展。可持续发展要求改变传统的以"高投入、高消耗、高污染"为特征的粗放式生产和浪费型消费模式,实行高效、清洁生产和自然、文明消费,以提高经济活动中的企业效益和社会效益,减少资源浪费及环境污染。从某种角度上来说,集约型的经济增长方式就是可持续发展在经济发展方面的体现。

2. 生态可持续发展

可持续发展要求经济建设、社会发展要与自然承载能力相协调。发展的同时必须保护和改善生态环境,以可持续的方式利用自然资源、保护环境,使社会经济发展控制在地球承载能力之内。可持续发展强调环境保护,但不同于以往将环境保护与社会发展对立的做法,可持续发展要求通过转变发展模式,从人类发展的源头、从根本上解决与环境协调发展的问题。

3. 社会可持续发展

可持续发展观强调:社会公平公正是环境保护得以实现的机制和目标;世界各国的发展阶段可以不同,发展的具体目标也各不相同,但发展的本质应提高人类健康水平,创造一个保障人们平等、公平、自由、教育、人权和免受暴力的社会环境。在人类可持续发展系统中,经济可持续是基础,生态可持续是条件,社会可持续才是目的。人类应该共同追求的是以人为本的自然-经济-社会复合系统的持续、稳定、健康发展。

12.1.2 可持续发展的定义

可持续发展的定义包含两个基本要素或两个关键组成部分:"需要"和对需要的"限制"。满足需要,首先是要满足所有人的基本需要。对需要的限制主要是指对未来环境需要的能力构成危害的限制,这种能力一旦被突破,必将危及支持地球生命的自然系统,如大气、森林、水体、土壤和生物。和所有经济理论或概念的形成和发展一样,可持续发展的定义有许多不同层面的观点,比较有影响的有以下几种。

1. 广泛性定义

1987 年,世界环境及发展委员会(WCED)发表的《布伦特兰报告书》中对可持续发展下了定义,指出可持续发展是既满足当代人的需求,又不对满足其后代人需求的能力构成危害的发展。它们是一个密不可分的系统,既要达到发展经济的目的,又要保护好人类赖以生存的淡水、大气、海洋、森林和土地等自然资源和环境,使子孙后代能够永续发展、安居乐业。

可持续发展与环境保护既有联系,又不等同。环境保护是可持续发展的重要方面。但可持续发展的核心是发展,但要求在严格控制人口数量、提高人口素质、保护环境、资源永续利用的前提下进行经济和社会的发展。发展是可持续发展的前提,人是可持续发展的中心体,可持续长久的发展才是真正的发展。在处理经济发展、人口、资源、环境的关系时,要贯彻、执行可持续发展战略,坚持科学发展观,既要追求经济利益,满足当前需要,又要保护好环境,节约有限资源,从整体和长远着想,寻求一条既能满足当代人的需要,又不对后人的发展构成危害的道路。

2. 科学性定义

可持续发展涉及自然、环境、社会、经济、科技、政治等诸多方面,对可持续发展所做的科学性定义也各有侧重,大致有以下几种。

1)侧重于经济方面的定义

爱德华·B. 巴比尔在其著作《经济、自然资源:不足和发展》中,把可持续发展定义为:"在保持自然资源的质量及其所提供服务的前提下,使经济发展的净利益增加到最大限度"。可持续发展应当在保护环境的前提下侧重经济发展,保证现在和未来的经济发展,没有经济的发展就谈不上可持续发展。

2)侧重自然方面的定义

生态学家首次提出"持续性"一词。其意在说明自然资源及其开发利用程度间的平衡。1991 年 11 月,国际生态学联合会(INTECOL)和国际生物科学联合会(IUBS)联合举行了关于可持续发展问题的专题研讨会,将可持续发展定义为:"保护和加强环境系统的生产和更新能力。"简而言之,可持续发展是不能超越环境荷载发展的,超越环境及其系统更新能力的发展会导致破坏性发展。

3)侧重于社会方面的定义

1991 年,世界自然保护同盟(INCN)等组织共同发表的《保护地球——可持续生存战略》中将可持续发展定义为:"在生存于不超出维持生态系统涵容能力之情况下,改善人类的生活品质。"并表示人类社会的生产活动、生活方式要与地球承载力保持平衡,保证社会与环境整体的和谐发展,保证地球上的生物多样性发展,保证人与社会、自然、生物的共同体协同发展。

4)侧重于科技方面的定义

斯帕思认为,可持续发展就是转向更清洁、更有效的技术,使技术尽可能接近"零排放"或"密封式",工艺方法尽可能减少能源和其他自然资源的消耗。即通过科学技术的发展提高经济发展中的高科技成分,以低碳排放、发展经济,充分发展"阳光经济""风能经济""氢能经济""核能经济""生物质能经济"。提高能源利用效率和清洁能源结构、追求绿色 GDP 的问题,从而进行能源技术创新、制度创新。

3. 综合性定义

1987 年,世界环境与发展委员会《我们共同的未来》中定义可持续发展为既满足当代人的需求,又不对后代人满足其自身需求的能力构成危害的发展。就是既要考虑当前发展的需要,又要考虑未来发展的需要,不要以牺牲后代人的利益为代价来满足当代人的利益。

1989 年,联合国环境与发展会议专门为"可持续发展"的定义和战略通过了《关于可持续发展的声明》,认为可持续发展的定义和战略主要包括四个方面的含义:①走向国家和国际平等;②要有一种支援性的国际经济环境;③维护、合理使用并提高自然资源基础;④在发展计划和政策中纳入对环境的关注和考虑。

总之,可持续发展是建立在社会、经济、人口、资源、环境相互协调和共同发展的基础上的,是当前全人类发展急需关注和实施的社会问题,其宗旨是既能相对满足当代人的需求,又不能对后代人的发展构成危害。

12.2 可持续发展理论基础

可持续发展作为一个全新的发展理念,本身就涉及诸如社会学、经济学、环境学、生态学等各种学科,它的发展历史悠久,甚至跨越东西方社会意识与文明隔阂,是需要人类共同面对和研究的课题。可持续发展理论内涵丰富,目前比较普遍认可的可持续发展理论大致可分为以下几种。

12.2.1 可持续发展的基础理论

1. 人地系统理论

人地系统理论是指人类社会是地球系统的主要子系统,是生物圈的重要组成部分,由地球系统产生,同时又与地球系统的各个子系统之间存在相互联系、相互制约、相互影响的密切关系。地球系统是人类赖以生存和社会经济可持续发展的物质基础及必要条件;而人类社会的生产活动和生活活动,又直接或间接影响了大气圈、岩石圈、生物圈的良性循环,导致大气污染、土壤退化、森林减少等环境问题。因此,人地系统理论是可持续发展的理论基础。

2. 经济学理论

1)增长极限理论

梅多斯在《增长的极限》中提出了可持续发展的理论,强调了增长的限制。该理论基本要点是:运用系统动力学的方法,将支配世界系统的物质关系、经济关系和社会关系进行综合,提出了由于人口增长和可耕地面积有限,再加上城市建设、基础设施建设等占用越来越多的耕地,人类社会迟早会遇到粮食供应不足的危机;同时各种不能再生的资源被大量消耗,若干年后,这些资源也会耗尽。虽然科技不断进步能起到促进生产的作用,但这种作用是有一定限度的,因此生产的增长是有限的。

2)知识经济理论

知识经济亦称"新经济",是以知识为基础、以脑力劳动为主体的经济,是拥有、分配、生产和着重使用知识的新经济模式,知识在其中占据主导地位,用新技术新科技以脑力劳动为主体推动经济。它以智力资源为首要依托,发展成为知识密集型、智慧型新经济形态,是21世纪的主导型经济形态。该理论认为经济发展的主要驱动力是知识和信息技术,知识经济将是未来人类可持续发展的基础。

3. 可持续发展的生态学理论

提倡可持续发展时要注意社会、经济、环境三个维度之间相互发展的关系,关注生态自然与社会经济协调发展问题。根据生态系统的可持续性要求,人类的经济社会发展要遵循生态学三个原理:一是高效循环原理,即能源的高效利用和废弃物的循环再生产;二是和谐共生原理,即系统中各个组成部分之间的和睦共生、协同进化、和谐发展;三是自我调节原理,即协同的演化着眼于其内部各组织的自我调节功能的完善,而非外部的控制或结构的单纯增长。

4. 人口承载力理论

人口承载力理论是指地球系统的资源与环境,由于自身组织与自我恢复能力存在一个阈值,在特定技术水平和发展阶段下对于人口的承载能力是有限的。在生物生态学中,承载力又被称为载畜量,是指在不永久损害生境生产力的前提下,一个生境所能无限支持一个物种的最大种群数量。人口承载力是指在不损害生物圈且不耗尽可合理利用的不可更新资源的条件下,各种资源在长期稳定的基础上所能供养的人口数量。人口数量以及特定数量人口的社会经济活动对地球系统的影响必须控制在这个限度之内,否则就会影响或危及人类持续生存与发展。这一理论被喻为 20 世纪人类最重要的三大发现之一。

12.2.2 可持续发展的核心理论

可持续发展的核心理论尚处于探索和形成之中。目前已具雏形的流派大致可分为以下几种。

1. 资源永续利用理论

对于可再生资源而言,人类对它的利用一定要考虑是否会损害该种资源的自我更新能力或自然界的更新能力,要做好规划、管理、补偿、再造、循环、环境保护等各种工作,以避免其在资源提供的质和量上有所改变,甚至退化到不能提供该种资源的水平上,否则就是不可持续地利用可再生资源。资源永续利用理论认为可再生资源长久持续地为人类提供利用价值,其中有一部分资源如太阳能取之不尽用之不竭;有一部分资源需要不断更新才能长久不间断地被利用,为保证此类资源被永续利用,需要遵从一定的规律和方法。该流派的认识论基础在于:人类社会能否可持续发展取决于人类社会赖以生存发展的自然资源是否可以被永远地使用下去。

2. 外部性价值理论

外部性价值理论认为环境日益恶化和人类社会出现不可持续发展现象和趋势的根源,是人类迄今为止一直把自然资源和环境视为可以免费享用的"公共物品",不承认自然资源具有经济学意义上的价值,并在经济生活中把自然的投入排除在经济核算体系之外。自然资源和环境可以看作公共物品,但它被人类利用是有一定价值和价格的,主要表现为自然和环境质量被恶化后要恢复到原来的状态往往需要付出高昂的代价,并且自然资源和环境的恶化往往会对相关产业或生产、经营等活动造成巨额损失。所以,必须将自然资源和环境的价值纳入经济核算体系中,并探讨人类从事各种生产、经营活动的最佳模式,以防止自然资源和环境日益恶化,保证人类社会的可持续发展。该流派致力于从经济学的角度探讨把自然资源纳入经济核算体系的理论与方法。

3. 财富代际公平分配理论

现今的发展模式满足了当代人的需要,但对后代人满足需要的能力已构成了危害。由于当代人与后代人比较起来具有较大的"先发"优势,即客观上使用和占有资源的机会更多、更大,当代人很难抑制和控制自己过度使用和占有资源的冲动。因此,代际间能否公平地讨论,主要出自对未来发展机会的担忧上。财富在代际分配的公平性成为可持续发展的关键问题。该理论认为人类社会出现不可持续发展现象和趋势的根源是当代人过多地占有和使用了本应属于后代人的财富,特别是自然财富。该流派的核心仍然是如何看待自然和看待后代人的利益,以及用什么样的态度和方式去采取今天的行动,致力于探讨财富(包括自然财富)在代际能够得到公平分配的理论和方法。

4. 三种生产理论

人类社会可持续发展的物质基础在于人类社会和自然环境组成的世界系统中物质的流动是否通畅并构成良性循环。该理论把人与自然组成的世界系统的物质运动分为三种"生产"活动,即人的生产、物资生产和环境生产,致力于探讨三种生产活动之间和谐运行的理论与方法。三种生产的关系呈环状结构,任何一种"生产"不畅都会危害世界可持续系统的持续运行。也可以反过来说,人和环境这个大系统中物质流动的畅通程度取决于三种生产之间的和谐程度。人类社会只有把涉及三种生产运行的行为协同统一起来,把三个生产子系统自身的利益追求与世界系统物流畅通的要求协调起来才能促进整个社会的长久可持续发展。

12.3 可持续发展的原则、内涵、能力建设

12.3.1 可持续发展的基本原则

1. 公平性原则

公平包括本代人之间的公平、代际的公平。可持续发展是一种机会、利益均等的发展,它既包括同代内区际的协调发展,即一个地区的发展不应以损害其他地区的发展为代价,又包括代际的协调发展,即既满足当代人的需求,又不损害后代的发展。从伦理上讲,未来各代人应与当代人有同样的权利来提出他们对资源与环境的需求。可持续发展要求当代人在考虑自己的需求与消费的同时,也要对未来各代人的需求与消费负起历史责任。各代人之间的公平要求任何一代都不能处于支配的地位,即各代人都应有同样选择的机会空间。该原则认为人类各代都处在同一生存空间,人们对这一空间中的自然资源和社会财富拥有同等享用权,人们应该拥有同等的生存权。

2. 持续性原则

在推进经济建设、经济发展的过程中,要促进人与自然的和谐共生,重视解决人口、资源和环境问题,坚持经济、社会与生态环境的持续协调发展,不能超越资源和环境的承载能力。即在满足需要的同时必须有限制因素,且在"发展"的概念中包含了制约的因素。在满足人类需要的过程中,发展还受到人口数量、环境、资源以及技术状况和社会组织对环境满足眼前和将来需要能力的限制。持续性原则的核心是人类的经济和社会发展不能超越资源与环境的承载能力,从而真正将人类的当前利益与长远利益有机结合。

3. 共同性原则

各国可持续发展的模式虽然不同,但公平性和持续性原则是相同的。地球的整体性和相互依存性意味着全球各国必须联合起来,共同保护我们的家园。虽然各国国情不同,实现可持续发展的具体模式也不可能是唯一的,但是公平性、协调性、持续性原则是共同的,各个国家要实现可持续发展都需要适当调整其国内和国际政策。只有全人类共同努力,才能实现可持续发展的总目标。加强对外开放与国际合作,参与经济全球化,利用国际、国内两个市场和两种资源,在更大空间范围内推进可持续发展。

12.3.2　可持续发展的内涵

1. 共同发展

地球是人类赖以生存的家园,每个国家或地区都有保护地球生态环境的责任。为保持地球的整体性,地球上的每个子系统都应当重视和其他子系统的相互联系、相互作用、相互发展,防止任何一个子系统发生问题,进而影响其他系统,诱发系统的整体突变。因此,可持续发展追求的是整体发展和协调发展,即共同发展。

2. 协调发展

协调发展包括经济、社会、环境三大系统的整体协调,即环境保护与经济建设和社会发展统筹规划、同步实施、协调发展,实现经济效益、社会效益、环境效益三者统一,同时也包括世界、国家和地区三个空间层面的协调以及一个国家或地区经济与人口、资源、环境、社会以及内部各个阶层的协调,可持续发展源于协调发展。

3. 公平发展

因水平差异而表现出的层次性是经济发展过程中始终存在的问题。这种发展水平的层次性若因不公平、不平等而引发或加剧,就会由局部而上升到整体,并最终影响整个世界的可持续发展。因此,公平发展包含两个维度:一是时间维度上的公平,当代人的发展不能以损害后代人的发展为代价;二是空间维度上的公平,一个国家或地区的发展不能以损害其他国家或地区的发展为代价。

4. 高效发展

公平和效率是可持续发展的两大关键因素。可持续发展的效率不能简单地等同于经济学的效率,它既包括经济意义上的效率,也包括自然资源和环境的损益。因此,可持续发展不只是经济生产的高效发展,还是经济、社会、资源、环境、人口等的协调发展,是人类整体发展的综合。

5. 多维发展

人类社会发展表现出日趋全球化的态势,可持续发展又是一个综合性、全球性的概念,既要考虑不同地域实体的可接受性、可包容性、可发展性情况,又要考虑可持续发展本身包含了多样性、多模式、多维度选择的基本内涵。各国要在可持续发展这个全球性目标的约束和指引下,从各国实际国情出发,走符合本国或本区实际的、多样性、多模式、多维度的可持续发展道路。

12.3.3　可持续发展的能力建设

经济、人口、资源、环境等内容协调发展构成了可持续发展战略的目标体系,管理、法制、科技、教育等方面的能力建设构成了可持续发展战略的支撑体系。可持续发展的能力建设是可持续发展的具体目标得以实现的必要保证。具体地说,可持续发展的能力建设包括决策、管理、法制、政策、科技、教育、人力资源、公众参与等内容。

1. 构建可持续发展管理体系

实现可持续发展需要有一个非常有效的管理体系。实践表明,环境与发展不协调的许多问题都是由于各国政府的决策与管理的不当引发的。因此,提高各国政府的决策与管理能力就构成了可持续发展能力建设的重要内容。可持续发展管理体系要求培养高素质的决策人员与管理人员,综合运用科技、规划、法律、行政、经济等手段,建立和完善可持续发展的管理组织结构,形成综合决策与协调管理的机制。

2. 强化可持续发展法律制度

若要可持续发展,必须法律先行。强化可持续发展立法是实现可持续发展战略的重要保障,还要加强可持续发展国际立法,通过国际法规范和协调各国的可持续发展关系。因此,强化可持续发展法律制度建设是可持续发展能力建设的重要方面。可持续发展要求通过法律制度的强化与实施,实现人类社会对自然资源的合理利用,使生态破坏与环境污染得到控制,保障经济、社会、生态的可持续发展。

3. 运用可持续发展科技系统

没有高水平的科学技术支持,可持续发展的目标就不能实现。科学技术对可持续发展的作用是很关键的且是多方面的。它可以有效地为可持续发展的决策管理提供依据与手段,促进可持续发展管理水平及效率的提高,加深人类对人与自然关系的理解,扩大和挖掘自然资源的可供给范围,提高自然资源利用效率和经济效益,提供保护生态环境和控制环境污染的有效手段,实现全球可持续发展管理事务的信息共享和共管。

4. 普及可持续发展教育体系

可持续发展要求人们有高度的知识水平,明白人们的活动对自然和社会的长远影响与后果,要求人们有高度的道德水平,认识自己对子孙后代的崇高责任,自觉地为人类社会的长远利益而牺牲一些眼前利益和局部利益。因此,在全球普及可持续发展的教育体系势在必行,特别是在欠发达国家,通过教育不仅使人们获得可持续发展的科学知识,也使人们具备可持续发展的道德水平。这种教育既包括学校教育也包括广泛的潜移默化的社会教育。

5. 发动公众参与可持续发展

公众参与是实现可持续发展的必要保证,也是可持续发展能力建设的主要方面。公众、团体和组织的参与方式和参与程度,将影响和决定可持续发展目标实现的进程和速度。公众对可持续发展的参与应该是全面的、多方位的。公众和社会团体不仅需要参与有关环境与发展的管理决策,更加需要参与对管理决策执行过程的监督,形成全社会人人关心全球可持续发展的氛围。

12.4 房地产业可持续发展

12.4.1 房地产业可持续发展概述

在学术界,对于房地产业可持续发展的含义目前还没统一定义。当前较普遍观点认为房地产业可持续发展包括两方面含义:一是指房地产业的发展既要满足当代人对各种房地产品的要求,又要满足子孙后代未来发展的需要。其中包括土地资源的永续利用、房地产的稳定协调发展及人居环境的改善等。二是既要保持产业自身不断增长,又要与整体社会各行各业协调发展,主要包括资源开发利用的可持续性,如土地资源、空间资源、建材资源利用的可持续性;产业发展的可协调性;自然环境与经济发展相协调的可生态性等。房地产业可持续发展的含义中应当包含以人为本、人与自然和谐共生的思想,可从以下几方面理解。

1. 从利益关系出发

房地产业的可持续发展,是在处理好城乡规划、城市建设以及节约能源的基础上,协调好房地产开发眼前利益和长远利益关系、局部利益与整体利益关系、结构利益与产业利益关系、经济利益和社会利益关系,通过可持续发展与可持续增长关系以达到房地产开发的土地利用、规划布局、住宅功能、环境效益、人文特色的可持续发展的最终目标。

2. 从产业发展出发

房地产业的可持续发展既是房地产业自身健康发展的需要,又是其应为整个国民经济可持续发展应该做的贡献,包括土地资源的永续利用、房地产的稳定协调发展、市场的完善与人居环境改善等多方面内容。由于房地产具有自然和社会的双重属性,所以房地产业的可持续发展必定要在自然和社会两个方面都解决好,否则就不可能实现房地产可持续发展。

3. 从基本要素出发

业主、房屋和环境是房地产业的基本要素。业主作为房地产业中发挥主观能动性作用最大的要素,其群体力量是很强大的,他们对房地产的消费理念是房地产业向可持续方向发展的重要推手。房屋是房地产业的基本产品,其建造水平及高质量发展是房地产业发展的主要标志,也是房地产业可持续发展的重要一环。好环境对房屋的价值及使用有正向作用,需要注意的是,"环境"除了自然方面还包括经济、政策、法律、技术、社会等方面,因此环境对房地产业可持续发展具有护航和提升作用。综上,房地产业可持续发展应将房屋、业主和环境三要素有机统一,重视对自然、人文、社会资源的利用和保护,争取实现向自然的索取与对自然的回报之间的平衡和生态环境与经济社会发展的协调,创造更优美的环境和更优雅的城市品质。

12.4.2 我国房地产可持续发展情况

实践证明,房地产业是国民经济的支柱性、基础性和先导性产业。从世界各国的历史进程来看,房价与当地经济密切相关,一旦泡沫破灭,房地产崩盘,当地经济必定遭受毁灭性打击。日本就曾在经历过近十年房价飞涨后于 1990 年房地产泡沫破灭,房价下跌十余年,跌幅近70%,经济萧条长达 15 年,元气大伤;1997 年,东南亚金融危机爆发,泰国、我国香港都遭受波及,房地产泡沫破灭,迎来不同程度的经济萧条,失业率居高不下;2007 年,美国次贷危机引发的金融危机,不仅使美国经济陷入困境,甚至演变成了全球性的金融危机。

我国房地产市场的局部非理性发展已经敲响了经济、社会可持续发展的警钟,我们必须意识到房地产走可持续发展道路的重要性。

1. 我国国情决定走可持续发展道路的必然性

1)我国人均土地资源稀缺

如图 12-1、图 12-2 所示,与其他国家相比,虽然我国国土辽阔、土地资源总量较丰富、土地利用类型齐全,但由于人口众多,使得人均土地占有量极小,而且各类土地所占的比例不够合理,主要是耕地、林地少,难利用土地多,后备土地资源不足,人与耕地的矛盾尤为突出。

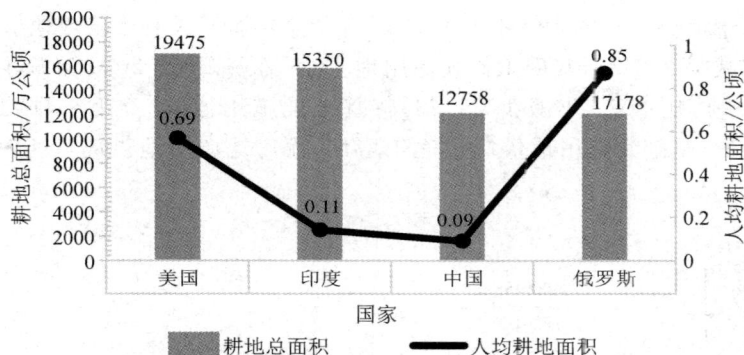

图 12-1 部分国家耕地面积、人均耕地面积比较

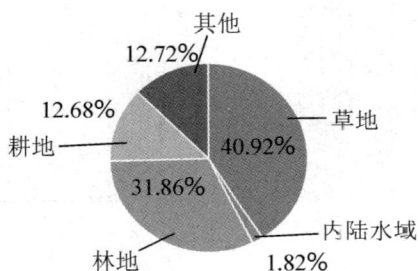

图 12-2 我国各土地利用类型所占比例

随着我国经济的飞速发展,土地不合理开发利用现象也越来越严重。由于人们过度砍伐、超负荷利用土地资源,水土流失越来越严重,土地荒漠化面积在不断扩大。虽然近年来我国致力于土地治理并取得了一定成效,但是土地荒漠化面积每年仍在增加。土地资源是房地开发不可或缺的载体,没有土地资源的支撑,发展房地产业就是空中楼阁,因此我国房地产业必须走可持续发展的道路。

2)我国城市质量和城镇化率提高空间较大

在我国城镇化发展进程中,受历史等因素影响,城镇化缺乏科学的发展观指导,并受政策影响极大,甚至出现了"逆城镇化"现象,盲目追求城镇化扩张,忽视高质量发展,基础设施不完善,城市设置不规范;城市用地浪费,城市环境容量和城镇人口不协调、城市病现象滋生;大城市与中小城镇间经济发展脱节,城乡发展体制二元化严重,区域之间发展极不平衡。

在这种质量不高但快速发展的城镇化和工业化进程中,一方面,城镇化使得大量农村人口流向城市,并且总是流向经济发展较好的城市,给城市房地产带来不均衡的需求,同时也造成了大、中、小城市之间房地产业发展水平的巨大差异;另一方面,住房制度特别是住房保障制度及房地产管理体系不完善,加之盲目过度开发,这也造成了城市资源的浪费,制约了房地产业的发展。这一实况证明我国房地产业更需走可持续发展的道路。

3)房地产业资源的过度消耗和占用

房地产本身就是一种高资源消耗产品,其生产模式就是对土地、建材、能源等资源的大量占用及消耗。

(1)房地产业发展以占用大量土地资源为主要表现,还侵占了林地、耕地、草地、湿地等其他用途的土地。图 12-3 反映了房地产业每年开发所占用的大量土地,充分体现了房地产业对土地资源的大量消耗。从图 12－4 中可知 2023 年全年全国国有建设用地供应总量 74.9 万公顷,比 2022 年减少 2.21％,其中工矿仓储用地 17.5 万公顷,比 2022 年减少 11.61％;房地产用地 8.4 万公顷,比 2022 年减少 23.63％;基础设施用地 49.0 万公顷,比 2022 年增长 6.99％。总体来看,基础设施用地供应量逐年增加,而房地产用地供应量暂时呈逐年减少的态势。

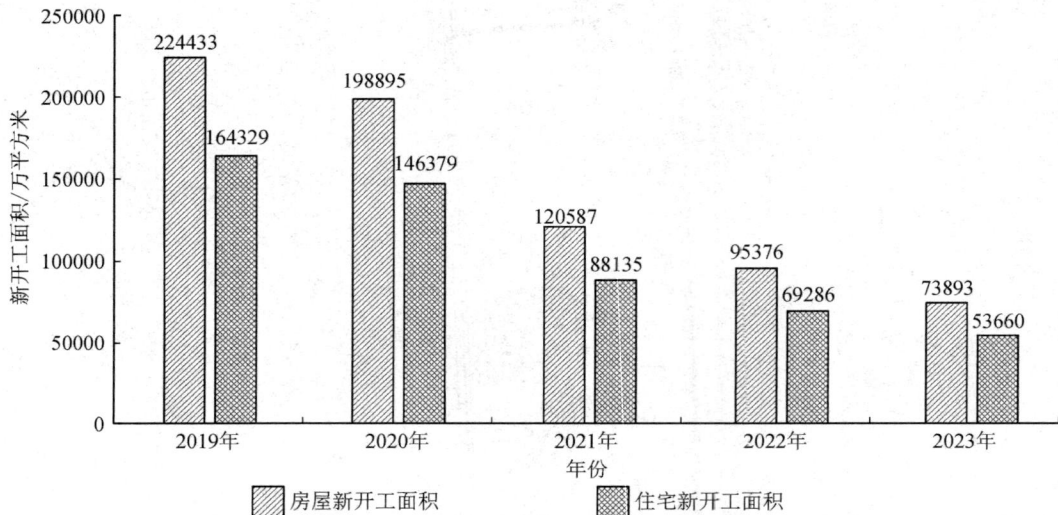

图 12－3　2020—2024 年房地产开发面积

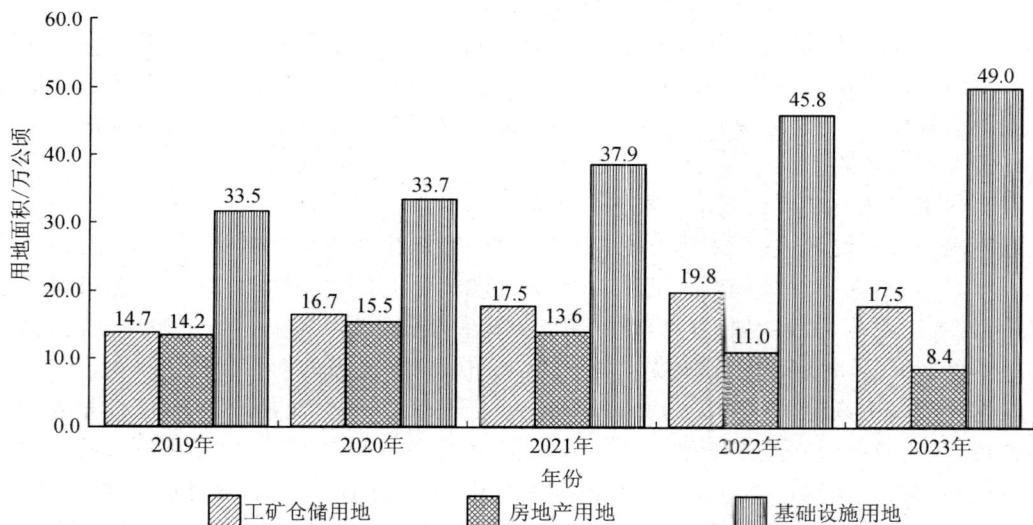

图 12－4　2019—2023 年国有建设用地供应量变化情况

(2)房地产业的发展是以其他工业产品及能源、材料的大量消耗为代价的。在开发过程中,大量的钢筋水泥木材瓷砖等建材、电力等能源及水资源被占用和消耗。同时由于我国房地产开发的科技含量较低,在房屋交付使用过程中的生活、办公消耗也很高,节能及低碳水平不足,造成了不必要的资源使用浪费,因此房地产业的可持续发展必不可少。

2. 我国房地产业可持续发展的重要性

1）我国房地产发展过程中凸显诸多问题

（1）土地资源利用方式是粗放式的发展模式。在房地产业发展中，土地资源利用不合理一直是个普遍问题。我国人口众多，土地资源有限，各种监管不力以及规划漏洞导致城市大量土地资源得不到合理利用。因此，如何合理利用和保护土地资源，转变利用方式，促进房地产业可持续发展，便成了当前急需解决的首要问题。

（2）绿色发展理念不足导致生态环境遭到破坏。开发企业的短期行为破坏了土地的原有生态平衡，有的开发企业甚至盲目砍伐城郊森林树木，占用耕地，甚至无视政府城市规划，违规建造房地产，肆意改造房屋建筑，对污水、垃圾、泥土等处理不到位，造成二次污染；有的开发企业在开发过程中缺乏绿色发展理念，为节省成本，采用能耗大、质量差、污染大的低劣材料，导致生态环境遭到破坏，更无从谈起可持续发展。

（3）房地产市场过分炒作致使房价上涨过快。遵循市场规律是市场经济发展的本质特征，但我国的房地产市场却存在着价格与价值规律背离的问题。从本质特征来讲，我国房地产市场需求量相对来讲还是较高的，基于这个特殊性，再加上住房保障体系建设的缺失、保障覆盖面狭窄、房地产市场制度不完善、地方各级政府对房地产市场调控政策执行不够到位等问题，导致部分房地产开发企业进行房地产市场炒作，使得投机需求无得到有效遏制，这与可持续发展理念格格不入，尽管政府多次调控房价，房价依旧未见下跌，许多地区房价仍旧不跌反涨。

2）可持续发展道路对我国房地产业的积极意义

我国房地产业在经历了一个高速发展的"黄金时代"后，受各种因素的制约，其发展速度也放缓到了"白银时代"，也从非理性开发转移到理性开发，高速发展转到新常态发展，重数量发展过渡到高质量发展进程中。在这个进程中，坚持房地产可持续发展不仅能使经济、社会、环境三大系统整体协调，还能逐步解决房地产粗放式发展的问题，加快房地产业的转型优化，提升产业活力，促使房地产业更好地满足代内、代际公平发展的要求。走可持续发展之路是房地产业从长远上看的必经之路，唯有如此才能促进房地产业健康、平稳、持续、良性的发展。

12.4.3　我国房地产业可持续发展对策

作为我国国民经济的支柱性产业，房地产业的种种不成熟、不健全、不完善等问题已经影响了其发展。从近两年的诸多大房企"暴雷"现象可见一斑，如何解决其存在的问题使我国房地产业能够持续健康发展，是当今我们需要思考的重要问题。

1. 加大宏观调控力度，以完善体制促进房地产业可持续发展

宏观调控要以科学发展观为指导，充分理解城市发展、房地产发展的积极作用，正确处理需要和可能、近期和远期、局部和整体的关系，从实际出发，减少盲目性，增加自觉性，提高科学性。同时，建立健全符合房地产发展规律的管理体制。

（1）建立规划、土地、房地产三位一体统管的管理体制。

（2）建立以土地总监管为核心内容的垂直执法监督体制，实施对用地规模的控制和合理布局，实现土地供应总量的有效控制和动态平衡。

（3）出台清理小产权房的权威政策，采取有效措施，坚决遏制小产权房在建在售行为，并对已存在的违规违法行为进行严厉查处。

(4)加强房地产金融体系的调控,发挥金融政策对房地产市场的有效调节和合理杠杆作用,推动房地产的适度发展。

2. 创新开发新思路,以产业升级促进房地产业可持续发展

(1)优化房地产业产业结构,加快房地产业现代化进程。通过实施企业战略重组优化,促进企业整合,提高资源配置效率,培育一批具有现代化管理制度的房地产企业,促进整个行业朝规模化、集约化、现代化、科技化方向发展,以提高开发质量和行业水平,真正做大做强。

(2)促进创意经济与房地产业强强联合。把房屋、业主和环境三要素作为整体,重视对自然资源、经济资源和科技资源的优化配置,发挥合力作用,重视提高房地产商品的附加值和技术含量,将创意经济引入房地产业并走向区域经济发展战略的前台,从而增强房地产业的竞争力,推进我国房地产业的转型升级,实现房地产业的可持续发展。

3. 充分利用自然资源,以实现城市生态环境动态平衡促进房地产业可持续发展

房地产业是城市生态经济的有机组成部分,要充分利用自然环境资源,创造出人与环境和谐共生的舒适空间和居住环境。

(1)房地产开发选址应尽量少占或不占耕地、林地,不影响风景名胜、人文景观,在保护生态环境的基础上合理进行开发建设。

(2)建立规范的房地产建筑质量保障制度,抵制使用劣质低端的不合格材料,同时大力推进节能建筑,使用绿色节能环保材料,推进装配式建筑。

(3)在发展房地产业的同时,在城市规划区内逐步增加一定规模的绿化带、绿化区域,提高绿化质量和城市园林化水平。坚持"绿水青山就是金山银山"理念,促进房地产业进行绿色转型,推动房地产业可持续发展。

4. 加大科技投入,提高科学设计水平以促进房地产业可持续发展

从总体布局、平面布置、建筑设备、节能等方面来提高科学设计水平,建立"以人为本"和适度超前的科学设计理念。开发中依靠科技进步,加大在开发中的科技投入,提高房地产的科技含量和元素,将新科学知识运用于房地产开发实践,不断地开发新材料代替有限的自然资源,重视新能源及可再生能源的开发利用与循环。加快新材料、新工艺与新技术的研发与标准化、系列化、普及化、大众化使用进程,促进新产品的应用与推广,以大幅度地提高房地产开发的科技含量,以科技带动房地产业走上可持续发展之路。

12.4.4 房地产业可持续发展新路径——"互联网＋房地产"

随着经济的发展,我国房地产市场已经开始了新一轮的激烈变化和重组。从系列数据分析,目前已由新房主导市场阶段迈入二手房主导市场趋势性上升的存量房阶段。移动时代的来临意味着互联网对传统行业的改造从大众标准化到私人定制化,房地产业市场秩序也将重建,而房地产业可持续发展有了新的路径。

1. 互联网改变房地产发展的时代已经来临

互联网改变房地产发展的时代已经来临这一看法主要基于以下三个标志性事件。

(1)基础性变化。我国由新房主导市场阶段逐渐迈入二手房市场趋势性上升的存量房阶段。这个趋势在我国一、二线城市房地产市场已经显现,在北京、上海、广州、深圳、厦门、温州等一、二线城市,二手房交易市场规模逐年扩大,有些二手房交易量已经远超新房。

（2）我国移动互联网用户超过 PC 用户，移动互联网时代已来临，互联网行业对传统行业的改造也将从标准商品化过渡到非标准服务化，并开始由线上服务转向线上与线下的双重服务。

（3）行业规则的重建。房地产开发企业已逐渐向"互联网＋房地产"转型，传统经纪公司的互联网化程度在不断加深，互联网公司也越来越经纪化，行业各种界限越来越模糊，竞争领域跨度越来越大，也越来越激烈。

2. 存量房时代来临使得市场供需双方力量更均衡

在新房主导市场供给阶段，由于前期拿地、设计、施工等周期较长，使得供给往往跟不上需求的变化，导致需求弹性远大于供给弹性，出现供需不对等、不均衡现象，引起房地产价格不同程度的波动。而在二手房主导市场供给阶段，由于没有垄断供应，供给弹性与需求弹性将更为一致，起到平稳市场的作用。在这种情况下，若不出现大的宏观周期和金融周期冲击，房价就很难出现趋势性上涨或下跌，小频率的变动会更加频繁，使得消费者更加关注相关房地产市场信息。同时，存量房住房需求多以自住为主且多集中于老旧城区，而自住不一定需要直接购买房屋，此时就出现了租房和购房的相互替代性，这些都使得房地产信息需求进一步上升，也有利于房地产市场的理性发展和可持续发展。

3. 互联网技术与房地产结合将打造房地产业发展新模式

互联网能给房地产业带来革命性的全方位提升，通过对其行业上下游业务链接模式的创新探索，房地产业可实现向多元化拓宽甚至完成产业链布局，通过互联网资本及金融流动和共享来实现内部业务科学、有效、合理的延伸并获得新的利益来源。借助互联网实现了房源的动态管理和交易成交，基于互联网的柔性订单和智能工业化实现了顾客个性化定制，加强顾客与房源的匹配和对接，提高了空置房屋使用率，优化了资源配置。而开发商更是借助着互联网金融的优势，在资金归集、流通和使用上大大提高了效率，加快了住宅建设和开发时间。

在互联网的催化下，房地产业与其他产业碰撞，催生出共享模式、众筹模式、3D 虚拟施工、智慧办公、智慧物业、云服务等新的发展板块。在商业模式的创新上，腾讯与金茂开始了"智慧社区"的试水，百度推出新房、二手房的中介平台"百度房产"，阿里巴巴淘宝房产与万科合作等；在技术应用上，"无忧我房"对 VR（虚拟现实）技术的应用，华远地产与 360 智能家居合作，万科的"物业机器人"，线上线下平台对房地产产业链的革命，各大房企纷纷开启的大数据应用及被颠覆的传统设计施工营销方式。

2020 年，碧桂园开启了"地产圈＋综艺圈＋直播圈"的全新营销方式，开启了直播卖房的新时代。通过开展"直播购房节"，携手流量明星直播卖房，开辟了线上营销新模式。从提出想法到方案落地，只花了短短三天时间。2 个小时、50 万团购优惠、6000 人线上互动、1000 人线下参与、3000 多万元的销量，线上营销打破了传统营销模式的束缚，是房地产行业未来发展的新趋势，势必会促进传统房地产行业的改革。

2020 年以来，房地产市场受到巨大冲击，贝壳买房主动适应持续变迁的房地产市场环境，用发展的眼光看待问题，捕捉新的市场机会，坚持与时俱进，着重推出 VR 看房，结合 VR 房源及家装场景，推出 VR＋AI（人工智能）装修＋AR（增强现实）看房，实现对 VR＋AI 装修方案的本地 AR 展示，帮助消费者重塑线下场景和看房体验，让客户能实时地看到装修设计后的真实效果，实现了房地产市场高额成交总量的一道美丽风景。

　　总之，在目前互联网和大数据时代的大背景下，房地产业与其他产业的融合是大势所趋，房地产业也必须寻求到新的发展模式以契合时代的要求，突出重围，打破"白银时代"对房地产业可持续发展的禁锢，走上"互联网＋房地产"的可持续发展道路。

📚 知识归纳

　　1.可持续发展并不否定经济增长；可持续发展以自然资源为基础，与环境承载能力相协调；可持续发展以提高生活质量为目标，同社会进步相适应；可持续发展承认自然环境的价值；可持续发展是培育新的经济增长点的有利因素。

　　2.可持续发展包括经济可持续发展、环境可持续发展、社会可持续发展三方面；其三大基础原则是公平性原则、持续性原则、共同性原则。

　　3.房地产可持续发展的含义包括：一是经济可持续，即房地产市场在不断满足人们需求的同时不能阻碍经济的可持续发展；二是生态可持续，即房地产业发展必须考虑生态问题。

　　4.房地产业可持续发展的含义包括：一是满足当代人及其子孙对住房以及其他房地产商品的需求，符合代内公平和代际公平的要求；二是保持房地产业与城乡规划及与国民经济其他产业协调发展，维护和建设良好的生态环境，使其建设和使用方式与环境相协调，创造更优美的环境和更优化的城市布局。

　　5.我国房地产业必须走可持续发展道路是由我国特殊的国情、房地产业自身的高资源消耗性及短期内不可逆转性等多方原因所决定的。

❓ 思考题

　　1.房地产业可持续发展对国民经济发展模式的转型升级有哪些推动作用？

　　2.我国房地产业走可持续发展道路的必要性和重要性有哪些？

　　3.如何利用新时代的条件来促进房地产业的可持续发展？

　　4.如何协调房地产业的发展与生态环境和社会人口的关系？

参考文献

[1] 丰雷,林增杰,吕萍,等.房地产经济学[M].3版.北京:中国建筑工业出版社,2008.

[2] 董藩,丁宏,陶斐斐.房地产经济学[M].2版.北京:清华大学出版社,2017.

[3] 何艳,张斌.当前宏观调控对我国房地产业影响研究[J].价格理论与实践,2006(12): 20-24.

[4] 高波.现代房地产经济学导论[M].南京:南京大学出版社,2007.

[5] 张永岳,陈伯庚,孙斌艺,等.房地产经济学[M].3版.北京:高等教育出版社,2016.

[6] 宗平.地租理论及在社会主义社会的应用[M].北京:经济科学出版社,1990.

[7] 徐阳,苏兵.区位理论的发展沿袭与应用[J].商业时代,2012(33):138-139.

[8] 吴传清.区域经济学原理[M].武汉:武汉大学出版社,2008.

[9] 王全民.房地产经济学[M].大连:东北财经大学出版社,2002.

[10] 钱昆润,芦金锋.房地产经济学[M].北京:中国计划出版社,1999.

[11] 赵旭,吴淑莲,夏刚,等.房地产经济学[M].北京:化学工业出版社,2013.

[12] 丘浔.均衡公平与效率[M].北京:中国建筑工业出版社,2013.

[13] 潘蜀建,田金信.房地产经营学[M].北京:中国建筑工业出版社,2003.

[14] 马壮昌.我国土地市场的运行模式与机制[J].求索,1994(4):11-15.

[15] 郭文华,曹庭语,刘丽.国外不动产税收制度研究[M].北京:中国大地出版社,2005.

[16] 张永岳.我国房地产宏观调控的理论基础与边界[D].上海:华东师范大学,2012.

[17] 王要武,罗兆烈,孙平.房地产市场[M].北京:中国计划出版社,1999.

[18] 于光远.经济大辞典[M].上海:上海辞书出版社,1992.

[19] 刘洪玉,郑思齐.城市与房地产经济学[M].北京:中国建筑工业出版社,2009.

[20] 梅多斯.增长的极限[M].上海:商务印书馆,1984.

[21] 何芳.城市土地经济与利用[M].上海:同济大学出版社,2004.

[22] 张协奎.房地产估价[M].北京:中国财政经济出版社,2001.

[23] 王家庭.房地产估价[M].大连:东北财经大学出版社,2001.

[24] 李斌.房地产价格波动与管控研究[M].北京:经济管理出版社,2015.

[25] 张兵.房地产价格与金融市场的关系研究[D].扬州:扬州大学,2013.

[26] 何静.房地产价格与金融市场的关系研究[J].开封教育,2014(2):285-286.

[27] 柴强.房地产价格评估[M].北京:中国物价出版社,1993.

[28] 曹振良.现代房地产开发经营[M].北京:中信出版社,1993.

[29] 吴庆玲.房地产价格评估[M].北京:中国建材工业出版社,2004.

[30] 中国房地产经营管理研究中心.中国房地产经营管理全书[M].北京:中国言实出版社,2005.

[31] 郑修建.房地产金融[M].北京:北京经济学院出版社,1993.

[32] 顾孟迪.房地产金融[M].上海:上海交通大学出版社,1998.

[33] 田椿生,王加春.房地产经济与金融工作手册[M].北京:中国物资出版社,1993.

[34] 张洪力.房地产经济学[M].北京:机械工业出版社,2004.

[35] 张红.房地产经济学[M].北京:清华大学出版社,2013.

[36] 徐滇庆.房价与泡沫经济[M].北京:机械工业出版社,2006.

[37] 龙霁月.经济周期波动传导机制研究:基于陕西省 1978—2004 年经济波动的实证研究[D].西安:西北大学,2008.

[38] 王莹,唐晓灵.房地产经济学[M].西安:西安交通大学出版社,2010.

[39] 张姝,万婷.房地产经济学[M].北京:中国轻工业出版社,2015.

[40] 谭术魁.房地产管理学[M].上海:复旦大学出版社,2006.

[41] 王春玲.我国税收制度的经济学分析:一种法经济学的视角[M].北京:经济科学出版社,2007.

[42] 於鼎丞.税收制度与经济发展[M].北京:经济科学出版社,2005.

[43] 翁少颖.我国大陆与台湾地区涉及房地产税收制度的比较研究[D].厦门:厦门大学,2007.

[44] 张河水.中国房地产税收制度改革研究[D].武汉:武汉大学,2005.

[45] 陈多长.房地产税收论[M].北京:中国市场出版社,2005.

[46] 李佳融.金融危机背景下我国房地产税收法律制度的完善[D].上海:复旦大学,2009.

[47] 龚辉文.国外房地产税收政策发展近况[J].涉外税务,2009(8):25-29.

[48] 朱光磊.房地产税收面对面:实务与案例[M].2 版.北京:机械工业出版社,2015.

[49] 李然.我国房地产宏观调控的理论基础与边界[D].上海:上海易居房地产研究院,2012.

[50] 陈根.互联网＋房地产:万亿市场的角逐[M].北京:电子工业出版社,2017.

[51] 巴曙松,杨现领.房地产大转型的"互联网＋"路径[M].厦门:厦门大学出版社,2015.

[52] 费滨海.发展型产业政策与中国房地产业的变迁(1992—2012)[D].上海:上海大学,2012.

[53] 丰艳萍.我国房地产业可持续发展的研究[J].产业论坛,2009(1):7.

[54] 骈永富.房地产必须走可持续发展的道路[J].中国房地产,2003(11):12-16.

[55] 杜政清,卿尚华.美国土地市场机制、房地产业兴衰与启示[J].中国土地科学,1994(3):51-55.

[56] 李先东,李录堂,米巧.中国土地制度的历史追溯与反思[J].农业经济问题,2018(4):43-49.

[57] 曾永昌.论土地市场的政府垄断[J].社会科学研究,2002(4):27-32.